2015年主题出版重点出版物

依法治国研究系列

丛书执行主编
董彦斌

司法改革

THE
JUDICIAL
REFORM

胡云腾 ■ 主编

蒋惠岭 ■ 副主编

社会科学文献出版社
SOCIAL SCIENCES ACADEMIC PRESS (CHINA)

丛书出版前言

改革开放以来，中国既创造出经济振兴的成绩，也深化了治理方式的探索、筑基与建设。法治的兴起，是这一过程中的里程碑事件。法治是一种需求和呼应，当经济发展到一定阶段，一定要求相应的良好的法律制度来固化成果、保护主体、形塑秩序；法治是一种勇气和执念，作为对任意之治和权力之治的否弃和超越，它并不像人们所喊的口号那么容易，其刚性触及利益，其锐度触及灵魂，所以艰难而有意义。

中国法治现代化是万众的事业，应立基于中国国情，但是，社会分工和分工之后的使命感，使得法学家对法治的贡献不小。中国的法学家群体以法治为业，又以法治为梦。法学家群体曾经"虽千万人吾往矣"，呼唤了法治的到来，曾经挑担牵马，助推了法治的成长，如今又不懈陈辞，翘首以盼法治的未来。

文章合为时而著。20世纪80年代，法治话语起于青蘋之末，逐步舞于松柏之下。20世纪90年代以来，法治话语层出迭现，并逐步精细化，21世纪后更呈多样化之势。法学理论有自身的逻辑，有学术的自我成长、自我演化，但其更是对实践的总结、论证、反思和促动，值得总结，值得萃选，值得温故而知新。

与世界范围内的法治话语比起来，中国的法治话语呈现三个特点。一是与较快的经济增速相适应，发展速度不慢，中国的法学院从三个到数百个，时间不过才三十来年。二是与非均衡的经济状况、法治状况相适应，法学研究水平参差不齐。三是在客观上形成了具有特殊性的表达方式，既不是中体西用，也不是西体中用。所以，法治话语在研究着法治和中国，而法治话语本身也属于有意味的研究对象。

　　鉴于为法治"添一把火"的考虑，又鉴于总结法治话语的考虑，还鉴于让各界检阅法治研究成果的考虑，我们组织了本套丛书。本丛书以萃选法治话语为出发点，努力呈现法治研究的优秀作品，既研究基本理论，也指向法治政府、刑事法治、商事法治等具体方面。文章千古事，得失寸心知。一篇好的文章，不怕品评，不怕批评，也值得阅读，值得传播和流传。我们努力以这样的文章作为遴选的对象，以有限的篇幅，现法治实践与理论的百种波澜。

　　各卷主编均系法学名家，所选作品的作者均系优秀学者。我们在此对各卷主编表示感谢，对每篇文章的作者表示感谢。我们更要对读者表示感谢。正因为关心法治并深具问题意识和国家发展情怀，作为读者的你才捧起了眼前的这本法治书卷。

目 录
CONTENTS

司法管理制度改革

序　言

回望历史，中国的司法改革可以说与20世纪70年代末开始的改革开放同时起步，业已经历了30多年的光辉历程。20世纪，由于没有足够的理论支撑和顶层设计，其中很多改革是摸着石头过河，边探索边积累经验。特别是20世纪80年代到90年代中期进行的司法改革，多数都是司法机关自发进行的。一些案件急剧增多的中、基层法院为了解决案多人少的办案压力，在民商事案件的审判中率先开展了以审判方式改革为主要内容的尝试，目的主要是提高审判质效、实行繁简分流、凸显庭审功能、重视调解作用等。这些改革取得了显著成效，有的改革举措在其他地方也得到了推广，但总体上看还是属于大、中城市和东部经济快速发展地区的法院先行一步的局部的司法改革。

1997年，中国共产党第十五次全国代表大会召开，首次提出"推进司法改革，从制度上保证司法机关依法独立公正地行使审判权和检察权，建立冤案、错案责任追究制度"，这是党的代表大会首次对司法改革提出具体任务。最高人民法院和最高人民检察院据此开始在各自的系统中对司法改革自上而下进行部署。其中，最高人民法院于1999年10月发布了《人民法院第一个五年改革纲要（1999-2003）》，规定了7个方面39项改革举措，主要是三大诉讼中的审判方式改革。最高人民检察院也制定了检察改革的"三年规划"。进入这个阶段，司法改革即从各地法院的自发改革，转变为最高人民法院、最高人民检察院分别组织推进的系统改革。

　　2002 年，中国共产党第十六次全国代表大会提出"推进司法体制改革"，从完善司法机关的机构设置、职权划分和管理制度，完善诉讼程序，解决执行难，改革司法机关的人财物管理体制，加强对司法的监督和建设高素质的司法队伍等方面提出了明确要求。据此，中央政法委牵头组织了这一阶段司法改革的实施工作。2004 年 12 月，中央下发了中央政法委起草的《关于司法体制和工作机制改革的初步意见》。为贯彻落实《初步意见》的要求，最高人民法院于 2005 年 10 月下发了《人民法院第二个五年改革纲要（2004 - 2008）》，规定了 8 个部分共 50 项改革举措。这些改革举措有些属于体制和程序改革，有些属于工作制度和工作机制改革。与此同时，检察机关也发布了部署司法改革的文件。我国的司法改革自此进入中央政法委系统组织推进的新阶段。

　　2007 年，中国共产党第十七次全国代表大会提出"深化司法体制改革"，包括优化司法职权配置，规范司法行为，建设公正高效权威的社会主义司法制度，保证法院、检察院依法独立行使职权，做到严格、公正、文明执法，尊重和保障人权等任务和要求。为落实这些司法改革任务，中央政法委组织中央政法各部门①共同研究司法改革具体事项。2008 年 12 月，中央下发了中央政法委提出的《关于深化司法体制和工作机制改革若干问题的意见》，将具体任务分解到中央政法各部门负责落实。其中最高人民法院牵头改革的有 12 项，参与改革的有 43 项，这次改革已经涉及某些体制性的问题。为落实这些改革任务，最高人民法院于 2009 年 3 月发布了《人民法院第三个五年改革纲要（2009 - 2013）》，列举了 30 个改革项目并细分为 132 个具体任务。这些改革项目到 2013 年底已基本完成，一些司法改革成果集中体现到 2012 年修改的刑事诉讼法等法律之中。总结以上司法改革的特点，可以概括为"中央提出任务和要求、中央政法委负责组织规划、中共中

---

　　①　最高人民法院、最高人民检察院、公安部、司法部、国家安全部等单位。

央下发改革文件、中央政法各部门负责贯彻落实"的模式。

2012 年 11 月，中国共产党第十八次全国代表大会提出"进一步深化司法体制改革"，强调要完善中国特色社会主义司法制度，确保法院、检察院依法独立公正行使职权等。2013 年 11 月，中共十八届三中全会通过《中共中央关于全面深化改革若干重大问题的决定》，在三中全会决定规定的 336 项改革举措中，有 26 项是司法改革举措，包括省级以下法院、检察院人财物保障体制改革，司法人员单独职务系列改革，法官、检察官管理制度改革，司法责任制改革和法院管辖制度改革等方面。这些司法改革举措关系重大，影响深远，多是体制性、制度性的改革。正在谋划推进这些改革举措之际，2014 年 11 月，中共十八届四中全会又专门就全面依法治国作出《中共中央关于全面推进依法治国若干重大问题的决定》。在四中全会决定提出的 190 项法治改革举措中，有 48 项司法改革举措，包括司法权力优化配置改革、司法权力运行机制改革、司法民主公开改革、法治队伍建设改革等，内容非常丰富。十八届三中全会决定和四中全会决定是司法改革的姊妹篇。为贯彻落实人民法院承担的司法改革任务，最高人民法院于2015 年 2 月 26 日发布了《最高人民法院关于全面深化人民法院改革的意见》，即修订后的《人民法院第四个五年改革纲要（2014 – 2018）》①，《纲要》分别就建立与行政区划适当分离的司法管辖制度，建立以审判为中心的诉讼制度，优化人民法院内部职权配置，健全审判权力运行机制，构建开放、动态、透明、便民的阳光司法机制，推进法院人员的正规化、专业化、职业化建设，确保人民法院依法独立公正行使审判权等 7 个方面，规定了 65 项司法改革举措。这一轮司法

---

① 2014 年 7 月 4 日，最高人民法院为落实中共十八届三中全会决定规定的司法改革任务，制定并下发了《人民法院第四个五年改革纲要（2014 – 2018）》，规定了深化法院人事管理改革等 8 个方面 45 项改革举措。十八届四中全会决定公布后，鉴于两个决定司法改革内容的紧密关联性，最高人民法院对《纲要》进行了重新修订，并以《意见》的形式重新发布。

改革涉及的面最为广泛，推进的力度和难度也很大，需要解决的重大问题和需要协调的部门很多，中央全面深化改革领导小组亲自研究部署。自此，我国司法改革进入中央顶层设计和直接部署、中央政法委领导中央政法各部门贯彻落实的新时期。

相对于司法改革工作，中国学术界对司法改革的研究相对较晚，20 世纪 90 年代以后才形成研究热点。1995 年，最高人民法院的机关刊《人民司法》杂志刊登了十多篇关于司法改革的系列文章，法官以及专家学者第一次集中发出了司法改革的理论之声。同时，一些学者也陆续在《中国社会科学》《法学研究》等刊物上发表了学术论文，相关的研讨活动和国际交流也逐渐多了起来。依法治国基本方略于 1997 年确立并于 1999 年写入宪法以后，学术界和实务界在重视法治理论研究的同时，也更加重视对司法改革的理论与实践研究。最高人民法院起草的四个改革纲要，都吸收了学术界和实务界有建设性的理论成果。

本书收录的论文，都是近 20 年来对中国司法改革研究观点有所创新、论证严谨缜密、贡献比较突出、影响较为广泛的学术成果，它们对我国司法改革的理论发展和实践发挥了不可低估的作用，现略作以下几点说明。

一是论文作者。本书所收录论文的作者中，不仅有国家的首席大法官、大法官，而且有基层法院的普通法官；既有国内外知名的大牌学者，也有初出茅庐的学界新秀。他们的共同特点是对司法改革满怀激情和热情，注意立足现实国情，善于借鉴域外经验，具有深厚的法治理论尤其是司法改革理论学养。

二是论文时间。本书所收录论文的时间跨度前后约 20 年。由于这 20 年中国司法改革的实践变化巨大、司法制度进步巨大，所以收录论文时力求兼顾历史性与现实性的统一。从中可以看出，有些论文提出的观点已经在司法改革中得到实现了，可以说理论成果已经转化为制度成果；有的观点虽然一度发生过很大的影响，甚至此前还被吸收采纳，但随着时间推移，最终被决策部门冷落了甚至抛弃了，为了反映历史，对此类论文也酌情收录；当然，更多的观点目前还处于转化实施与实践检验的过程中，并通过实践的检验而不断加以完善，以便为未来的司法改革提供支撑和参考。可以说，本书收录的论文不仅反映了司法改革理论的发展进步，而且体现了20年来我国司法改革的艰难探索的历程。

三是论文内容。本书所收录的论文涉及司法体制、司法制度的一般理论问题，司法制度体系及其组成部分的理论问题等。包括司法体制与司法原则方面的改革理论，司法权力配置方面的改革理论，司法组织方面的改革理论，诉讼程序方面的改革理论，司法管理方面的改革理论，司法主体方面的改革理论，以及司法工作机制方面的改革理论，等等。

四是论文价值。总体上看，本书所收录的论文，有的丰富了我国的司法理论研究，有的则为司法改革决策提供了理论支持和有益参考。其中，较早发表的论文所发挥的作用，更多地体现在聚焦问题、理论引导和思想启发上，而近期的论文则更多侧重于对具体改革举措的献计献策上，也更具有建设性、针对性和可操作性。这些论文共同推动了我国司法改革理论的发展与繁荣，基本代表了我国当代司法改革的理论研究水平，体现了学术研究参与法治进程的责任感和担当精神。正是司法改革理论研究成果的不断问世，才促进并服务了当前的司法改革实践。同样，也正是司法改革理论研究的深度和广度还有待拓展，才制约了我国司法改革实践的更好发展。

实践是理论的基础，理论是实践的先导。我国司法改革的理论研究与实践操作的良性互动方兴未艾，有关成果源源不断地涌出。限于篇幅，本书所收录的论文只能反映司法改革理论研究的某些侧面，力图反映当代司法改革理论研究的主流观点和研究水平，反映相关实务界的基本立场和看法。当然，这只是编选者的追求和看法，由于信息了解不全面和能力水平的局限，本书的编选或有不妥当之处，尚请方家同仁批评指正。作为法官，我们衷心期待有更多的司法改革成果问世，也祝愿我国的司法改革大业取得更大的进步，为实现国家长治久安和人民幸福提供有力的司法保障！

最高人民法院大法官、法学教授　胡云腾

2016 年 3 月 28 日

司法改革总论

法院、法官与司法改革

肖　扬[*]

今天，应邀参加中国人民大学法学院举办的"大法官讲坛"，并作首场演讲，我感到十分荣幸。举办这个讲坛很有意义，它可以作为司法理论与实践的结合点，促进我国法学事业的繁荣，促进司法界与法学界的交流。更重要的是，这个讲坛有助于落实党的十六大提出的"推进司法体制改革"的任务，为司法界和法学界共同探讨司法改革的战略、原则和措施提供一个探索的园地。

我知道，今天参加"讲坛"的人士中，既有造诣深厚、著作等身的法学前辈（他们也是我的老师），又有才思敏捷、智识超群的中青年法学家，还有风华正茂、前途无量的学子。作为老师，你们培养过优秀的法官；作为学者，你们以丰富的学识和科学的理论激励着法官；作为学生，你们学成之后也可能加入法官职业，成为我的同事。我们在做着同一项事业，我们的目标是一致的。

今天我演讲的主题是"法院、法官与司法改革"。分三个部分：一是法院与法官的职能和作用；二是关于人民法院司法改革的情况；三是关于推进司法体制改革的几点思考。

一　法院与法官的职能和作用

作为国家政权机构中的一个分支，法院的重要性体现在哪里呢？

---

* 　肖扬，中国首席大法官，曾任最高人民法院院长。

党的十六大报告指出：社会主义司法制度必须保障在全社会实现公平和正义。作为司法制度的主要组成部分，人民法院的作用就在于，依照法律对产生争议的法律问题作出具有最终效力的裁判，并以此实现社会公平和正义。有人说过：立法机关靠制定立法文件（即法律）分配正义，而法院靠司法文件（即裁判）分配正义。法院的判决将法律应用于具体当事人或法律争议，其直接的结果就是引起当事人权利义务的变化。在许多国家，对案件的判决理由还可以成为具有普遍约束力的一项规则。我们常说，法院掌握生杀予夺大权，法院是人民权利的最后一道保障，就是指法院职能的重要性。

不论在英美等普通法系国家，还是在欧洲等大陆法系国家，司法职能的重要地位是有目共睹的。按照这些国家中学者的观点，国家的权力无比强大，但统治阶级仍然要设立一个处于中立地位的法院，来处理人民与人民、人民与国家之间的法律争议；政府的权力是广泛而且重要的，但政府仍不得不拨出充足的经费、提供精良的人马去养活一个独立于政府而且经常判决政府败诉的司法机关。为什么？因为全社会、全体人民都依赖这样一种机制，依赖那些在机制中公正裁判的法官。人们相信：法官们会依法裁判，而且他们执掌的法律是可靠的；法官会凭良知行事，而他们的良知是高尚的；法官依特有的司法工作方式进行审判，而且这些工作方式是科学的。

关于司法工作方式，我归纳了七个特征。

第一个特征：中立性。中立性是司法职能最基本的特征，它使法院与其他机关包括立法和行政机关区别开来。法院以国家设立的公断者的身份，承担着社会上绝大部分法律争议的裁判职能。法院的中立性体现在两个方面：一是法院不仅裁判公民、组织之间的法律争议，而且裁判公民、组织与国家机关之间的法律争议；二是作为裁判者的法官在行使职权时必须居中裁判，不偏不倚。

第二个特征：最终性。司法活动是保护人民权利、实现社会正义的最终途径，是保障法律得以正确实施的最后环节。司法职能的最终性主要出于两方面考虑：一方面是稳定社会关系，避免权利义务不确定；另一方面，如果根据法律所作出的裁判没有最终效力，国家治理将失去标准。司法裁判享有的最终性，有利于树立人民对法律和法院的信任，最终实现人民用法律治理国家的目标。

第三个特征：独立性。"依法独立行使审判权"是我国的一项宪法原则。之所以只有司法机关需要具有独立性，我认为有两个原因：一个原因是独立审判可以使作为中立裁判者的法院获得公众信任；另一个原因就是，"独立"是为了确保做到"依法"，"独立"是为了让法院将法律作为其裁判案件的唯一根据而不受任何不当干扰。同时，"依法"的要求也排除了法院恣意行事的可能性。因为一旦脱离了法律，"独立"将成为可怕的特权。

如何保持独立？西方的正义女神眼睛上蒙着黑布，目的就是保持独立的判断，实现公正的裁决。但法官的情况并非如此。法官是有血有肉的人，而且法官生活在由有血有肉的人组成的社会里，在裁判中难免会受到各种社会价值观的影响。因此，做到独立并不是一件容易的事情。

第四个特征：公正性。公正是司法的生命。每一起案件的当事人都会期待自己的利益得到承认，实现当事人和整个社会所追求的"正义"。所以，对于法官来说，一起具体案件所涉及的不只是一份财产、一个行为，而是人们对公平、正义的追求。如果法官的裁判没有体现公正，其结果必然是挫伤有理者对公平、正义的信仰，同时又放纵那些从不公正的裁判中获得利益的人继续行恶。这样的后果正如培根所比喻的，将污染了河水的源头。而法官的使命，就是把每一起案件都以公正标尺加以衡量，将社会对公平、正义的信念注入每一起案件的审判过程和结果之中。

大家知道，公正包括实体和程序两个方面。我国《法官职业道德基本准则》第 1 条规定："法官在履行职责时，应当切实做到实体公正和程序公正，并通过自己在法庭内外的言行体现出公正，避免公众对司法公正产生合理的怀疑。"人们常说："公正不仅应当是确实存在的，而且要让人们看得见它是存在的。"说明不仅需要实体公正，而且这种实体公正必须通过程序公正表现出来。程序公正是实体公正的一个标志，程序公正也是实体公正的基本保障。

第五个特征：程序性。没有严格的程序，就没有公正的司法。在国家的几个基本法律部门中，程序法就占了三个。与其他国家机关工作程序相比较，司法程序更具有严密性、科学性和公正性。程序制度有三大功能：一是规范功能，即统一、规范司法主体、诉讼主体的活动方式；二是保障功能，即确保所有当事人得到平等的对待；三是限制功能，即要求程序的主持者严格执行程序制度，减少随意性。

第六个特征：专业性。社会的发达导致了分工的精细。司法是一门科学，一门专业，是一种需要经过专门训练和长期实践才能掌握的能力。仅凭朴素的善恶感、是非观或者人之常情，可以分析一些简单的事实，但是却无法对日益复杂的法律纠纷作出全面的判断。即使是英美法国家的陪审团制度，也必须依靠职业法官的严格的法律"保护"，通过职业法官对审判的主持、对陪审团成员进行的"普法宣传"才能得以运行。

第七个特征：公开性。除了法律规定的特殊情况外，法庭的大门永远都是敞开的。司法公开性的目的有两个：一是将法院的审判活动置于当事人、律师和公众的监督之下，防止司法不公；二是以法官展现在当事人、律师和公众面前的形象、能力、公允以及正确的裁判结果，赢得社会对司法的信任。一位法官说过："公开性是公正的灵魂。它是摒除邪恶最可靠的手段。它在法官审理案件过程中也制约着法官自己。"与其他国家机关相比，法律对司法机关的公开程度是要求最高的。正是基于这些理由，我国已把公开审判作为一项宪法原则纳入宪法之中。

那么，法官的使命是什么？

法官的工作看起来是很平凡的。他们每天翻阅案卷，分析案情，开庭审理，处理实体事务、程序事务和审判管理事务；他们每天都在运用法律思维方式，对事实问题作出判断，解决一个个法律适用问题。我作为最高人民法院院长和首席大法官已经四年多了。在这几年里，我也品尝了作为法官的酸甜苦辣，真正理解了法官作为司法职能具体实施者的特殊作用，也更深刻地理解了法官职业朴素之中的伟大。

第一，法官应该是传承公平、正义的使者。通过日复一日的具体工作，将人类社会对公平、正义的信仰和追求具体化。在进行法官职业道德教育时我曾提出了"三个德化于"，即德化于自身，德化于本职，德化于社会。如果把实现公平、正义作为法官最大之德，他们正是以日常的审判工作将自己对公平、正义的理解融化在自我严格要求、维护当事人权益和实现社会正义的过程中。法官就是在多样化的社会生活中，以其特有的工作方式，通过辛勤工作，把广大人民所信奉和追求的公平、正义价值传承下去。

第二，法官应该是个人良知和法律信念的代表者。很多国家的宪法或诉讼法要求"法官依照法律和良知裁判案件"。日本宪法规定："全体法官均依其良知独立行使职权，只受本宪法及法律的约束。"而日本最高法院对此所作的解释是："所谓法官依其良知，是指法官不屈服于有形无形的外部压力乃至诱惑，而是根据自己的道德感的意思。""法官自己根据是否合乎道理来审判，就是宪法所说的依照良知。"

我国《法官法》明确规定"法官必须忠实执行宪法和法律，全心全意为人民服务"，《法官职业道德基本准则》规定，"法官应当具备惩恶扬善、弘扬正义的良知"。如果一个法官离开了个人良知，就丧失了当法官的基本资格，人民也不会相信他能够正确适用法律裁判案件。我们曾反复强调法官必须具备高尚的职业道德，处理案件要"合情合理合法"，实质就在于要求法官时刻依照宪法、法律和个人良知裁判案件，追求正确、合理的裁判结果。

第三，法官是各种冲突的承受者。形式上表现为法律争议的利益冲突、价值冲突，都可能依法起诉到法院。司法过程便成为吸收"不满"的海绵和社会机器的"润滑剂"，成为社会矛盾的缓冲区和最终的化解者。社会生活的复杂性和人性中固有的弱点经常将法院置于一种被误解、受指责的位置。那么，法官该如何处理呢？澳大利亚前任首席大法官布伦南爵士曾说过："法官必须以其宽大的胸怀和坚韧的毅力承受这些批评。"当代中国的法官生活在特定的历史时期，经历着日新月异的发展与变革，也承受着因各种原因而产生的误解、指责。他们只能尽力以其独立的人格、高尚的职业道德、精良的职业能力和公正的裁判回应社会的批评和期望。他们也希望人们给予有力的支持，共同维护司法公信，推进中国的法治进程。

正是因为法官职业的这些作用、品质，我备加尊重我的职业，备加珍惜历史给所有法官包括我自己为社会主义法治作贡献的大好机遇。

二　人民法院司法改革的情况

改革开放以来，为适应计划经济体制向市场经济体制的转变，适应民主政治建设的要求和人民对法治的需要，各级人民法院采取了一系列改革措施，收到了良好的效果。在改革过程中，最高人民法院始终发挥了组织、协调和指导作用。1999年，最高人民法院颁布了《人民法院五年改革纲要》，全面部署了全国法院改革工作。下面我简要地向各位介绍一下近五年来人民法院进行司法改革的情况。

（一）解放思想，树立新型司法理念

时代的变革要求司法制度与时俱进、开拓创新、锐意改革，而改革的基础就是要树立新型司法理念。实际上，随着由计划经济转变到

市场经济，由人治走向法治，由单一的专政转向民主政治和政治文明，由贫穷落后发展到小康社会，由义务主导转向权利主导……这一切发展、变革都要求对一些不能反映司法职能特有性质和司法活动特有规律的传统司法观念进行扬弃，对那些明显不适应新形势要求、违背客观规律的司法体制与工作机制重新认识。

　　关于中国司法制度应当接受哪些新型司法理念问题，理论界和实践界都有不少讨论。从人民法院的审判实践来看，近年来，在全国范围内逐渐树立了司法公正、司法效率、审判独立、司法尊严、司法民主、司法文明、司法正义等现代司法理念。通过理论学习、实践总结，并借鉴国外司法制度的经验，绝大多数法官和司法行政人员都受到了现代司法理念的教育和熏陶，并自觉将各种现代司法理念运用于司法改革中，运用于具体的审判工作和管理工作中。现代司法理念的树立从根本上改变了法官的精神面貌。

（二）改革法院内设机构，完善审判组织制度

　　法院系统按照职能独立、互相制约、公正高效的原则，顺利完成了内设机构的改革，实行了立案工作、审判工作、审判监督工作、执行工作的分立，建立了以审判工作为中心的组织模式，审判质量和效率有了较大提高。根据司法工作客观规律的要求，实行审判长选任制度，让最优秀的法官承担最重要的职责，以尽可能减少法官人数过多、素质参差不齐造成的弊端。这一改革使庭审的组织、效果、效率得到保障和提高，也从审判组织上实现了审判工作的"审者判、判者审"的要求。在此基础上，最高法院制定了《关于人民法院合议庭工作的若干规定》，巩固了改革的成果。

（三）完善法官管理制度，加强法官队伍职业化建设

　　改革开放以来，最高人民法院和地方各级人民法院一直致力于提高法官的素质，效果显著。2002年以来，最高法院明确提出了"法官队伍职业化建设"的任务，将法院队伍建设推进到一个新阶段。法官队伍职业化建设的基本内容是严格法官的职业准入，强化法官的职业意识，培养法官的职业道德，提高法官的职业技能，树立法官的职业形象，加强法官的职业保障，完善法官的职业监督。通过这一举措，真正将法官与一般公务员区别开来。

最高人民法院近年来认真贯彻落实《法官法》，建立了全国统一的司法考试制度，建立了法官考评委员会，实行了法官等级制度，建立了违法审判责任追究制度和法官回避制度，制定了《法官职业道德基本准则》，改革了法官培训体制，为保证审判职能的实现提供了良好的人才基础。

（四）改革审判方式，实现程序公正和实体公正

审判方式改革已经进行了十多年。从最初的只为解决效率低下，发展到今天的同时追求公正与效率，我国的审判方式改革经历了从初始到深化的过程。审判方式改革的成果体现在新的《民事诉讼法》、《刑事诉讼法》中，体现在最高人民法院制定的司法解释中。这些内容主要包括：吸收当事人主义审判方式的优点，摒弃"超职权主义"的弊端，充分发挥当事人在诉讼中的作用；改变法官的绝对主导地位，强调法官的主持与居中裁判功能；制定民事、行政诉讼证据规则，改革证据制度；改革裁判文书的制作，增强说理性；规范审判组织的职能，扩大合议庭职权；逐步改变院长庭长审批案件的做法，增加审判的独立性；切实落实公开审判的宪法原则，将审判置于公众监督之下；严格和细化诉讼回避制度，维护当事人对法院的信任；依法扩大适用简易程序的适用范围，推行刑事普通程序简化审理；改革和完善审前程序，推行庭前证据展示制度；公布再审案件立案标准，规范申诉和再审制度，变无限再审为有限再审……这些改革措施从根本上提高了法院审判工作的质量，保证了程序公正的实现。

（五）改革不适应新形势的传统做法，加强司法文明建设

司法活动的程序公正与实体公正固然重要，但司法活动方式与表现是否文明，也直接影响着司法的公信力。近年来，人民法院在新型司法理念的指导下，大力加强司法文明建设，效果显著。具体改革措施主要有以下几项。

一是在审判法庭内实行法官穿著法袍、使用法槌的制度。这项改革举措虽然不是触动体制的大动作，但它引发了对审判职能性质的反思，冲击了传统的司法观念。特别是以法袍代替了"大檐帽加肩章"的旧式法官制服，赋予了法官职业和审判职能以新的含义与形象，在国内外引起了强烈反响。

二是我国的刑罚适用中，判处五年以上有期徒刑的重刑率逐年下降，判处死刑的比率也在下降。这是顺应世界范围内刑事司法制度的发展趋势（即轻刑化趋势），促进司法文明建设的又一成就。在现代文明社会中，严刑峻法未必能真正遏制犯罪，而只有通过实行惩罚与预防相结合、以预防为主的方针，同时通过实行社会治安综合治理，才能真正实现社会的长治久安。

三是改革死刑执行方式，逐步采用注射方式执行死刑。对罪犯的待遇是衡量一个国家法治水平和文明程度的标准之一。新中国成立以来，我国的死刑执行方式一直是枪决。新的《刑事诉讼法》在保留枪决执行方式的同时，增加规定了死刑的注射执行方式，并逐步在实践中推广，体现了对死刑犯的人道主义待遇。另外，针对个别地方在执行死刑时将犯人五花大绑、游街示众的做法，最高人民法院曾多次发出通知，严格禁止这种不文明、不人道的做法。

四是实行司法救助制度。根据这一制度，人民法院对经济确有困难的诉讼当事人实行诉讼费用的减、缓、免交，为符合规定的刑事被告人指定辩护人，确保其诉讼权利得以实现。我在九届全国人大三次会议上说过两句话："让那些合法权益受到侵犯但经济困难交不起诉讼费的群众，打得起官司；让那些确有冤情但正义难以伸张的群众，打得赢官司。"其中前一句讲的就是司法救助。这一举措受到了人大代表、政协委员、有关当事人和广大人民群众的好评。

五是将遵守司法礼仪作为法官的一项基本职业道德准则，要求法官保持良好的仪表和文明的举止，维护人民法院的尊严和法官的良好形象，尊重当事人和其他诉讼参与人的人格尊严，自觉遵守并监督他人遵守法庭规则，保持法庭的庄严。近年来，法官在法庭内外的言行举止、外在形象都有了很大的改变。

六是提供各种服务，确保诉讼当事人在文明、尊重、轻松的环境中实现诉讼权利。一些法院设立了方便当事人的立案接待大厅，提供充足的空间、座位、饮水和简单的咨询服务，为残疾人提供上下楼的方便等。据我们了解，美国和一些西方国家的法院近十年来也开始注意从各方面便利当事人和公众，与我国的改革措施有异曲同工之效。

三　推进司法体制改革的几点思考

司法领域中各项具体的改革措施方兴未艾，党的十六大又提出了"推进司法体制改革"的艰巨任务。下面我谈一谈自己对司法体制改革各项任务的几点理解与思考。但在谈这些想法之前，有一个问题必须首先搞清楚，那就是我国现行司法制度究竟存在什么问题，产生问题的原因是什么。下面我分别说明。

（一）关于现行司法制度存在的问题及原因分析

近年来，各界对于我国现行法院制度乃至整个司法制度存在的问题提出了不少批评。有些批评很有道理。因为司法制度出了问题，所以需要改革，而深刻剖析问题本身以及产生问题的原因，使改革"有的放矢"，这是改革取得成功的前提。根据司法实践和专家意见，我把现行法院制度存在的问题归纳为三个方面。

一是司法权力地方化。我国虽然是单一制国家，但宪法规定实行多级政权体制，从中央到省、市、县、乡，共有五级。每一级政权都设有权力机关、行政机关；除了乡镇政权外，其他各级都设有审判机关和检察机关。加之现行的人事、财政体制也以分级管理（即"块块管理"）为主，人民法院的产生、法官任免、司法人事、司法经费都在同级地方控制之下，导致了司法权力的地方化。我国《宪法》第5条第2款规定："国家维护社会主义法制的统一和尊严。"第126条规定："人民法院依照法律规定独立行使审判权，不受行政机关、社会团体和个人的干涉。"因为司法权力是一种国家权力，而不是地方自治性质的权力，所以司法权力地方化逐渐显现出来的弊病影响了法制统一、独立审判这两项重要宪法原则的实现，也使社会主义法治原则受到威胁。

二是审判活动行政化。法院组织法以及刑事、民事、行政三大诉讼法规定了人民法院行使审判权的基本方式，这些司法工作方式的特点在前面已经作了分析。应当说，现行法律的绝大多数规定是符合审判工作客观规律的，是科学的。但长期以来，法院在一些重要环节上没有按照司法工作方式从事审判活动，反而借用了行政工作方式处理案件、管理审判工作，从而抹杀了审判活动的特点，审判职能的作用受到影响。另外，个别地方无视审判职权的本质特征，把法院当作行政部门对待，把法官当作行政官员管理，从而加剧了审判活动的行政化。

三是法官职业大众化。法律是一门科学，法官是一个职业。法官职业需要特有的职业训练、职业意识、职业素养、职业技能、职业道德（说白了，不是什么人都能当法官的）。一支职业化的法官队伍是法院完成宪法赋予的审判职责的前提。1983年修改《人民法院组织法》之前，我国对法官的专业背景没有特别要求，只要符合普通公务员条件的人都可以当法官。1983年后，特别是1995年颁行《法官法》和2001年修正《法官法》以来，不具备法律专业学历或经验、技能、职业道德等条件的人员不能再进入法官队伍。虽然法律上的"门槛"提高了，但法官职业化状况仍然堪忧：一方面对现任法官中不符合条件的人员没有很好的办法进行"消化";另一方面目前仍有一些人通过各种不正当渠道进入法院要当法官,从而增加了法官队伍职业化的困难。

产生上述问题的原因,不外乎以下两点:一是不理解司法权力的性质,进而违反司法活动的客观规律,将司法机关等同于其他机关;二是否认或者漠视法官职务的"职业性",甚至将法官视同于普通公务员,连法官职务的"专业性"都无法保证。

(二)关于司法改革的原则与措施

司法体制改革必须在坚持四项基本原则、人民代表大会制度、社会主义法治原则、国家法制统一原则的前提下积极、稳妥、慎重地推进。这些原则是改革的指导,也是成功的保障。因为大家对这些基本原则都非常了解,我在这里就不多讲了。下面我重点谈一下对司法体制改革措施的思考。

作为政治体制改革的一个组成部分,十六大报告中提出的司法体制改革,内容丰富,范围广泛。有体制层面的改革,也有操作层面的改革。其中有些改革已经在进行之中,需要深化;有的需要国家统一部署、共同行动才能完成;有的还需要进一步研究、论证,设计出既符合司法客观规律,又适应中国国情的改革方案。司法体制改革涉及方方面面、千头万绪,是一项复杂的系统工程。对于人民法院来说,在未来的一段时期内,主要任务是按照国家的统一部署,在中央的领导下,积极完成相关的工作,落实各项改革措施。与此同时,对于人民法院可以自行实施的,或者与有关部门协调后就能实施的改革措施,还要积极推进。根据十六大报告和人民法院正在进行的改革实践与改革规划,我把涉及人民法院的司法改革归纳为以下八项。

第一,改革法院体制。十六大之前,由于种种原因,司法改革多局限于内部的工作改革,而没有触及深层次的法院体制问题。十六大明确提出了司法体制改革的任务,为我们建立科学的法院体制提供了依据。涉及法院体制的问题很多，改革难度也最大，主要包括法院产生体制、法官任免体制、法院设置及法院内部机构设置体制、专门法院制度、法院司法行政管理体制、法院与其他机关职权划分以及设立司法区的可能性等。

第二，改革法院的人财物管理体制。从广义上讲，法院的人财物管理体制也是法院体制的一部分，但是由于其重要性和问题的相对独立性，十六大报告将它单独作为司法体制改革的一项内容。这一改革要求建立法院财政经费保障机制，要求在党管干部的原则下，改革法院人事管理制度，避免地方对法院人事任免的不当影响，切实保障审判独立。

第三，建立、健全独立审判保障制度。除了通过体制改革保障审判独立以使宪法原则得以实现外，还应当建立其他保障机制，如法官的身份保障、任职保障、待遇保障制度，审判过程中的法官之间、审判组织之间、法官与院长庭长之间的内部独立保障制度，上下级法院之间的审级独立保障制度以及干扰司法的有效惩罚机制。

第四，改革和完善法院的司法行政管理和审判管理制度。目前法院自行管理的司法行政工作为审判工作正常进行提供了良好的服务与保障，但仍然要进一步改革、完善有关工作制度，强调司法行政的服务功能，突出审判工作在法院工作中的中心地位。完善审判管理制度，探索与案件审判直接相关的审判管理工作与普通司法行政工作的不同规律，建立法官会议制度、案件管理制度，提高司法效率，确保司法公正。

第五，完善诉讼程序制度，改革审判工作机制。应当继续深化审判方式改革、简易程序制度改革、专业化案件审判程序改革、证据制度改革、审判组织制度改革，研究审级制度改革以及维护司法裁判既判力和权威性的有关制度的改革。

第六，改革执行体制和执行工作机制，解决"执行难"。应当根据执行工作的性质和特点，分析产生"执行难"的各种原因，对症下药。应当将目前人民法院执行机构行使的"执行实施权"（即不折不扣地落实法院裁判和其他法律文书中的内容）和"执行裁判权"（即实施过程中遇到执行异议、变更执行主体、变更执行方式等法律问题的决定权）分开，做到实质意义上的"审执分立"。

第七，加强对司法工作的监督制度。在正确处理依法独立审判与自觉接受监督关系的前提下，继续发挥目前的审级监督、审判业务监督、纪律监督、职业道德机制监督、社会监督（包括舆论监督、人民群众监督）等有效监督机制的作用，进一步研究接受人大监督、检察监督的范围和方式，使之规范化、法制化、制度化，使审判机关在接受监督的同时，确保依法独立审判，公正司法。

第八，贯彻落实《法官法》，完善法官制度，建立一支高素质的职业化法官队伍。应当以法官职业化为主线，改革法官培养机制；落实宪法和法律规定的"法官提名制度"，扩大法官选任程序的公开性、广泛性；完成法官员额确定工作，提高法官队伍的素质，为其他各项改革奠定基础；建立健全法官辅助人员制度，最大限度地发挥现有优秀法官的作用；改革法官惩戒制度，建立适合法官职业特点和司法工作规律的惩戒程序；加强对法官的职业道德约束，建立强有力的实施机制。

上述八项正在进行或者需要进一步研究的改革措施中，大多数都与宪法和法律有关。第一类是宪法、法律的有关规定符合法治原则和司法客观规律，需要加大落实力度即可解决的问题，如依法独立审判的宪法原则、公开审判的宪法原则、法律面前一律平等的原则、法院审判组织制度等。第二类是经实践证明已不适应时代发展，需要通过修改宪法和有关法律才能解决的问题，如法院产生体制、监督方式、审级制度、法官管理等。第三类是现行法律中没有相应规定，需要制定新的法律才能解决的问题，如司法经费保障体制、法官保障和待遇等。可见，司法体制改革带来的立法任务也是繁重的。

　　以上我向大家介绍了自己对法院和法官的职能、作用以及司法体制改革的一些初步认识。有些观点还很不成熟，希望各位批评指正。推进司法体制改革是全面建设小康社会和实现国家长治久安的保障，也是时代和人民赋予我们的光荣使命。这一艰巨而伟大的工程，需要全社会特别是法律界人士的共同努力才能完成。让我们加强交流，取长补短，深入研究司法改革理论，积极参与司法改革实践，顺应时代的要求，按照中央的部署，共同完成司法改革的宏伟大业，努力推进社会主义法治的进程。

　　　　　　　　　　（本文原载于《法学家》2003 年第 1 期）

坚持疑罪从无　确保司法公正

沈德咏*

疑罪从无，就是在刑事司法中出现既不能排除犯罪嫌疑又不能证明有罪的两难情况时，从法律上推定为无罪的一种处理方式。即使在刑事法治取得前所未有进步的今天，我们仍有必要对疑罪从无问题进行认真研究，以期促进全社会特别是公安、司法机关及其人员进一步统一思想、增进共识，共同致力于维护刑事司法公正，促进法治文明进步。

一　疑罪从无的历史溯源

自从人类历史上出现了诉讼这种纠纷解决方式伊始，事实真伪不明案件如何处理就一直是困扰裁判者的一个难题。从认识规律来看，司法办案中出现疑案，是客观存在的，因为已然发生的案件事实并不总是给人们留下充足的证据，而留下的证据也并不总是能够为人们所发现和收集；况且越是强化证据规则和法治意识，办案要求就越高，出现疑案的可能性就越大。

历史已经再三明白无误地告诉我们：在刑事司法领域，不搞无罪推定，就难免要搞有罪推定；不搞疑罪从无，就难免要搞疑罪从有；任何形式的疑罪从轻、疑罪从挂，实质上都是有罪推定、疑罪从有。

二　疑罪从无的理论逻辑

疑罪从无源于历史上的"有利被告"原则，但其之所以能够在各

＊　沈德咏，最高人民法院党组副书记、一级大法官。

国成为一项被普遍遵循的重要司法规则，关键是其与现代民主、法治、人权等价值理念的契合。

疑罪从无是人权保障理念的内在要求。任何时候，我们绝不能为了打击犯罪而忽视被追诉者的人权保障，绝不能以牺牲对人权的保障为代价去片面追求惩罚犯罪，甚至导致错判无辜、出现冤假错案。

司法实践证明，在刑事诉讼中落实人权保障的要求，落实宪法关于公民自由权利的规定，就应当坚定不移地贯彻疑罪从无的规则，任何形式的疑罪从挂、疑罪从轻都是疑罪从有思想在作祟，必须坚决予以摒弃，否则等待我们的必将是一桩又一桩让法律人感到耻辱的冤假错案。

疑罪从无是秩序和自由的价值选择。疑罪从无的最大风险就是有可能放纵犯罪，而疑罪从有的最大恶果就是有可能出现冤假错案。应当说，两种结果都是我们不愿意看到的，但在必须作出抉择的时候，就要权衡哪种结果对社会秩序的破坏更大。在法治发展进步的今天，"宁枉勿纵"肯定是不合时宜的，"不枉不纵"也只是一种理想状态，为此，我们应当转换一下思路，这就是"宁可错放，也不可错判"。

一项好的制度并不能保证百分之百地做到不放掉一个坏人，但应当百分之百地保证不冤枉一个好人。因此，即使实行疑罪从无可能导致放掉一个坏人，我们也不能因噎废食轻易否定该项制度。事实上，任何一项制度的确立和实施，都不可能是没有任何代价的。

疑罪从无是司法民主理念的必然要求。在尊重和保障被告人各项诉讼权利的基础上，如果仍然出现疑案的情形，则应遵循疑罪从无的要求作出裁判，使案件得到公正处理，让民众在看得见的诉讼程序中感受到公平正义。当事实真伪不明之时，法律决不可模棱两可，而必须给出一个确定的、唯一的"交代"，唯有如此才能体现法律的预设性和确定性。

疑罪从无是程序法治原则的重要体现。程序法治原则的核心就是规范和制约公权力，尊重和保障人权。刑事诉讼事关公民的生命、自由和财产，必须按照程序法治原则的要求，建构正当的诉讼程序。在程序法治观念和制度下，反对刑讯逼供、反对违法取证都是应有之义，刑事司法人员必须遵循法定程序，严格依法办案，对违反法定程序的行为要承担相应后果，给予必要的制裁；严重的程序违法不仅要追究有关人员的责任，还可能导致诉讼不能继续进行、相关证据被依法排除，进而造成证据不足、指控的犯罪不能成立、被告人被宣告无罪的后果。

三　疑罪从无的实践理性

在司法实践中，无论是侦查、公诉机关还是审判机关，主观上当然都不希望出现疑案，然而，受制于各种现实的客观因素，疑案在一定条件下又不可避免地会出现，疑罪从无就是处理疑案的一种技术性手段和方式。

疑罪从无是遵循认识规律的必然结果。特定时空条件下，办案人员的诉讼认识活动除了受到认知能力和水平等限制外，还会受到证据掌握状况、诉讼期限、运行程序和规则、司法执法环境等方面的制约，有些案件客观上就是破不了、抓不到、诉不了、判不了。

在刑事司法实践中，我们既要坚持以辩证唯物主义认识论为指导，坚信事实真相是可知的，是可以被认识的，但同时我们也要清醒地看到，人们对于事实的认识是有局限性的，在特定条件下有些事实真相尚难以全面揭示。所以，无论是查清事实后判决有罪或者无罪，还是出现了疑案作出无罪处理，都是遵循认识规律的必然结果，在这一点上两者并无本质的区别。

疑罪从无是全面落实刑事诉讼目的的重要方式。刑事司法人员应当正确认识到：证据确实充分条件下的有罪判决、无罪宣告以及有罪指控存疑时的疑罪从无，都是刑事案件经过公正审判后的正常处理方式，都能从不同方面推动实现刑事诉讼的目的，绝不可以认为诉讼的进行，非要法院最终作出有罪判决才是实现了"案结事了"。

疑罪从无是应对司法资源有限性的客观需要。让真正的罪犯逍遥法外，是最大的打击不力和最大的司法不公。不按照疑罪从无规则去处理，搞不恰当的"留有余地"，势必会使可能的罪犯逃脱制裁，将来即使能够纠正也会增大追究成本；如果按照疑罪从挂处理，久押不决，在人财物等各方面只会增添更大的负担。权衡再三，疑罪从无是司法资源有限条件下处理疑案的不二选择。

疑罪从无是规范司法权行使的现实要求。一段时期以来，针对不断发生的冤假错案问题，中央各政法主管部门积极研究出台相关政策措施，不断加强和改进执法办案工作，在及时依法纠错的同时，尽最大努力防范冤假错案。公安部强调："今后凡是被法院判决无罪的案件，各地公安机关都要逐案解剖、点评、通报。"这显然是一个好的动向，也是我国刑事诉讼由过去的侦查中心主义向审判中心主义转变的一个不可忽视的重要信号。

当疑案情形出现时，就是要通过一个又一个案件的撤销、不起诉、宣告无罪，逐步引导和规范侦查、起诉、审判各环节的追诉活动，使刑罚权的使用真正规范起来，切实避免任何形式的滥用。

疑罪从无是防范冤假错案的唯一选择。对于那些"虚实之证等，是非之理均"，既不能充分证明，又不能排除合理怀疑，达到内心确信的所谓"疑案"如何处理，这是任何诉讼制度都要碰到的难题。对于疑案，仅从概念上讲不枉不纵并不能解决实际问题，因为到了诉讼中，特别是司法审判这一最后阶段，无论是追求"不错放"还是"不错判"，都是两难的选择。客观地说，"错放"抑或"错判"都背离了我们追求的目标，但"两害相权取其轻"，我们宁可放掉可能的坏人，也不能冤枉真正的无辜。

四　疑罪从无的实现路径

要建构起适用于刑事诉讼各个阶段的疑罪从无思想和规则体系，使疑案出现时能够自动转入"疑罪从无"的运行轨道，不能排除合理怀疑则应作"从无"处理，能够排除合理怀疑则转入正常轨道运行并定罪量刑。

思想上牢固树立疑罪从无观念。树立疑罪从无的观念，必须突破部门本位主义的藩篱，以公平正义作为共同的履职目标和价值追求，所有的诉讼行为都应朝着证明和查清事实方向努力，无论是有利还是不利于被告人的证据都应该完整地进入案卷，在程序流转过程中将涉及定罪量刑的所有证据移交至下一环节，这对于确保案件质量非常重要。

我们在追求疑罪从无目标的同时，对极少数案件由于种种原因，未能做到疑罪从无也要有一定的容忍度，做到鼓励正确、宽容错误，否则将会束缚办案人员的手脚，使疑罪从无走向另一个极端——只要有疑点就不敢下判，这无疑可能会放纵犯罪，且与我们积极倡导疑罪从无的初衷是相悖的。

强化控辩审三方的相互制约。做好刑事司法工作，靠法院一家单打独斗是行不通的，公检法机关必须在依法履职的基础上加强互相配合，这有利于形成工作合力、发挥制度优势以提高刑事司法的整体水平。但更重要的还是要加强互相制约，因为"分工负责"绝对不是为了更好地配合，而是为了更加有效地相互制约，否则就没有分工的必要。

要正确认识设立刑事辩护制度的意义和作用，充分尊重和保障被告人及其辩护人的辩护权利，让攻防双方机会均等，让诉辩对抗成为现实，通过增强辩方的实力，减弱与控方力量对比的悬殊程度，力求达到实质上的控辩平等。

司法的最终裁判性质，要求在刑事诉讼中必须贯彻审判中心主义和庭审中心主义，发挥好法庭审判的应有功能和作用。法庭审判是公正司法各项要求体现最为集中的环节，是发现疑点、消除争议、查清真相的最好场合。庭审中心主义的本质要求是追求法庭审判的实质化而力戒形式化。

用疑罪从无倒逼专门机关提升办案能力。对于疑案，按照疑罪从无规则作出处理，能够使无辜者不受刑事追究、权利得到保护，虽然出现疑案许多时候是由于客观条件和因素所致，但不意味着司法证明主体就没有努力改进的空间。就侦查机关而言，在司法证明活动中，重点承担收集与固定证据的任务，必须坚持依照法定程序办案，着力规范取证行为，确保合法取证；就公诉机关而言，其司法证明工作应当围绕有效履行举证责任来展开，要充分认识到举证不能必定导致疑罪从无的后果；就审判机关而言，在司法证明活动中的责任，是要本着中立、公正的立场，对控辩双方的呈堂证供进行全面的审查判断，客观真实并符合证据法则的应依法采信，确认为非法证据的应依法排除。

人民法院应勇担落实疑罪从无的重任。疑罪从无本质上就是根据无罪推定原则所作出的一种司法判断，如果司法缺失公信和权威，疑罪从无也就无从实现。为此，人民法院为有效履行宪法和法律赋予的职责，确保依法独立、公正行使审判权，切实担负起最后把关的责任，就必须围绕提升司法公信和司法权威的目标，深化司法改革，合理配置司法审判权并确保审判权力的运行得到有效的监督，在实行疑罪从无规则方面，最终也必须实现权责的统一。

健全与疑罪从无相关的配套制度。刑事证据制度的构建必须遵循刑事证据三原则，即无罪推定原则、证据裁判原则和程序法治原则。这三项原则业已成为现代刑事证据乃至整个刑事诉讼制度的基石。要落实疑罪从无各项要求，除了要完善有关诉讼程序和具体证据规则，从根本上讲，必须要有完备的证据制度体系予以保障，而只有在上述三原则的指导下，才能建立起取证、举证、质证和认证相互衔接、内在统一的证据制度体系。

我们既要立足中国国情、认真总结经验，又要全面考察、积极借鉴域外证据制度发展成果，包括英美法系的证据法典、大陆法系诉讼法典中的证据制度以及国际公约中的证据规则，本着立足当前、着眼长远、循序渐进、适度超前的原则，努力构建起具有中国特色和国际领先地位的科学、合理、务实、可行的证据制度体系。

（本文原载于《法制资讯》2013 年第 10 期）

深化审判体制与机制改革

江必新*

党的十八大报告提出要"进一步深化司法体制改革，坚持和完善中国特色社会主义司法制度，确保审判机关、检察机关依法独立公正行使审判权、检察权"。十八届三中全会通过的《中共中央关于全面深化改革若干重大问题的决定》（以下简称《决定》）强调要"深化司法体制改革，加快建设公正高效权威的社会主义司法制度，维护人民权益，让人民群众在每一个司法案件中都感受到公平正义"。这是未来一个时期人民法院审判工作体制与机制改革的总纲领。

一 让审判主体切实依法独立地行使职权并承担审判责任

深化审判体制与机制改革，核心任务是确保审判机关依法独立公正行使审判权。而让审判机关依法独立公正地行使审判权，也是让审判主体依法独立地承担审判责任。

（一）将司法审判权切实纳入中央事权的范围

我国是单一制国家，司法职权是中央事权。考虑到我国将长期处于社会主义初级阶段的基本国情，将司法机关的人财物完全由中央统一管理，尚有一定困难。应该本着循序渐进的原则，逐步改革司法管理体制，先将省以下地方人民法院人财物由省一级统一管理。地方各级人民法院和专门人民法院的经费由省级财政统筹，中央财政保障部分经费。

探索与行政区划适当分离的司法管辖制度。司法管辖包括司法机关对案件的地域管辖、级别管辖和专属管辖。司法机关按行政区划设立，管辖所属行政区划内的案件，容易受到地方保护主义的干扰。同时，我国地区间发展不平衡，各地司法机关承担的业务量也有较大差距。应该在现行宪法框架内，探索与行政区划适当分离的司法管辖制度，例如设立知识产权等专门法院审理容易受干预的案件，或可以通过提级管辖、集中管辖，审理行政案件或者跨地区民商事、环境保护案件。

（二）切实将审判责任落实到审判人员个人身上

《决定》指出："改革审判委员会制度，完善主审法官、合议庭办案责任制，让审理者裁判、由裁判者负责。"不可否认，一些地方仍不同程度存在司法行政化的问题。主要表现在：判审分离，审者不判、判者不审；审判工作内部层层审批，权责不明，错案责任追究难以落实；上下级法院之间的行政化请示和报批，影响审级独立。这就要求我们应遵循司法规律，着力健全司法责任制，理顺司法权与司法行政事务权、司法权与监督权的关系，健全权责统一、权责明晰的司法权力运行机制。建立主审法官、合议庭办案责任制，让审理者真正行使裁判职权，同时也切实承担审理和裁判的责任，做到有权必有责、用权受监督、失职要问责、违法要追究。改革审判委员会制度，审判委员会主要研究案件的法律适用问题，推进院长、副院长、审判委员会委员或审判委员会直接审理重大、复杂、疑难案件。

（三）彻底去除导致违法办案的内外因素

人民法院贯彻依法独立公正行使审判权的原则，除必须解决内部不良因素外，还必须坚决抵制各种形式的地方和部门保护主义，坚决排除权力、金钱、人情、关系等一切法外因素的干扰。让全体法官养成敢于坚持原则、敢于坚持真理、敢于依法办案、敢于担当责任的职业品格。让各级法院的院长、副院长、审判委员会委员、庭长和副庭长坚决支持合议庭和独任庭依法公正审理案件，上级法院应坚决支持下级法院依法独立公正行使审判权。

（四）把法院内部的管理权监督权关进制度的笼子里

应当说，强化院长、庭长的管理和监督职责，对于提高审判质效具有诸多积极作用。但管理权和监督权同样可能被滥用，同样可能出现缺位、越位和错位的问题。因此，必须强化对管理权、监督权的制约。一是深化院长、庭长审判管理职责改革。院长、庭长的审判管理职责应集中在对相关程序事项的审核批准、对综合性审判工作的宏观指导、对审判质效进行科学管理以及排除不良因素对审判活动的干扰等方面。二是建立法院内部审判管理权全程留痕的制度。加强对院长、庭长行使审判管理权的约束和监督，防止审判管理权的滥用。三是完善法院内部的各种考评制度。人民法院内部的各类考评指标和考评制度应以确保公正高效审判为目标，任何违背司法基本规律的考评指标和考评数据，只能加剧法院内部的行政化，加重法官的负担，加重当事人的诉累，影响裁判的真实质量，降低司法的整体效率。

二　让审判人员富有公正、廉洁、勤勉司法的能力

提高审判人员公正、廉洁、勤勉司法的能力，是司法改革的一项重要内容。应重点解决制约司法能力提高的深层次问题。

（一）认同法官职业的特殊性

目前，我国审判人员的招录、遴选、培养、任用等实行与普通公务员相同的模式，这不利于司法审判队伍的专业化和职业化。我国80%的案件在基层，80%的司法人员也在基层，基层审判机关职数少，基层法官职级低、待遇差、发展空间有限，不利于提升专业素质，也不利于保证办案质量。为此，应认同法官职业的特殊性，突出法官的办案主体地位，健全有别于普通公务员的法官专业职务（或技术职称）序列。法官职业的特殊性不是指法官应当享有法外特权，而是指审判具有区别于其他国家职能的特定属性，并且这些属性对法官具有

特殊的要求；是指应通过多方面的制度设计确保其地位的中立性，确保其不受权力、金钱、人情、关系的干扰。认同法官职业的特殊性，同时也意味着全体法官要不断强化崇尚法治、忠于法律、严格执法的信念，不断提高熟练掌握法律、准确理解法律、正确适用法律的能力，始终坚持"以事实为根据，以法律为准绳"的原则，不得以任何理由突破法律底线，杜绝任何超越法律、歪曲法律以及其他违法枉法裁判现象的发生。审理每一起案件，都要贯彻认定事实清楚、适用法律正确、处理结果公正、审判程序合法、法律文书规范的基本要求，确保裁判经得起法律和历史的检验。

（二）用制度和机制体现法官职业的特征

《决定》要求"建立符合职业特点的司法人员管理制度，健全法官、检察官、人民警察统一招录、有序交流、逐级遴选机制，完善司法人员分类管理制度，健全法官、检察官、人民警察职业保障制度"。应遵循审判工作规律和干部管理规律，按照"正规化、职业化、专业化"的标准，逐步建立起分类科学、结构合理、职责明晰、管理规范的制度体系。明确法官、审判辅助人员和司法行政人员等不同人员的岗位职责、法律地位以及责权关系，结合工作要求和岗位职责等因素，科学设置各类人员职级比例和职数编制。完善法官单独职务序列制度及配套措施，推进书记员、司法警察的职务序列管理，健全审判辅助人员、司法行政人员管理措施。

（三）建立开放、透明并具有竞争性的法官选任机制

通过推动相关立法的完善，进一步严格不同审级法官的任职条件。针对不同审级法院的法官设置不同的任职条件（包括任职时间），实行法官逐级遴选制度。完善并落实法官逐级遴选机制，逐步实行上级法院法官从下级法院法官中选拔。进一步扩大法官遴选范围，注重从律师群体及其他法律实务部门且具有基层工作经历的人员中选拔法官，吸引社会上的优秀法律人才加入法官队伍。优化法官选任程序和方式，建立开放、透明并具有竞争性的法官选任机制，切实保证选准选好法官人才。

（四）加大对法官及其他工作人员的在职培训力度

高度重视对法官及法院其他工作人员的司法综合能力培养，全面提升做好新形势下群众工作能力、维护社会公平正义能力、新媒体时代社会沟通能力、信息化技术应用能力，着力提高驾驭庭审、认定事实、适用法律、化解矛盾的能力。完善法官培训制度，健全法官培训机构，保障法官培训经费。严格保证预备法官的培训时间，建立健全专业审判岗位任职资格和岗前培训制度，适度延长法官任职及晋级的脱产培训时间。改进培训方式，丰富培训内容，充分运用网络培训、在职培养、续职培养、联合培养、交流挂职和定期轮训、专题培训等形式，拓宽法官成才平台。加强对青年法官的培养，不断壮大专家型法官队伍。

（五）加大法官履职的职业保障力度

从职业特点看，法官既要精通法律专业知识，又要有一定的工作经验和社会阅历，只有通过国家司法资格考试和公务员考试，并从事一段时间的法律工作，才能被任命；从职业风险看，当前我国正处于社会矛盾凸显期，矛盾的对抗性、敏感性增强，法官的职业风险增大。现有的保障制度没有体现其职业特点和职业风险，不利于推动队伍的专业化、职业化、正规化建设。按照责权利相统一的原则，在严格法官队伍任职条件，强化办案责任的同时，应为法官依法公正履职提供必要的职业保障。

三　让审判权力受到更加理性、更加有效的监督

"加强和规范对司法活动的法律监督和社会监督"同样是司法体制和机制改革的重要内容。应重点把握好以下几个方面。

（一）将审判权装进程序法制的笼子里

程序法制包含着公开、公正、公平和参与等现代民主精神。诉讼

中任何实体问题要得到持久、规范、有效的解决，必须借助于正当程序。应不断提高诉讼程序的正当化水平，使审判权受到更加理性和更加有效的监督制约。进一步规范查封、扣押、冻结、处理涉案财物的司法程序，确保公民和组织的合法财产权利不受侵犯。严格规范减刑、假释程序，确保减刑、假释权的公正行使。

（二）让审判权在充足的阳光下运行

《决定》指出："推进审判公开、检务公开，录制并保留全程庭审资料。增强法律文书说理性，推动公开法院生效裁判文书。"为此，人民法院审理案件，除法律规定不应公开的以外，都应公开审判。庭审是审判的中心环节，是诉讼双方通过举证、质证、辩论主张权利的平台。庭审全程同步录音录像，并入卷存档，不仅有利于规范审判人员的审判行为，促进诉讼参与人员依法行使权利，也有利于为上诉审、监督审评判案件是否公正审理、原审法院和审判人员是否违反法定程序提供原始资料和客观依据。最高人民法院已经开设"中国裁判文书网"，逐步实现四级人民法院依法可以公开的生效裁判文书全部上网。

（三）把监督权交给诉讼参加人

当事人的监督是最有效的监督。扩大诉讼当事人的程序性权利，是加强和规范对司法活动的法律监督和社会监督最有效的办法。《决定》指出："完善人权司法保障制度。""完善律师执业权利保障机制和违法违规执业惩戒制度，加强执业道德建设，发挥律师在依法维护公民和法人合法权益方面的重要作用。"要贯彻国家尊重和保障人权的原则要求，切实保证当事人依法自由表达诉求，充分陈述理由，适时了解审判进程，批评、控告侵犯诉权行为等权利。尊重当事人的程序选择权，对依法可以由当事人自主或协商决定的程序事项，应当尽量让当事人自主或协商决定。加强对法律适用的解释、程序问题的释明和裁判活动的说理，裁判文书应全面回应当事人提出的主张和意见，具体说明法院采纳或不采纳的理由及根据。在诉讼过程中，对当事人提出的申请或质疑，应及时给予回应并说明理由。切实保障律师执业的权利，发挥律师在依法维护公民和法人合法权益、监督审判权正确行使方面的重要作用。

（四）给审判权行使者戴上责任"紧箍咒"

根据审判工作实际情况，明确错案的认定标准，并以此为基础建立科学合理的错案评价体系。建立健全错案问责机制，确定问责的相关程序，明确不同情形以及不同办案行为的相应责任。一方面，要避免过度追责带来的负面效应；另一方面，一旦确立了问责的标准、条件和程序，就应严格执行。成立吸收有关机关、部门和社会组织的人员参与的法官选任委员会、惩戒委员会，制定公开、公正的选任、惩戒程序，确保政治素质高、职业操守好、业务能力强的优秀法律人才进入法官队伍，确保违法违纪行为及时得到应有惩戒。

（五）为审判权涂上浓厚的"防腐剂"

以审判权运行为核心，继续构建符合审判规律的廉政风险防控机制，强化司法巡查、审务督察以及在审判执行部门设立廉政监察员等内部监督措施，切实加强对审判权运行的制约和监督，确保公正司法、廉洁司法。

四　让诉讼程序更加符合公正、高效审判的规律

健全司法权力运行机制，必须让诉讼程序更加符合公正、高效审判的规律。主要应处理好几个关系。

（一）正确处理庭审程序与审前程序的关系

在很多国家，审前程序除了为正式的庭审程序作准备之外，更多的是被当作一个化解争议的过程。例如，美国只有3%左右的案件进入正式庭审程序，97%的案件在审前程序中被化解。正确处理庭审程序和审前程序的关系，不能只把审前程序作为一个准备环节。在审前程序中，通过法院组织、引导当事人亲历诉答、证据公示、争点整理

等各个环节，促使当事人沟通交流，尽量使当事人达成和解，将纠纷化解于正式审理之前，从而提高诉讼效率。

（二）正确处理调解与裁判的关系

充分发挥调解和裁判两种方式各自的作用和优势。对双方当事人均有调解意愿且有调解可能的纠纷、家庭与邻里纠纷、法律规定不够明确以及简单按照法律处理可能失之公平的纠纷，应当在充分尊重双方当事人意愿的情况下，优先用调解方式处理。对当事人不愿调解或者有必要为社会提供规则指引的案件纠纷，应当在尊重当事人处分权的前提下，注重采用判决的方式。

（三）正确处理能动性与被动性的关系

司法具有"不告不理"和"有请方裁"、"有求才应"的特点。但是，一味强调司法的消极被动性，不仅使司法的社会效果难以彰显，而且使司法人员在出现疑难案件时束手无策。尤其遇到法律文本或规范出现模糊、不确定或空白漏洞的时候：不仅使当事人各方难以在诉讼过程中保持真正的平等地位，而且使弱者的权利往往得不到有效救济；不仅使人民法院服务大局的职能作用难以发挥，而且使当事人常常难于服判息诉，造成"案结事不了"的上访、闹防和缠访。正确处理二者的关系，要求充分发挥司法的能动作用。但是能动司法必须保持必要的限度，能动主体必须保持高度的自律和自我克制：必须恪守司法的职权范围；必须遵循司法的运行规律；必须尊重当事人的诉讼权利；必须防止司法权的滥用；必须与司法职能具有必要的关联；必须具有科学务实的态度。

（四）正确处理程序公正与实体公正的关系

总体而言，实体公正和程序公正是统一的，实体公正的实现需要程序公正来保障，只有实现程序公正才能够最大限度地保证办案的质量，最终达到实体公正的目的。人民法院在审理案件中不仅需要在每一起司法案件中公正平等对待任何一方当事人，也要通过审判使法律体现的公平正义在每一起司法案件裁判或者处理中实现。实践中，"让人民群众在每一个司法案件中都感受到公平正义"，首先应当从保障程序公正做起。程序公正要求法官必须站在中立的立场上审理案件，坚持司法公开，充分听取各方当事人的意见，不能偏袒任何一方当事人。程序公正虽是外在的形式上的公正，但这种公正对于当事人以及广大人民群众而言是看得见、可感受的公正。可以说，没有程序公正就难有实体公正。但无实体公正的程序公正也没有实在价值。因此，要在实现程序公正的基础上，实现实体公正的最大化，即尽可能对当事人实体权利义务作出客观、公正的裁判或处理。

五　让司法裁判更加具有权威性、确定性与执行力

使司法权的运行实现其应有的目的，必须让司法裁判更加具有权威性、确定性和执行力。

（一）科学配置审判资源与职责

《决定》要求"优化司法职权配置"。要抓住中央推进新一轮司法改革的有利时机，通过深化司法体制与机制改革，优化司法职权配置，健全司法权力运行机制。明确四级法院职能定位，探索充分发挥一审法院明断是非定分止争、二审法院案结事了、再审法院依法纠错、最高人民法院保证法律统一正确实施的职能。进一步规范和落实上下级法院的审级监督，确保审级独立。理顺各级法院、各审判主体、院庭长与审判人员的关系，逐步形成法官依法独立公正行使职权的条件。积极配合中央有关部门健全司法权力分工负责、互相配合、互相制约机制，加强和规范对司法活动的法律监督和社会监督。

（二）进一步完善审级制度

我国实行"二审终审"制度，任何一个案件最多经过二级审理后即应获得终局的效力。面对当前新的形势和情况，现行审级制度确实存在着一些困难和问题，难以适应我国经济社会发展的需要。笔者认

为，应当建立以有条件的三审终审和小额案件一审终审为辅的诉讼制度，这样既为依法纠错留下必要的空间，又确保判决的终局性和稳定性。

（三）科学设定再审准入条件

上诉审程序是普通救济程序，再审程序是为补充现行审级制度不足而设立的特殊救济程序。虽然请求再审与提起上诉是相近似的法律救济手段，但两者的区别十分明显。再审的对象是已确定裁判，申请再审程序是一种特殊的救济程序；而上诉针对的是未确定裁判，上诉审程序是常规的救济程序。在当事人可以同时寻求上诉和申请再审救济情况下，应当促使当事人首先使用常规救济手段，只有在穷尽常规救济手段仍未得到应有救济时，才允许有条件地使用申请再审这一特殊的救济手段。为了实现实体正义与程序正义，应该将再审程序与正常的诉讼程序进行适当区分，进入再审程序的法定事由不应和正常诉讼程序一样全面、系统，应该对再审程序的启动设置较高的"门槛"，使得司法实践中再审案件的比例被控制在一定的范围内。如果将两审终审改为三审终审，进入再审程序的条件就应当更加严格。原则上，任何案件经过一次再审程序后，人民法院的诉讼程序就应当终结，该再审判决应当具有终局的效力。

（四）对涉诉上访进行分而治之

《决定》指出："改革信访工作制度，实行网上受理信访制度，健全及时就地解决群众合理诉求机制。把涉法涉诉信访纳入法制轨道解决，建立涉法涉诉信访依法终结制度。"为此，对信访问题应进行分类处理。凡是属于人民法院管辖的事项，均不宜纳入信访程序予以处理；凡是人民法院正在审理或经过法定程序后已经作出终局裁判的案件，也不宜作为信访案件处理。

（本文原载于《中国党政干部论坛》2014 年第 1 期）

全面推进依法治国背景下的司法改革

李少平[*]

新一轮司法体制改革正在党中央的坚强领导下积极有序推进，改革的力度、深度、广度前所未有，党中央对司法改革的重视程度也是前所未有，理论界、实务界乃至社会上对此高度关注，全国法院热切期盼。大家普遍关心这一轮司法改革是在什么样的时代背景下展开的，要解决哪些问题，改革的重点问题有哪些，具体又将如何推进，改革目前进展如何。本文将就深化司法体制改革的基本认识、进展情况和若干重大问题进行研究。

一　关于深化司法体制改革的基本认识

（一）深刻把握深化司法体制改革的时代背景

改革开放 36 年来，我国经济平稳较快发展，综合国力大幅提升，2013 年国内生产总值达到 56.9 万亿元，进出口总额突破 4 万亿美元，经济总量已跃升到世界第二位，我国经济、政治、文化、社会、生态文明建设各方面取得了巨大成就。[①] 据调查，中国对世界经济发展的贡献率已经达到了 27.5%，而美国是 15%。[②] 与此同时，也必须清醒地认识到，虽然我国仍处于发展的重要战略机遇期，但前进道路上也面临各种风险和挑战，国际局势错综复杂，综合国力竞争空前激烈，

---

[*]　李少平，最高人民法院党组成员、副院长，二级大法官。

[①]　参见李克强在 2014 年 3 月 5 日十二届全国人大二次会议上所作的《政府工作报告》。

[②]　参见朱光耀《2014 年 20 国集团财长及央行行长会议上的发言》，http://finance.eastmoney.com/news/135120141013433105867.html，2014 年 12 月 4 日访问。

国内改革发展稳定任务日益繁重，发展中不平衡、不协调、不可持续问题依然突出，在经济结构调整和社会转型过程中，人民内部矛盾和其他社会矛盾凸显，我国仍处于对敌斗争复杂期、社会矛盾凸显期、刑事案件高发期。我们党认识到，要解决党和国家事业发展面临的一系列重大问题，不能仅仅依靠 GDP 的增长，必须通过全面深化改革，完善和发展中国特色社会主义制度，推进国家治理体系和治理能力现代化；必须找到一条能够确保党和国家长治久安的治国理政道路和方式，把法律作为治国之重器，把法治作为国家治理体系和治理能力的重要依托。

当前，全面建成小康社会已经进入决定性阶段，改革进入攻坚期和深水区，要发展社会主义市场经济，解决制约持续健康发展的种种问题，维护公平、开放、透明的发展环境离不开法治；要保障人民民主，解决人民群众最关心的教育就业、收入分配、社会保障、医药卫生、住房消费等方面突出问题离不开法治；要构建社会主义和谐社会，解决促进社会公平正义、完善互联网管理、保障食品药品安全、创新社会治理、维护社会稳定等方面的难题离不开法治；要坚决惩治腐败、消除特权、反对四风离不开法治。只有全面推进依法治国，把法治作为治国理政的基本方式，充分发挥法治的引领和规范作用，运用法治思维和法治方式解决各种社会矛盾和问题，才能确保我国社会在深刻变革中既生机勃勃又井然有序。

在全面推进依法治国的进程中，深化司法体制改革是保证公正司法、提高司法公信力的必然要求，是实现国家治理体系和治理能力现代化的重要方面，是建设中国特色社会主义法治体系的强大动力。党的十八届三中全会就司法改革任务作出重大部署，十八届四中全会又专题研究依法治国，作出《中共中央关于全面推进依法治国若干重大问题的决定》（以下简称四中全会《决定》），就深化司法改革提出不少新观点和新举措。党中央对法治建设、对司法工作、对司法改革的重视达到了前所未有的战略高度，深化司法体制改革被置于全面推进依法治国的时代背景之下，正面临承前启后、继往开来的历史最好机遇。只有把深化司法体制改革放到全面推进依法治国的大背景下，放到党和国家长治久安的大局中，放到建设中国特色社会主义法治体系的总体布局中，才能坚定我们推进司法改革的信心，增强改革的责任感、使命感和紧迫感。

（二）深刻把握深化司法体制改革的问题导向

近年来，人民法院忠实履行宪法和法律赋予的职责，坚持司法为民公正司法，依法审理了大量案件，有效化解了大量矛盾，队伍素质有较大提高，各项工作取得新进展。2009 年以来，全国法院受理案件在 1100 万件以上；2013 年地方各级人民法院审结、执结 1294.7 万件，同比上升 4.4%，最高人民法院审结案件 9716 件，同比上升 1.6%。① 总体而言，人民法院司法为民、公正司法为建设平安中国、法治中国作出了积极贡献，成效应予以充分肯定。但我们也必须清醒地认识到，当前司法不规范、不严格、不透明、不文明的现象较为突出，一些地方司法不公、司法不廉，引起人民群众强烈不满。其中有些问题与司法体制机制的不合理、不科学有关。

从法院内部环境看。一是司法资源配置不合理，全国法院总体上案多人少矛盾突出。2013 年全国法院审结、执结案件为 1294.7 万件，比 2006 年增长 51.33%，但法官数量多年来没有较大增长，像北京朝阳、广东东莞等基层法院法官年均办案二三百件，办案压力非常大。与此同时，大量具有法官身份的人员没有充实到审判一线，许多地方忙闲不均情况也比较突出。二是司法廉洁问题突出，存在人情案、关系案和金钱案。2013 年，全国各级法院共查处利用审判、执行权力违纪违法的工作人员 381 人，其中追究刑事责任 101 人。② 个别案件严重

---

① 引自 2014 年《最高人民法院工作报告》。
② 引自 2014 年《最高人民法院工作报告》。

不公，少数案件甚至存在以权谋私情况，在社会上产生了很不好的影响，对司法公信力产生了严重的损害。三是司法职权配置不合理，审判权运行机制不科学。一些法院司法行政化问题突出，案件层层请示、层层审批，审者不判、判者不审；一些法院内部监督制约机制不完善，审判权缺乏有效监督；审级关系有待进一步规范，高级人民法院、最高人民法院的监督指导作用有待进一步加强，审判委员会、人民陪审员等制度作用发挥得不理想；一些地方司法公开程度不够，司法透明度不高。四是队伍素质参差不齐，职业化建设不足。法官长期以来被等同于普通公务员管理，没有建立符合司法职业特点的法院人员管理制度和司法职业保障制度，法院人员正规化、专业化、职业化程度不足。总体而言，人民群众日益增长的司法需求与司法资源和司法能力不足的矛盾，已经严重影响和制约人民司法事业的科学发展，到了不改革就难以适应发展需要的地步。从法院外部环境看，主要是确保人民法院依法独立公正行使审判权的体制机制还不完善，法院人财物受制于地方，办案受外部各种因素干扰较多，容易影响和妨碍司法公正。少数领导干部法治意识淡薄，把司法机关当成自己的下属机构，发号施令，插手干预司法个案。

深化司法体制改革，就是要始终坚持问题导向，紧紧抓住当前一些地方司法不公、司法不廉等人民群众反映强烈的突出问题，对症下药、标本兼治、综合施策，从体制机制上给人民法院依法独立公正行使审判权提供制度保障，着力提升司法公信力。

（三）深刻把握深化司法体制改革的基本要求

深化司法体制改革事关司法管理体制、司法权力、司法资源的重大调整，政治性、政策性、法律性强，涉及面广，情况复杂，要确保深化司法体制改革有方向、有步骤、有秩序地向前推进，需要把握以下基本要求。

一是必须坚持一切从中国国情出发。中国特色的核心要求就是走中国自己的路，而不能照搬照抄。在改革过程中，既要充分吸收借鉴域外法治建设和司法文明发展的优秀成果大胆探索，不搞自我封闭；又要坚持立足中国国情，不照搬照抄外国司法制度，偏离社会主义方向，不超越经济社会发展阶段盲动冒进，把改革的进度和力度与社会可承受程度统一起来。改革要正确处理坚持党的领导和保障人民法院依法独立行使审判权的关系，不能削弱甚至否定党的领导，必须在党的领导下推进改革，确保改革的正确方向。

二是必须尊重司法规律。司法活动有其固有的规律性，我国的司法制度与其他国家相比，有差异也有共性。司法体制改革必须严格遵循审判权作为判断权和裁决权的权力运行规律，彰显审判权的中央事权属性，充分体现审判权独立性、中立性、程序性和终局性特征，充分体现权责统一、权力制约、尊重程序的要求。

三是必须积极稳妥推进。此次改革涉及面广，任务艰巨，直接触及司法体制的深层次问题，直接打破现有利益格局，下决心破除妨碍司法事业科学发展的制度藩篱，必须依法、积极、稳妥、有序推进。改革必须依法进行，于法有据，需要修改法律法规的，要在法律法规修改后推开，重要改革举措需要得到法律授权的，要严格按照法定程序进行。对于省级人财物统管、法官员额制等重大改革探索，必须反复研究论证，精心统筹谋划，稳妥有序推进，设置必要的过渡期和过渡方案，确保人心不散、队伍不乱、工作不断。对于司法公开等已经把握准的任务要积极推进，尽快取得成效。此外，还要注意改革的系统性、整体性、协同性，坚持全面整体推进与重点领域突破相结合。

四是必须坚持顶层设计和试点探索相结合。司法体制改革事关全局，政治性、政策性强，涉及司法体制和权力运行的重大调整必须加强顶层设计，必须加强统筹规划，不允许各行其是。同时要尊重地方首创精神，鼓励下级法院在中央统一安排部署下先行先试，及时总结试点经验，推动制度创新。需要强调的是，并不是每一项试点都能完全成功，甚至有些问题只有在试点中才能发现，因此在司改试点工作中要允许出现问题，允许试错。试点工作尤其要注重实证研究，把实证研究作为科学决策的重要参考，逐步探索形成一套科学、务实、有效的司法改革方法论。

二　关于当前深化司法体制改革进展情况

党的十八届三中全会以来，深化司法体制改革工作已经取得阶段性进展，大致包括中央深化司法改革和人民法院推进司法改革两个层面。

（一）中央深化司法改革层面

2013 年 12 月 30 日，中央成立了由习近平同志任组长的中央全面深化改革领导小组（以下简称中央深改组），下设 6 个专项小组，负责全面深化改革的总体设计、统筹协调、整体推进、督促落实，这是我国改革开放以来设立的最高级别的改革领导机构。司法体制改革工作主要由 6 个专项小组当中的社会体制改革专项小组牵头推进，对外又称中央司法体制改革领导小组（以下简称中央司改领导小组）。中央深改组与中央司改领导小组均下设办事机构，分别简称中央改革办与中央司改办。

中央深改组成立以来，已经召开了 7 次全体会议，其中与司法改革紧密相关的有 4 次，充分显示出党中央对司法改革的重视程度。2014 年 1 月 22 日，中央深改组召开第一次全体会议，审议通过《中央有关部门贯彻落实党的十八届三中全会〈决定〉重要举措分工方案》，明确了三中全会《决定》中需要由中央有关部门组织贯彻实施的 336 项重要举措。2014 年 2 月 28 日，中央深改组召开第二次全体会议，审议通过了《关于深化司法体制和社会体制改革的意见及贯彻实施分工方案》，明确了深化司法体制改革的目标、原则，确定了 85 项司法改革举措。

根据中央关于重大改革事项先行试点的要求，中央决定就完善司法人员分类管理、完善司法责任制、健全司法人员职业保障、推动省以下地方法院检察院人财物统一管理 4 项改革，选取上海等 6 省市作为第一批中央司改试点地区先行先试。2014 年 6 月 6 日，中央深改组召开第三次全体会议，审议通过了《关于司法体制改革试点若干问题的框架意见》（下称《框架意见》）和《上海市司法改革试点工作方案》，同时还审议通过了《关于设立知识产权法院的方案》。7 月 15 日，孟建柱书记主持召开司法体制改革试点工作会议，对如何科学推进司改试点工作提出了明确要求。为及时了解试点中的问题，指导试点工作有序推进，孟建柱书记亲自带队，先后到广东、上海、吉林等试点地区调研，听取一线干警、专家学者和律师代表对司改工作的意见建议。9 月 25 日，中央政法委召开司法体制改革试点工作推进会，组织部分省区市交流了推进试点工作的经验，并对如何分批次推进司改试点工作提出要求。针对试点中存在的突出问题，10 月 10 日，孟建柱书记主持召开了中央司改领导小组专题会议，听取了"两高"党组关于司改试点工作中几个重要问题的汇报，并作出重要指示。11 月 4 日，孟建柱书记在湖北武汉召开的全国政法委书记座谈会上，就扎实推进司法体制改革再次作出重要指示。

四中全会《决定》就全面推进依法治国、深化司法体制改革等提出了一系列重大改革举措。2014 年 10 月 27 日，中央深改组召开第六次全体会议，习近平总书记在会上要求，四中全会改革举措"应当纳入改革任务总台账，一体部署、一体落实、一体督办"。此后中央印发了贯彻实施分工方案，中央有关各单位正抓紧结合本部门职责，对照任务清单，抓紧制定实施方案，努力推动改革任务不折不扣完成。12 月 2 日，中央深改组召开第七次全体会议，审议通过了《最高人民法院设立巡回法庭试点方案》和《设立跨行政区划人民法院、人民检察院试点方案》，并建议根据会议讨论情况进一步修改完善后按程序报批实施。

（二）人民法院推进司法改革层面

党的十八届三中全会召开后，最高人民法院迅速组织专门力量，结合三中全会精神，启动了《人民法院第四个五年改革纲要（2014—2018）》（以下简称《四五改革纲要》）的起草工作。

2014年1月6日，最高人民法院调整了院司法改革领导小组，由周强院长亲自担任组长。2月16日，最高人民法院司法改革领导小组召开第一次全体会议，审议通过了最高人民法院关于贯彻实施《中共中央关于全面深化改革若干重大问题的决定》的分工方案。7月3日，最高人民法院在吉林省长春市召开第一次"司法改革试点地区法院座谈会"，听取了试点地区法院的工作进展和意见建议。7月9日，最高人民法院在"济南会议"上正式发布了《四五改革纲要》，针对8个重要领域，提出了45项改革举措，并分解为50项改革任务。7月18日，最高人民法院在上海市召开"法官工作量测算与法官员额制改革座谈会"，集中研究了法官员额制度改革过程中存在的主要问题，并形成《关于稳妥推进法官员额制改革的建议报告》。

2014年7月31日，最高人民法院司法改革领导小组召开第二次全体会议，安排部署了《四五改革纲要》的推进工作。8月27日，最高人民法院在青海省西宁市召开第二次"司法改革试点地区法院座谈会"，听取了试点地区法院反映的困难和问题。

2014年8月31日，十二届全国人大常委会第十次会议作出《关于在北京、上海、广州设立知识产权法院的决定》。10月27日，最高人民法院印发《关于北京、上海、广州知识产权法院案件管辖的规定》；10月28日，印发《知识产权法院法官选任工作指导意见（试行）》。随后11月6日，北京知识产权法院正式挂牌成立，12月16日广州知识产权法院挂牌成立，标志着这项改革任务基本完成。下一步，最高人民法院将在全国人大、中央政法委、中编办等有关部门的支持下，按照实行扁平化管理、全面探索司法体制改革的工作要求，加大督促、协调力度，按照中央部署完成知识产权法院组建工作。为贯彻落实党的十八届四中全会精神，按照重大改革项目先行试点的要求，最高人民法院还在中央政法委领导下，研究制定了《关于最高人民法院设立巡回法庭的试点方案》和《关于设立跨行政区划法院、检察院的试点方案》。

三　关于当前深化司法体制改革的重大问题

（一）推动省级以下地方法院人财物统一管理

推动省级以下地方法院人财物统一管理，是党的十八届三中全会作出的一项重大司法改革举措。党的十八届四中全会《决定》在此基础上，提出要进一步改革司法机关人财物管理体制。

从现行法院管理体制来看，我国 3573 个地方法院中，绝大多数都对应或依附于相应的行政区划。各级法院的编制、人事、经费通常依赖和受制于地方。既然我国是单一制国家，司法权是中央事权，具有国家权力属性，地方法院就不是地方的法院，而是国家设在地方代表国家行使审判权的司法机关。为了最大限度避免受地方保护主义影响和干扰，所有法院人财物都应当由中央统一管理和保障。世界上几乎所有单一制国家，乃至部分像奥地利这样的联邦制国家，都是实行法院人财物由中央统管。考虑到我国法官、检察官数量比较大，统一收归中央一级管理和保障，实践中难以做到，本着循序渐进的原则，改革司法管理体制的重点是推动建立省以下地方法院人财物的统一管理，要在"统"字上下功夫。

需要注意的是，首先，统管不是垂直管理。法院管理有自身特点，要尊重审级独立，将统管简单等同于垂直管理，是一种行政化思维，是错误的。其次，统管坚持以公开透明民主的方式展开，通过公开、公平、公正的程序机制进行统管。再次，统管不是简单的权力的交接，也不是权力再分配。当然，省级统管涉及体制改革问题，不能一蹴而就。具体来说包括以下几个方面。

一是推进法官的统一管理。所谓人员统管，包括编制统管、干部统管、法官统管和其他人员统管四个层次。应配合中央有关部门，推动建立省级以下地方法院法官统一由省级提名、管理并按法定程序任免的机制。今后初任法官由高级人民法院统一招录。预备法官应接受统一培训，由省一级法官遴选委员会统一把关，统一由省级提名并按法定程序任免。

二是推进干部的统一管理。干部管理体制改革是省级人员统管改革的难点问题。目前法院干部实行双重管理体制，但更侧重分级管理，省以下地方法院干部管理方式主要是以地方党委为主，上一级法院党组协管。为了避免法院人事管理受制于地方，增强法院领导干部抗干扰能力，改革提出要推动省级以下地方法院领导干部管理体制改革。对于统管方式，我们认为，改革的基本思路应立足于"统"，总体考虑是坚持党管干部原则与尊重司法规律相结合，保持目前法院干部双重管理体制不变，但应充分发挥高级人民法院党组熟悉审判工作、了解法院干部的优势，加大高级人民法院党组干部管理权限。

三是推进财物的统一管理。这一改革的总体思路是完善与人民法院事权和支出责任相适应的经费保障体制，将法院经费保障纳入中央和省级财政预算。需要强调的是，中央对这项改革的要求是确保省以下地方法院预算安排的经常性支出不低于改革前的实际水平，法院工作人员的收入水平也努力实现"托低保高"。对于计划单列市法院，应当考虑其经费保障体制上的特殊性，在坚持省级统管的同时，在经费管理方面给予其一定的自主性。

（二）加强法院队伍正规化、专业化、职业化建设

建设高素质法治专门队伍，推进法治专门队伍正规化、专业化、职业化，提高职业素养和专业水平，是党的十八届四中全会的重要改革内容。习近平总书记指出，建立符合司法职业特点的司法人员管理制度，在深化司法体制改革中居于基础性地位，是必须牵住的牛鼻子。法官职业具有特殊性，此轮改革就是要立足于法官职业的特殊性，通过法院人员分类管理、法官遴选、单独职务序列等改革，建立符合司法职业特点、有别于一般公务员的法院人员管理制度，以提高法院队伍正规化、专业化、职业化水平。

一是推进法官单独职务序列改革。建立符合职业特点的司法人员管理制度，关键是建立符合法官职业特点的单独职务序列。当前，由于对法官职业的特殊性缺乏认同，仍然有人将建立法官薪酬制度简单等同于给法官加工资，而没有从加强司法职业保障、确保依法独立行使审判权的角度考虑问题。实际上，审判权的判断权和裁决权属性要求法官依法独立公正行使审判权，这是法官职业的特殊性。这一特殊性需要法律人才中的精英人才进入法官队伍。只有建立法官单独职务序列、给予法官充分的职业保障，才能使符合要求的人才进入并留在法院，确保他们依法独立公正行使审判权。推进这项改革，一方面以《框架意见》有关规定为依据，在认真总结司法改革综合试点地区的实践经验基础上，探索法官专业职务与行政职级脱钩，实行按期晋升和择优选升相结合的法官等级晋升方式，研究制定新的法官单独职务序列制度，改变目前依据行政职级确定法官等级的做法。另一方面，采取务实稳妥的方式，积极推动落实《法官法》有关规定，逐步建立与法官单独职务序列配套的薪酬制度。

二是建立法官员额制。目前我国法院内部审判工作和审判事务性工作没有科学区分，法官与审判辅助人员配比不合理，一些优秀法官不得不花很大精力从事送达、订卷、通知开庭等事务性工作，影响了工作效率。推动分类管理要求科学确定法官与审判辅助人员的数量比例，减轻法官事务性工作负担，建立法官员额制度是一个重大改革探索和制度创新。关于法官员额制，法官员额比例的确定、哪些人可以入额、不能入额的人怎么办等问题需要重点探索和研究解决。我们认为，确定法官员额要因地制宜，建立在科学的数据测算基础上。要防止法官员额比例确定后，法官的工作量陡然增加而加剧"案多人少"的矛盾，更要防止法官员额急剧压缩后引发的优秀人才流失。最高人民法院始终要求各地必须立足各地法院实际，在重新核定各级法院人员编制、增补审判辅助人员的前提下，根据法院辖区经济社会发展状况、人口数量、案件数量等基础数据，结合法院审级职能、法官工作量、审判辅助人员配置、办案保障条件等因素，科学测算法官员额比例，并建立法官员额动态调整机制。计入法官员额的人员原则上应当配置在审判委员会和审判业务部门。在哪些人可以进入法官员额的问题上，我们认为，改革的关键是要盘活存量、做好增量，不能搞"就地卧倒"或"一刀切"，已具有法官身份者要统一接受考核，严格标准、宁缺毋滥、逐步择优分批进入法官员额。同时应科学设置一个3～5年的改革过渡期，在过渡期内坚持"老人老办法、新人新办法"，既要为法官队伍正规化、专业化、职业化建设打下良好基础，又要确保人心不散、队伍不乱、工作不断。

三是完善法官选任制度。完善法官选任制度是三中全会确定的一项重要举措，四中全会《决定》进一步细化了这项制度。目前我国法官职业门槛不高，对法官的选任等同于普通公务员招录，没有体现职业化特点。因此，这次改革提出要针对不同层级的法院，设置不同的法官任职条件，在省一级设立法官遴选委员会，体现公平、公正、公开的遴选原则。遴选委员会负责从专业角度提出法官人选，并将人选名单、岗位需求、任职资格、拟任人选等情况向社会公示，由组织人事、纪检监察部门在政治素养、廉洁自律等方面考察把关，党委按照权限审批，人大依照法律程序任免。同时建立逐级遴选制度，中级以上人民法院不再直接从应届毕业生中招录法官，初任法官今后一律首先在基层法院任职，上级法院的法官除可面向社会公开遴选符合条件的律师、法律学者和其他法律工作者外，原则上从下一级法院的优秀法官中遴选，打开基层法官上升通道。

四是完善法官办案责任制和惩戒制度。党的十八届三中全会《决定》提出，要完善主审法官、合议庭办案责任制，让审理者裁判、由裁判者负责。四中全会《决定》提出，明确各类司法工作人员工作职责、工作流程、工作标准，实行办案质量终身负责制和错案责任倒查问责制，确保案件处理经得起法律和历史检验。让审理者裁判，由裁判者负责，是司法规律的客观要求，是避免司法行政化的必然要求，也是社会各界对法院工作的强烈期待。目前，一些法院案件内部层层请示、层层审批，审者不判、判者不审的问题比较突出，不仅难以保障司法质量，而且会引发责任不明的问题。此次改革提出完善主审法官、合议庭办案责任制，就是要突出法官的审判主体地位，实现权责统一，真正做到谁审理、谁裁判、谁负责。最高人民法院已经在 12 家法院开展了审判权运行机制改革试点工作。下一步，要进一步明确主审法官、合议庭及其成员的办案责任与免责条件，特别是科学界定合议庭成员办案责任，既要确保其独立发表意见，又要明确其个人意见、履职行为在案件处理结果中的责任。当然，强调主审法官、合议庭的办案责任制，并不意味着院长、庭长就不再进行管理和监督了，而是要进一步明确院长、庭长与其职务相适应的管理和监督职责，建立独任法官、合议庭行使审判权与院长、庭长行使监督权的全程留痕、相互监督、相互制约机制，确保监督不缺位、监督不越位、监督必留痕、失职必担责。此外，严格的办案质量负责制也必须与法官履行法定职责保护机制相互配套。我们一方面要建立法官办案质量负责制和错案责任倒查问责制，确保案件处理经得起法律和历史检验；另一方面，对法官的问责特别是因法官依法履职行为的问责必须有相应的履行法定职责保护机制。非因法定事由、非经法定程序，不得将法官、检察官调离、辞退或者作出免职、降级等处分。此轮改革提出要在中央和省一级分别建立以法官为主、吸收社会有关人员参与的法官惩戒委员会。惩戒委员会的组成应体现法官自治原则，以法官为主，惩戒程序的设计应体现法官职业特点，提升惩戒工作透明度，保障法官陈述、辩解、举证、申请复议、申诉等权利，充分体现公正性。通过惩戒制度改革，实现依法及时惩戒与强化职业保障相统一，推动对法院内部监督与外部监督有机结合。

（三）优化司法管辖和司法职权配置

党的十八届三中全会提出："要探索建立与行政区划适当分离的司法管辖制度，保证国家法律统一正确实施。"十八届四中全会进一步就优化司法管辖体制和司法职权配置提出了一系列重大改革举措。

一是设立知识产权法院。设立知识产权法院是党的十八届三中全会《决定》提出的一项重大改革举措。目前全国知识产权审判庭有420多个，从事知识产权审判法官共计 2700 多名。2008 年以来我们在7 个高级人民法院、94 个中级人民法院、104 个基层法院开展了集中审理知识产权民事、行政案件试点工作。近年来，知识产权审判案件年均增长 37.6%，案件增长较快，审理难度较大，国际关注度高，但是知识产权审判也存在对案件特殊性、专门性重视不够，裁判标准不一，审理周期过长，审判效率不高等问题。设立知识产权法院有利于提升知识产权审判质效，加强对知识产权的司法保护，充分发挥司法保护的主导作用，促进我国创新驱动战略发展。目前决定在北京、上海、广州三地设立知识产权法院。同时，应以知识产权法院为重要"试验田"，探索适用于知识产权法院案件审理的特有程序，同步推进人员分类管理、法官员额制、办案责任制、扁平化机构设置和管理等司法体制改革。

二是设立跨行政区划的人民法院。四中全会《决定》提出："探索设立跨行政区划的人民法院和人民检察院，办理跨地区案件。"这项改革是确保依法独立公正行使审判权、完善司法管辖体制的重大制度创新。目前我国地方法院设置基本与行政区划对应，便于明确管辖、方便诉讼。但是，近年来因城市拆迁、农村征地、环境污染、企业破产等引发的大量行政案件和民商事案件容易受到各种地方因素干扰。随着跨行政区划乃至跨境案件的增多，涉案标的越来越大，跨行政区划乃至跨境当事人越来越多，案件处理结果与地方经济社会发展和社会稳定的联系越来越密切，一些法院所在地有关部门和领导越来越关注案件处理，甚至利用职权和关系插手、干预案件处理，不利于平等保护外地当事人合法权益，促进形成公平竞争、统一有序的市场经济体系。行政诉讼受到的干扰更多，跨行政区划行政案件当事人告政府胜诉更难。2013 年，"民告官"的行政诉讼案件上诉率高达 72.7%。这种现象严重影响人民法院发挥监督政府依法行政的职能作用，不利于保护当事人合法权益，损害司法公信力。这次改革提出要探索设立跨行政区划的法院，办理跨地区案件，有利于排除地方保护主义对审判工作的不当干扰，特别是对于破解行政案件立案难、审理难、胜诉难、执行难问题具有重要意义。

目前的改革思路主要是依托现有的铁路运输法院进行改造，使之成为跨行政区划法院，主要管辖行政案件、跨区域重大民商事案件、重大环境资源保护案件、重大食品药品安全案件、跨行政区划检察院提起的公益诉讼案件及上级法院指定管辖的其他重大案件。铁路法院目前管辖的涉铁路刑事、民事案件和审级监督关系，可以暂时保持不变，将来要构建普通案件在行政区划法院审理、特殊案件在跨行政区划法院审理的诉讼格局。

三是设立最高人民法院巡回法庭。最高人民法院设立巡回法庭，是四中全会《决定》提出的一项亮点举措。省级统管和跨行政区划的人民法院设立后，跨省的重大行政和民商事案件能否得到公正审理也引起广泛关注。四中全会《决定》要求设立最高人民法院巡回法庭，审理跨省的重大行政、民商事案件，有利于理顺省级统管后的司法管辖机制，保障涉及省级利益或跨省案件的司法公正，有效监督、指导、支持地方法院依法独立公正行使审判权，确保中央政令畅通，推进法律正确实施，维护国家法制统一。此外，最高人民法院受理案件连续6年均突破万件，涉诉信访案件数量高位运行，设立巡回法庭有利于配合涉诉信访制度改革，及时将矛盾化解在地方，减少进京上访，有力维护首都社会稳定；有利于方便人民群众诉讼，减轻当事人诉累；有利于合理配置最高人民法院内部职权，整合审判资源，提高审判效率，强化最高人民法院本部监督指导全国法院审判工作的职能。巡回法庭的基本定位仍是最高人民法院的派出机构，不作为一个独立的审级和法院。巡回法庭的裁判就是最高人民法院的裁判，主要职能是办理案件，不具有制定司法解释、对下指导审判、协调执行工作、管理司法政务等职能。为了确保重大跨行政区划案件能够进入巡回法庭审理，最高人民法院还将进一步完善提级审理制度，并发布配套相关司法解释。

四是明确四级法院职能定位。党的十八届三中全会《决定》提出，明确各级法院职能定位，规范上下级法院审级监督关系。四中全会《决定》进一步提出，要完善审级制度，一审重在解决事实认定和法律适用，二审重在解决事实法律争议、实现二审终审，再审重在解决依法纠错、维护裁判权威。我国实行四级两审终审制，各级法院均承担一审职能，中级人民法院以上同时承担二审职能，各级法院同时还承担再审职能。我们国家也没有建立事实审和法律审相分离的诉讼制度。四级法院审理模式的同质化，决定了上下级法院职能的"同一化"，导致四级法院职能定位不清。特别是高级人民法院以上的法院将大量精力用于审理案件，不利于对下监督指导。这轮改革提出建立中国特色社会主义审判权力运行体系，必须明确四级法院在不同审级中的职能定位。一要强化基层人民法院化解矛盾的职能，逐步改变主要以诉讼标的额确定案件级别管辖的做法，科学确定基层人民法院的案件管辖范围。完善提级管辖制度，明确一审案件管辖权从下级法院向上级法院转移的条件、范围和程序，确保审级独立。二要强化上级法院的审级监督作用，同时充分发挥上级法院通过提级审理重大、疑难、复杂和新类型案件，指导类案审判工作，确保法律统一适用。严格规范发回重审和指令再审条件，对由中级人民法院终审而高级人民法院裁定再审案件除依法必须发回重审的以外，原则上由高级人民法院自行审理，依法纠错，维护裁判权威。三要强化最高人民法院对全国法院统一司法尺度和监督指导的职能。不同级别法院职能定位科学、清晰、明确，才能有利于维护法制统一、尊严和权威，才能有利于保障公正司法、提高司法效率、提升司法公信力。

五是推动审判权和执行权相分离的体制改革试点。这是一项涉及司法职权配置的重大改革措施。"执行难"问题一直是人民群众反应比较强烈、影响和损害司法公信力的顽症痼疾。近年来人民法院采取各种措施比如组织开展专项活动，推行财产申报调查、限制高消费、建立失信被执行人名单曝光制度、建立"点对点"网络执行查控机制等，一定程度上缓解了执行难。但司法实践中，因为被执行人已经丧失实际履行能力而无法执行，申请执行人往往归咎于法院，对司法公正产生怀疑。四中全会《决定》提出要推动实行审判权和执行权相分离的体制改革试点，应该说有法理基础和现实考虑。从法理上来说，审判权是司法权力，具有判断权和裁决权的属性，而执行权可以分为执行裁决权和执行实施权。前者属于司法权范畴，而后者具有行政权的性质。因此，审判权和执行权应当分离，由不同的机关或部门行使。但这种分离应当采取哪种模式，现在认识还不尽一致。我们认为，推动执行体制改革的根本目的是解决"执行难"。如果现在把执行实施权从人民法院剥离出去，交给其他部门实施，未必能切实解决"执行难"问题。在这个问题上，我们不能简单照搬照抄其他国家的做法，必须立足中国国情，认真研究论证，积极推动试点，在反复论证、总结经验、评估实效的基础上，有计划、有步骤地推开。但是在具体方案没有明确之前，要确保法院执行工作不能散、不能乱，最高人民法院也应从更好地解决"执行难"来研究分析问题，并积极主动和有关部门协商解决问题。当前，要进一步在法院内部强化审执分立体制，加强执行指挥中心建设，健全统一管理、统一指挥、统一协调的全国法院执行工作体制。同时，要推动立法部门制定强制执行法，加快建立失信被执行人信用监督、威慑和惩戒法律制度，依法保障胜诉当事人及时实现权益，进一步有效化解"执行难"。

（四）构建开放、动态、透明、便民的阳光司法机制

司法为民是人民法院的根本宗旨。近年来，人民法院司法为民工作取得了很大成效，各地加强立案信访窗口和诉讼服务中心建设，推广预约立案、电子送达、巡回办案、远程视频开庭等司法便民措施，不断拓展司法公开的广度和深度，加大司法救助力度，切实减轻群众诉累，增强了司法公信力。党的十八届三中全会《决定》就深化审判公开，拓宽人民群众有序参与司法渠道作出部署，四中全会《决定》进一步细化了有关改革举措。

一要完善诉讼服务中心制度。当前，全国大多数法院都建立了诉讼服务中心，运行过程中均取得了很好的效果。但从目前情况来看，有的地方还不够主动，诉讼服务中心的功能尚未充分发挥。我们认为，在完善诉讼服务中心这一制度时，应当坚持以下三点。一是诉讼服务中心是法院与社会对接的平台，而且应是能负责任、能解决问题的平台。二是诉讼服务中心是规范化的司法为民方式。通过诉讼服务中心建设，可以将法院与社会对接的日常活动制度化、规范化，实现诉讼服务的有序开展。三是诉讼服务中心要能承担责任。通过制度机制建设，要形成全院对中心负责、中心对社会负责的问题解决机制，防止责任推卸和程序空转。

二要改革法院案件受理制度。公民行使诉权的广泛性、便捷性，是现代社会司法文明的重要标志。权利如果不具有可诉性，其价值和意义将大打折扣。同时，如果社会成员无法通过诉讼途径解决纠纷，就会选择私力救济或群体抗争的方式实现目的，更加不利于社会稳定。目前立案难是人民群众反映强烈的问题之一。四中全会《决定》提出要改革法院案件受理制度，变立案审查制为立案登记制，对人民法院依法应当受理的案件，做到有案必立、有诉必理，这就意味着人民法院今后在立案环节对当事人提交的诉讼材料只进行形式审查，不再进行实质审查，实现了程序与实体相分离。立案制度的这一巨大变化，一方面会给人民群众通过诉讼解决纠纷提供制度保障，另一方面又给人民法院工作带来了新的挑战。目前，最高人民法院立案庭已会同部分高级人民法院成立项目组，拟于近期在全国选择 6~8 个基层、中级人民法院开展立案登记制改革试点，并结合调研和试点情况拿出具体指导意见。考虑到这项改革将对人民法院未来的审判工作产生重大影响，人民法院应当对可能存在的压力和风险有明确预期，既要贯彻落实四中全会《决定》精神，又要稳妥有序地推进这项改革，要精确估算改革可能给各级法院审判工作量带来的影响，如果人案矛盾加剧，要及时向党委政府反映，积极争取人员编制、经费保障方面的支持。要深入调查研究，明确哪些是按照法律规定应当受理，而过去没有受理的情况，哪些是不应当由人民法院受理的情况，做好分析论证，认真做好预案。

三要进一步深化司法公开。阳光是最好的防腐剂。司法公开是倒逼法官提高自身素质、提升审判质量的重要举措，是促进司法公正、保障司法廉洁的重要途径，是落实宪法法律原则、保障公民诉讼权利、展示现代法治文明的题中之义。十八大以来，最高人民法院充分依托信息技术，建设审判流程公开、裁判文书公开、执行信息公开三大平台，推进全媒体庭审直播和裁判文书上网，开通最高人民法院官方微博、微信和新闻客户端，通过新闻发布会、典型案例发布、裁判文书上网、主题公众开放日活动等举措，进一步推进阳光司法，以公开促规范、保公正。截至 2014 年 9 月底，各级法院视频直播庭审 8.2 万次，裁判文书网公布裁判文书 308 万件，中国审判流程信息公开网也正式投入运行。四中全会《决定》，进一步提出了构建开放、动态、透明、便民的阳光司法机制，及时公开司法依据、程序、流程、结果和生效法律文书，杜绝暗箱操作。开放、动态、透明、便民对人民法院深入推进司法公开提出了更高的要求。在今后的改革中，应通过全面加强信息化建设，依托现代信息科技，进一步推进庭审公开、审判流程公开、裁判文书公开、执行信息公开、减刑假释公开，实现公开内容和范围的进一步拓展，公开平台从零散到集中的新的布局，公开深度从浅层向深层延伸，真正让正义以看得见的方式实现。

四要完善人民陪审员制度。司法公正与社会公正密切相关，人民群众的认可是司法公信力的基石。具有公信力的裁判一定融合了国法、事理、常情。实行人民陪审员制度，是人民群众依法参与审判、监督审判的最直接形式，是健全司法权力监督体系、促进司法公正、提高司法公信力的重要措施。人民陪审员来自人民群众、代表人民群众，具有通民情、知民意的优势，可以与职业法官在思维、知识上形成优势互补，有助于促进司法公正，提升司法公信力。由普通百姓参审或陪审案件是世界各国的通例。长期以来，我国的人民陪审员制度发挥了积极作用，但是，有的地方人民陪审员数量少，选任过于"精英化"，有的陪审员成为专业的"编外法官"；有的法院只有 2 个陪审员，成为"常任制"、"固定制"；有的人民陪审员参审意识不强，"陪而不审"、"审而不议"等。针对目前人民陪审员制度存在的问题，一是应增强制度的严肃性。不能表面化、形式化，要进一步扩大人民陪审员的选任范围，增加人民陪审员的选任数量，尽可能向基层普通群众倾斜，在审理案件时更多地听到普通百姓的声音，在依法裁判的基础上，兼顾社会的常理、常识、常情。要完善随机抽选方式，不事先指定。二是应增强制度的科学性。四中全会《决定》提出要逐步实行人民陪审员不再审理法律适用问题，只参与审理事实认定。三是应增强制度的有效性。发挥人民陪审员社会阅历丰富、了解乡规民约、熟知社情民意的独特作用，以朴素的社会常识和大众思维弥补职业法官专业思维，提高民众对裁判的认同度。

五要推进多元化纠纷解决机制建设。四中全会《决定》提出要"健全社会矛盾纠纷预防化解机制，完善调解、仲裁、行政裁决、行政复议、诉讼等有机衔接、相互协调的多元化纠纷解决机制"。这是最高人民法院长期坚持、着力推进的一项改革举措。为了推进这项改革，最高人民法院近年先后发布了《关于建立健全诉讼与非诉讼相衔接的矛盾纠纷解决机制的若干意见》和《关于人民调解协议司法确认程序的若干规定》，推动中央15家单位联合发布了《关于深入推进矛盾纠纷大调解工作的指导意见》。下一步的工作重点，将是按照四中全会《决定》要求，配合立案登记制改革，充分发挥多元纠纷解决机制化解矛盾、诉讼分流的功能，主要举措包括：一是继续完善衔接机制，引导当事人选择适当的纠纷解决方式；二是推动在征地拆迁、环境保护、劳动保障、医疗卫生、交通事故、物业管理等领域加强行业性、专业性纠纷解决组织建设，推动仲裁制度和行政裁决制度的完善；三是建立人民调解、行政调解、行业调解、商事调解、司法调解联动工作体系；四是推动多元化纠纷解决机制立法进程，构建系统、科学的多元化纠纷解决体系。

（五）加强人权司法保障

尊重和保障人权，是我国宪法确立的重要原则，是中国特色社会主义司法制度的必然要求。党的十八届三中全会就完善人权司法保障制度作出重要部署，党的十八届四中全会专门就人权司法保障作出进一步规定。

一要推进以审判为中心的诉讼制度改革。审判是诉讼活动的最后程序，证据是公正司法的质量根基，庭审是诉讼活动的关键环节。司法权的判断性、中立性、终局性决定了诉讼制度各环节都要以审判为中心，对事实认定、证据采信、法律适用的标准最后都要落实到审判环节中，这也是确保案件质量和司法公正的重要保障。在司法实践中，一些办案机关及其工作人员在证据收集、固定、审查、移送时，缺乏证据必须接受法庭审判检验的意识，常常出现一些关键证据没有收集或者没有依法收集，进入庭审的案件没有达到"案件事实清楚、证据确实充分"的法定要求，使审判无法顺利进行甚至陷入尴尬境地。特别是对于一些刑事案件，因为疏于收集、依法固定证据，可能导致有罪者逍遥法外；也可能因为正是没有坚持以审判为中心、没有坚持审判活动的证明标准，导致不敢落实无罪推定、疑罪从无原则，造成冤假错案。推动建立以审判为中心的诉讼制度，有利于强化诉讼过程中当事人和其他诉讼参与人的知情权、陈述权、辩护辩论权、申请权、申诉权的制度保障，有利于强化对刑讯逼供和非法取证的源头预防，有利于落实罪刑法定、疑罪从无、证据裁判等法律原则，有效防范和纠正冤假错案，进一步强化人权的司法保障。首先，要科学配置司法职权。当然，强调以审判为中心，并不是说以法院为中心，更不涉及公安、检察、审判机关谁高谁低的问题，而是公检法三机关办案活动都应围绕审判工作进行。其次，要特别强调人民法院审判工作以庭审为中心。以审判为中心，对人民法院来说，特别要强调以庭审为中心。庭审中心主义相对于卷宗中心主义，关键是必须充分发挥庭审的实质作用，防止法官阅卷先入为主，防止庭审"走过场"。审判案件要以庭审为中心，实现事实证据调查在法庭、定罪量刑辩论在法庭、裁判理由形成于法庭，全面落实直接言词原则，严格执行非法证据排除制度，让法庭成为确认与解决被告人罪责刑问题的最终阶段和关键环节，保证庭审在查明事实、认定证据、保护诉权、公正裁判中发挥决定性作用。最高人民法院正会同有关部门抓紧研究制定相关规定，严格实行非法证据排除规则，进一步明确排除非法证据的程序和标准，建立对被告人、罪犯的辩解、申诉和控告认真审查、及时处理的机制，完善审判环节重视律师辩护、代理意见工作机制，确保冤假错案防止、纠正、责任追究机制落实到位，严防发生冤假错案。此外，在民事诉讼中，要注意强化当事人举证责任，充分发挥庭审质证、认证在案件事实认定中的核心作用，平等保护双方当事人的诉讼权利。

二要推进涉诉信访制度改革。信访工作作为党的群众工作的重要组成部分，是党和政府联系群众的重要桥梁、倾听群众呼声的重要窗口、体察群众疾苦的重要途径。近几年来，通过集中交办涉法涉诉信访案件，对化解社会矛盾发挥了重要作用，但也暴露了一些弊端，不仅涉法涉诉信访总量始终居高不下，而且加剧了信访不信法、信上不信下的矛盾，有的群众以访压法，甚至缠访闹访、制造极端事件，给政法机关施压；有的基层单位为了息事宁人，突破政策法律底线，结果"按下葫芦起来瓢"；有的简单地"花钱买平安"，导致闹访现象严重。这些问题的存在，损害了司法权威，影响了社会秩序，不利于在全社会形成尊重司法、崇尚法治的良好氛围。党的十八届四中全会提出要落实终审和诉讼终结制度，实行诉访分离，保障当事人依法行使申诉权利。目前，中央政法委已经印发了《关于建立涉法涉诉信访事项导入法律程序工作机制的意见》、《关于建立涉法涉诉信访执法错误纠正和瑕疵补正机制的指导意见》、《关于健全涉法涉诉信访依法终结制度的实施意见》等三个文件，着眼于解决入口不顺、程序空转、出口不畅的难题，防止终而不结、无限申诉，切实维护司法权威。从目前试点情况看，依法终结涉法涉诉信访的新机制正在形成，涉法涉诉信访群众到党政信访部门上访少了、选择司法渠道解决问题多了。下一步改革我们还要继续坚持诉访分离的基本思路，把涉诉信访纳入法治轨道加以解决，研究制定好相关配套措施。同时要注意以下三点。一是坚持有错必纠，防止程序空转。只要发现涉法涉诉信访案件中执法办案、审理裁决有错或者司法程序有瑕疵的，都要依法及时纠正，不能只在法律程序上"兜圈子"。二是坚持依法终结，防止无限申诉。

要建立、完善涉法涉诉信访事项依法终结制度，对已经穷尽法律程序的，依法予以终结，不再启动复查程序。对已经依法终结，但案结事没了的，要依靠当地党委和政府，把帮扶救助、疏导化解等工作做到位。三是坚持依法治闹，防止无所作为。对非正常闹访特别是缠访闹访的，建立联动处理协作机制。对以上访为名聚众滋事、冲击国家机关或在重点地区、敏感部位聚集闹事、扰乱公共秩序的，及时依法处理。

（本文原载于《法律适用》2015 年第 1 期）

转型中的司法改革与改革中的司法转型

胡云腾　袁春湘*

我们认为，认识我国改革开放 30 年以来的司法改革，应当跳出司法改革本身去观察。马克思曾经指出，法也和宗教一样是没有自己的历史的，[1] 司法改革也可以作如是观。因为司法改革不可能孤立地单兵突进，所有的司法改革都是在改革开放这一大背景下展开的，任何司法改革本质上都属于社会改革的一个组成部分。从司法以外的视角看，我国的司法改革属于社会转型时期的司法改革，是我国法治现代化进程中的司法改革，同时，我国的司法正经历着此前从未有过的转型。

一　社会转型的理论与现实分析

（一）社会转型的理论

"转型"（transformation）原本属于生物学范畴，特指一物种变为另一物种，而作为社会学概念的"社会转型"（social transformation）最早出现在社会学家大卫·哈利森的《现代化与发展社会学》一书中，用来论述现代化和社会发展。[2] 中外学者对社会转型的理论探索，

---

* 胡云腾，教授，博士生导师，最高人民法院审判委员会副部级专职委员；袁春湘，最高人民法院中国应用法学研究所副研究员。

[1] 《马克思恩格斯全集》（第 3 卷），人民出版社，1980。

[2] 参见《简明大不列颠百科全书》第 9 册，中国大百科全书出版社，1986，第 544 页。David Harrison, *The Sociology of Modernization and Development*, Academic Division of Unwim Hyman Ltd. , 1988, p. 56.

主要为了阐释现代化这一世界性的议题。对此，西方代表性的观点主要有如下几个。英国历史学家梅因认为："所有进步社会的运动，到此处为止，是一个从身份到契约的运动"。① 德国现代社会学创始人滕尼斯认为存在两种类型的社会联系，即以血缘及家族共同体联系的乡土社会和以社团联系的法理社会②。德国社会学家马克斯·韦伯认为社会的类型分为传统型（宗法家庭制统治）、卡里斯玛型（个人英雄主义统治）和法理型（现代社会，以理性和法律统治）。③

马克思从社会关系的主体角度考察，将社会类型分为人的依赖关系、物的依赖关系、人的自由个性三个阶段，这是我们考察社会转型的重要理论依据。④ 在我国，学者主要以考察现代化过程为视角展开对社会转型的研究，形成了十多种观点。其中代表性的有三种。第一种观点认为"社会转型是指中国社会从传统社会向现代社会、从农业社会向工业社会、从封闭性社会向开放性社会的社会变迁和发展"。⑤ 第二种观点认为社会转型可分为广义和狭义两个概念，广义的社会转型可用于说明社会各层面的变化，如经济转型、政治转型、意识形态转型等；狭义的社会转型则是指文明类型的转变，如从农业文明向工业文明的转变。⑥ 有的认为狭义的社会转型，主要指改革开放以来中国社会结构的变化。⑦ 第三种观点认为社会转型就是经济市场化、政治民主化、文化多样化的过程。⑧

尽管中外关于社会转型的各种理论观点各不相同，关于社会转型

---

① 〔英〕梅因：《古代法》，沈景一译，商务印书馆，1959。
② Ferdinand Tonnies, *Community & Society*, The Michigan State University Press, 1957, pp. 181-192.
③ Max Weber, *Economy And Society—An Outline of Interpretive Sociology*, Bedminster Press, New York, 1968, pp. 215－415.
④ 参见《马克思恩格斯全集》第 46 卷（上），人民出版社，1979，第 104 页。
⑤ 陆学艺、景天魁：《转型中的中国社会》，黑龙江人民出版社，1994。
⑥ 安东霓：《社会转型问题研究综述》，《哈尔滨师专学报》1997 年第 1 期。
⑦ 范燕宁：《当前中国社会转型问题研究综述》，《哲学动态》1997 年第 1 期。
⑧ 朱志萍：《首届"社会转型与社会心态"学术研讨会综述》，《哲学动态》2000 年第 5 期。

的视角是多样的，各家得出的结论也不尽相同，但总的说来，所谓社会的转型就是指传统的农业社会向现代工业社会的转变，从专制到民主的转变，从人治社会向法治社会的转变，从贫困社会向富裕社会的转变，从封闭单一社会到开放多元社会的转变。

（二）中西方社会转型及其差异

由于西方发达国家的现代化转型时空跨度极大，所以对其概括尽管是个困难的问题，但我们还是能够理出一个大致的轮廓。一般认为西方发达国家从传统向现代转型的时间始于 17 世纪英国的工业革命，完成于 19 世纪末，大致经历了三百年时间。在空间上，从英国到欧洲大陆，再到北美地区这样的路线延伸，相继建立了大工业体系，完成了工业化，实现了传统农业社会向现代工业社会的转变，实现了学术知识上的科学化，政治上的民主化，社会生活上的城市化，思想领域的自由化和民主化，文化上的人性化等。表现在法律文化上，法制逐渐完备，司法与政治分离，司法独立，私权和私有财产神圣，崇尚意思自治和契约自由，公权受到严格限制，等等。当前，西方发达国家正在经历着后工业化或后现代化的第二次转型，即由工业社会向信息社会转变。后现代化理论是西方学者提出的一种社会发展理论。它认为社会经济的发展不是直线的，自 20 世纪 70 年代以来，西方发达国家的社会发展方向发生了根本转变，已经从现代化阶段进入后现代化阶段。美国密歇根大学教授英格哈特（Inglehart）把 1970 年以来先进工业国家发生的变化称为后现代化。他认为，后现代化的核心社会目标，不是加快经济增长，而是增加人类幸福，提高生活质量。表现在福利国家兴起、社会法涌现、政府是守夜人、公共行政服务化、公民私权扩展、司法能动主义抬头、文化扩张日益严重等等。

关于我国的社会转型，学者多有探究。历史学者唐德刚在《晚清七十年》一书中认为，我国历史上经历了两次大的社会转型。第一次大转型是第一个封建王朝——秦朝建立的时候，"废封建，建郡县；

废井田，开阡陌"，中国从此由分封制转变为封建制国家，用了二三百年时间。第二次大转型是以鸦片战争为起点的我国传统制度在西方现代文明冲击下的痛苦转型，有人称之为"历史三峡"，冲过历史的瓶颈，就是海阔天空，如果卡住了只会延长民族的阵痛。这次大转型，既有不同历史形态的转型，也有同一历史形态中不同阶段转型。大致需要两百多年时间：从鸦片战争到新中国成立，经历了 100 来年时间；"从 20 世纪中叶社会主义改造基本完成到 21 世纪中叶基本实现现代化，至少 100 年时间，都是社会主义初级阶段"。① 大部分学者认为，整个转型时期可分三个阶段：1840 年鸦片战争至 1949 年新中国成立为第一阶段，是慢速发展阶段；从新中国成立到 1978 年十一届三中全会为第二阶段，是中速发展阶段；1978 年至今为第三阶段，是快速发展阶段。第一阶段的目标是建立资本主义工业化社会，这在当时的社会历史条件下是不可能实现的；第二阶段的目标是从半殖民地、半封建的社会建成社会主义现代化社会，但受苏联模式影响，在路径选择上出现了偏差。从改革开放至今进入第三阶段，中国才开始了真正意义上的社会转型，是高速转型期或加速转型阶段，其特点是社会的流动性不断增加，社会更加多元化和更快地分化，更有开放性。所以，中国社会转型，包括了传统计划经济体制向社会主义市场经济体制转变，农业社会向工业社会转变，乡村社会向城镇社会转变，封闭半封闭社会向开放社会转变，伦理社会向法理社会转变，同质的单一性社会向异质的多样性社会转变，"以阶级斗争为纲"的社会向"以经济建设为中心"的社会转变，等等。②

（三）中西方社会转型的比较

比较中西方社会转型，可以得出这样几点不同。

---

① 《十七大报告辅导读本》，人民出版社，2007。
② 参见唐德刚《晚清七十年》，岳麓书社，1999，第 6 页；胡鞍钢《中国社会转型中的四大新特点》，《学习月刊》2005 年第 10 期；贺善侃《当代中国转型期社会形态研究》，学林出版社，2003，第 27 页。

　　首先，时空条件不同。从时间上看，西方发达国家的现代化转型已经有几百年的历史，而中国真正致力于现代化的转型也不过几十年的历史。由于历史的惯性，中国现代化转型的时间因素上必然涉及传统时期、近代时期、现代时期和后现代时期；从空间上看，信息化、全球化的浪潮在我们尚没有做好充分准备的条件下，将中国放在同一的轨道上，同一的起跑线上，因此，中国的现代化是在时空的压缩下进行的。没有西方发达国家早期的从容，也没有充裕的资源和发展空间供选择利用，形势紧迫而严峻，难度和风险巨大。

　　其次，动力来源不同。西方发达国家的现代化绝大部分属于内发型，其社会现代化的最初动力产生于本社会内部。例如早期商业文明的发达，多元化的文明与文化系统的汇合与撞击，独具特质的自治城市制度，社会与经济结构的多样化，政治权力较为分散，理性化法律的历史传统，16世纪地理大发现以及随后的海外贸易扩张，以及宗教改革、科学革命与启蒙运动等，这些因素或条件无疑是西欧社会的特有产物。① 我国的现代化属于外发型，其最初动力来自社会外部的严峻压力。外发型模式例如日本1868年开始的明治维新、晚清的宪政和司法改革、土耳其20世纪20年代的变革等，这些变革的历史动因大都是对外部挑战和刺激的一种反应或回应。

　　再次，推动主体不同。西方现代化是自然演进型，是社会生活条件发展到一定程度，在政治经济文化社会各种因素共同催化下，通过政治国家和市民社会的合力完成的。相反，中国的现代化进程是国家（政府）主导型，虽然一些阶层、团体或各类政治精英也在一定程度上发挥作用，但政府是现代化进程的主要组织者和推动者，这也是外发型现代化国家如日本、韩国以及拉丁美洲、东南亚等一些国家普遍的现象。因为，在20世纪的一百年中，中国在世界格局中的相对弱势地位基本没变，外部压力或"时空挤压"对中国现代

---

　　①　公丕祥：《当代中国的法律革命》，法律出版社，1999。

化进程的制约因素基本没变，中国人民迫切希望缩短与世界强国的实力差距的愿望基本没变，这些情况的不变决定了历代政权、历届政府都只能以"改造中国"为己任，以追求社会与法律的现代化为己任。也就是说，自近代以来的世界格局和历史条件机遇的变化，使得早期西方国家那种社会演进的现代化进程在后进国家中不可能重现，早期西方国家通过社会与法律自发变革的从容不迫的历史机遇不会再有。这就是近现代世界历史造就的 20 世纪中国的命运，也是中国法律演进的命运。①

　　最后，现实国情不同。西方发达国家已经进入后工业化、后现代化时代，即在完成第一次现代化的基础上已经或基本完成第二次现代化。第一次现代化的典型特征是工业化和城市化的高度发达。其评价指标主要有 10 个，包括人均 GDP、农业增加值比重、服务业增加值比重、农业劳动力比重、城市人口比例、医疗服务质量、婴儿存活率、人均预期寿命、成人识字率、大学普及率等。② 根据《中国现代化报告 2007》的数据，2004 年在体现中国第一次现代化水平的 10 个指标中，人均 GDP、农业劳动力比重、服务业增加值比重、城市人口比例等 4 个指标没有达标，因此，中国现代化战略研究课题组组长何传启研究员认为，中国可能在 2015 年前后完成第一次现代化，达到 1960年发达国家的水平。③ 第二次现代化的典型特征是知识化和信息化的高度发达。其评价指标包括知识创新、知识传播、生活质量、经济质量 4 大指标，16 个具体指标。2004 年，中国第二次现代化指数为 39分，排在世界 108 个国家的第 51 位，综合现代化水平指数为 35 分，排世界 108 个国家的第 59 位。我国改革开放以来经济持续快速增长，国家面貌发生了历史性的变化，但还没有从根本上摆脱不发达的状

---

① 蒋立山：《中国法律演进的历史时空环境》，《法制与社会发展》2002 年第 3 期。
② 参见《我国约在 2015 年完成第一次现代化》，《解放日报》2007 年 1 月 29 日。
③ 《我国约在 2015 年完成第一次现代化》，《党政干部文摘》2007 年第 3 期。

态，仍然带有社会主义初级阶段的明显特征：工业化的历史任务尚未完成，总体判断，还处于工业化的中期阶段；城乡之间、区域之间发展很不平衡；城乡二元经济结构的状况没有根本改变；人均收入仍居世界后列，属于下中等收入国家；劳动就业、社会保障、收入分配、教育卫生、居民住房、安全生产、司法和社会治安等方面关系群众切身利益的问题仍然较多；等等。① 因此，我国的社会转型还承载着完成现代化的艰巨历史任务。

观今宜鉴古，无古不成今。以上就是分析、认识我国司法改革的历史与现实的基础。忽略中国司法改革的演变历史，没有域外参照，就会失去中国司法改革的背景观察，模糊对中国司法制度形成的内生性因素与外发性因素的认识，导致错误的结论和建议。

二　转型中的司法改革

（一）西方国家社会转型中的司法改革

在西方社会转型中，司法制度作为政治制度的重要内容也经历了较大变革，其司法改革也大致分为两个阶段。第一次大的变革是服务于法治社会的创建，基本上是在 18、19 世纪随着启蒙思想家们"三权分立"理论学说的建立和资产阶级国家的诞生，建立了现代司法制度。随着资产阶级政权的巩固，司法改革也被提上日程。如 1799 年法国为加强中央集权，在司法制度上取消了地方自治制度、设置参政院受理行政诉讼案件等改革，基本上确立了法国的现代司法制度体系；英国于 1873 年开始加强司法改革，缩减合并一些法院，使得英国建立了一个统一的法院体系；等等。其特征是司法制度已经比较完备，基本上实现了司法的独立、公正和权威。实现立法、行政与司法的彻底

---

① 参见胡锦涛在中国共产党第十七次全国代表大会上所作的报告《高举中国特色社会主义伟大旗帜　为夺取全面建设小康社会新胜利而奋斗》，《十七大报告辅导读本》，人民出版社，2007，第 61 页。

分立，司法功能定位于居中裁判解决矛盾纠纷，崇尚司法职业化、规范化和程序中心主义，严守司法的被动性和保守性，"忠于法律"，诉讼模式上职权主义与当事人主义泾渭分明。

一般认为西方第二次大的司法变革开始于 20 世纪前期，急剧发展于 20 世纪中期，特别是二战以后，最晚完成于 20 世纪 90 年代。此时期的特征是深化法治和简化法治并存的改革。① 在我国台湾地区学者苏永钦教授看来，西方一些老牌资本主义国家的司法问题在于"法治信仰的深植，让其他传统的社会控制或争议解决机制功能日衰，司法承担了过多的任务，其产能却不能无限扩张，因此，改革的主要方向就在司法资源的更有效分配，并寻找替代或让一些既存的替代制度复苏"。这些国家的改革的目标是简化程序，方便公民诉讼等，是简化型司法改革。② 例如，英国在 1993 年提出改革刑事诉讼制度的研究报告后，又于 1996 年以沃尔夫勋爵为首的专门委员会完成了民事诉讼制度改革的报告，并于 1999 年以该报告为基础制定了新的民事诉讼规则。主要目的是使诉讼当事人以及民众获得更便捷、更便宜、更全面的法律服务，使司法资源得到最佳利用。美国建国 200 多年来，一直进行不断的司法改革运动。尤其是 20 世纪初，著名法学家庞德于 1906 年曾严厉批评美国司法制度存在的问题，包括"法院组织的古老、司法程序的落后、司法效率的低下、司法结果的不确定"等，从而引发了 20 世纪的美国司法改革。因此，苏教授的分析颇有道理。但是，另一方面也应看到，当前这些国家的司法制度仍不断适应新的形势发展，处在不断改革、完善过程之中。例如自 20 世纪 50 年代以来，欧洲大陆以及北欧各国逐渐意识到欧洲司法制度的独立性和效率面临的挑战，于是开始重新设计其司法制度。其中最重要的改变之一就是

① 方立新：《传统与超越——中国司法变革源流》，法律出版社，2006。
② 苏永钦：《漂移在两种司法理念间的司法改革——台湾司法改革的社经背景与法制基础》《环球法律评论》2002 年春季号。

由法官、议员、行政官员等共同组成的独立的"司法委员会"行使法官选任、法院经费预算等重要的管理职权，以改变欧洲各国一向司法地位不高、权威不彰的现状。例如，国际法学家协会于1982年制定的《司法独立最低标准》第9条规定："中央层次之司法行政责任宜授予司法机关，或者由司法机关与行政机关联合负责。"爱尔兰、荷兰等国也于近几年建立了新的司法委员会负责法院的司法行政工作，从而放弃了以前的由司法部主管法院司法行政事务的做法。在英国，近年来对司法机构进行了较大的改革，例如对上议院的改革，旨在加强司法的独立。此时期的司法改革特征是：一方面进一步完善司法的功能，彻底清除限制司法功能发挥的因素，另一方面，司法出现一种改革固有缺陷以积极回应社会需求的现象。

（二）我国转型时期的司法改革

19世纪末20世纪初的清王朝，面临着经济、政治、社会的多重危机。内忧外患之下，以收回治外法权为契机，进行仿行宪政、司法改革以拯救国祚。一是实行司法与行政分离，"刑部著改为法部，专任司法"，"大理寺著改为大理院，专掌审判"，① 可视为现代司法职权配置的起点。随后的部院之争，更是反映了历史的惯性和司法独立的艰难。二是改革诸法合体、实体与程序不分的诉讼制度，首次制定《刑事民事诉讼法草案》（1906年）和《刑事诉讼律草案》（1911年），实行刑事诉讼和民事诉讼的分离。三是设置检察机构专门负责刑事案件的侦查和起诉，实行控审分离。四是废除封建酷刑，改革纠问式审判制度和有罪推定原则，实行律师制度和陪审制度，保护当事人权利。五是创办各级各类新式学堂，培养法律人才，探索法律职业化。等等。晚清司法改革绝大多数改革措施实际上并未实施，而整个改革进程也最终因辛亥革命而终结。晚清的司法改革是"冲击—反应模式"的司法改革，是在西方的冲击下被动而缺乏自觉的改革，其之所以没有成功，就在于缺乏司法

---

① 《清末筹备立宪档案史料》（上），中华书局，1979。

改革的政治经济文化等因素构成的内部条件。因为，司法权在当时的统治权力结构中无疑是辅助的地位，无足轻重，所以，对其进行大刀阔斧的改革，可以显示统治者的"洗心革面"，但危险性小而不触及统治权的实质。可悲的是，晚清政府试图寄希望于一向弱势的部门及其改革来完成挽救腐朽的王朝的重大使命，无疑病急乱投医，失败是不可避免的。从历史上看，很难设想在固守封建社会的条件下，会出现近代意义上的司法改革。司法改革与政治改良是互动的，但是政治改良是前提，司法改革是政治改良的重要支撑。不过，后人对晚清司法改革开创现代司法的历史意义还是肯定的。

民国的司法改革主要分为两个阶段。中华民国成立之初对司法改革是十分重视的，因为，以孙中山为首的革命党人试图通过司法的革新来阐发"现代司法的理念与精神"，[1] 进而贯彻宪政精神。在司法总长伍廷芳的主持下，临时政府在司法方面进行了一些改革，如废除刑讯，确立立法、行政、司法三权分立的司法独立原则，大力改革狱所管理，建立律师辩护和公开审判制度，废除外国在华领事裁判权，收回司法主权等。1928 年南京国民政府成立后所进行的司法改革可算作民国司法改革的第二个阶段，是经历了北洋政府时期武人干政、县知事兼理司法等政局动荡时代的混乱司法局面后的现代司法制度的重构。其中，最为突出的就是司法院和大法官会议的设置。司法院是最高司法机关，由办事机构和直属机关组成，拥有审判权和公务员惩戒权，负责统一解释国家法律、命令。其中，直属机关包括最高法院、行政法院、司法行政部和公务员惩戒委员会。此时，司法权已不再局限于大理院的审判权。1947 年实施的《司法院组织法》规定司法院设立大法官会议，行使解释宪法并统一解释法律法令之权。无疑，南京政府的这些司法改革完善和加强了司法职能，在制度构架上为走向法治提供了某种可能。[2] 此外，南京国

---

① 方立新：《传统与超越——中国司法变革源流》，法律出版社，2006。
② 方立新：《传统与超越——中国司法变革源流》，法律出版社，2006。

民政府还改革司法审级制度，实行三级三审制，建立严格的法官任用制度，促进法律职业化，等等。后来，由于战事不断，时局动荡，国民党南京政府在司法制度的构建和改革方面仅仅是其执政初期的十年时间，改革的实际效果也必然有限。

新中国成立后不久的司法改革运动从 1952 年 6 月开始，到 1953 年 2 月基本结束，历时近 9 个月。这次司法改革主要是解决新中国成立初期全国司法机关存在的严重的政治不纯、组织不纯、思想不纯的问题，以巩固新生政权。① 首先是思想上整顿，组织全国各级人民法院学习《中共中央关于废除国民党的六法全书与确定解放区的司法原则的指示》、《政务院关于加强人民司法工作的指示》等文件，划清了新旧法律和新旧司法作风的界限。在组织上，按照区别对待的政策，对反革命分子、贪污分子和其他犯罪分子予以法办，将旧法观点和旧司法作风严重、不适宜从事人民司法工作的人员调离人民法院，以上两类人员共处理了 5000 余人，前者是少数，后者是大多数。与此同时，吸收一些工农积极分子和青年知识分子充实法院机构。② 这次司法改革运动取得了很大成绩，解决了政治不纯、组织不纯等问题，但在当时特定历史背景下，不可避免地存在一些负面的做法：突出法院的专政功能，忽视法院的司法功能；片面强调司法人员的政治素质，导致司法人员的业务素质下降，司法机关和司法人员重政治轻业务的现象严重；由于错误地把一些法制基本原则当成旧法观点进行批判，使得现代法治精神难以产生；无视司法程序，以搞运动的方式代替司法程序；等等。③ 因此，此次司法改革运动实际上是人民大革命胜利后为打碎旧的国家机器、废除旧法统所进行的政治斗争的继续与深入

① 据统计，当时在全国 2000 多个法院中，有 24% 的司法人员存在政治不纯、组织不纯和思想不纯的问题。参见董必武《论社会主义民主与法制》，人民出版社，1979，第 54 页。

② 参见张懋《司法实践与法治探索》，人民法院出版社，2007，第 176～177 页；公丕祥主编《当代中国的法律革命》，法律出版社，1999，第 116～118 页。

③ 参见张懋《司法实践与法治探索》，人民法院出版社，2007，第 179～188 页；公丕祥主编《当代中国的法律革命》，法律出版社，1999，第 117～124 页。

发展，其政治意义远远大于它在法律上的意义。①

　　改革开放以来的司法改革是在我国政治经济社会文化的全面进步的背景下展开的。大致可分为三个阶段。

　　第一个阶段是从 20 世纪 70 年代末即十一届三中全会到 80 年代初期。以 1982 年《宪法》的颁布为标志，在此阶段政法机关相继恢复和重建，检察院于 1978 年恢复，司法部于 1979 年重建，律师制度也随之恢复。1980 年《刑法》、《刑诉法》等 7 部重要法律付诸实施，开始出现有法可依。1982 年以后，原由司法部主管的审批地方各级人民法院、各专门人民法院的设置、变更、撤销，拟定人民法院的办公机构、人员编制，协同法院建立各项审判制度，任免助理审判员，以及管理人民法院的物资装备（如囚车、司法人员服装等）、司法业务经费等有关法院司法行政工作事项，均交由最高人民法院和最高人民检察院、地方各级人民法院和人民检察院及专门人民法院负责办理。我国法院的司法行政事务大部分由法院、检察院自行负责。司法机关的独立性大为增强。

　　第二个阶段是从 20 世纪 80 年代中期到 90 年代中期。随着社会主义市场经济体制的逐步建立以及法律的完善，特别是《法院组织法》的修改、《民事诉讼法》的正式颁布、《刑事诉讼法》的修改、《行政诉讼法》的实施，经济案件大幅度增加，当时的司法已经不能适应需要，由此引发了法院系统内部沿着递进轨迹进行改革：强调当事人举证责任—庭审方式的改变—审判制度改革—诉讼体制改革—司法制度改革。② 从以庭审改革为核心的审判方式改革，发展到以权力制约为核心的法院内部机构改革，实现了立审分立、审执分立、审监分立；进行了以强化合议庭审判职能为核心的审判组织改革，努力实现审理与判决的有机统一；进行了以公开审判为核心的审判方式改革，强化了庭审功能，实现了由纠问式审判方式向抗辩式审判方式的转变，使

---

① 公丕祥：《法制现代化的挑战》，武汉大学出版社，2006。
② 景汉朝、卢子娟：《经济审判方式改革若干问题研究》，《法学研究》1997 年第 5 期。

法庭真正成为审判的中心。审判组织趋于合理，以强化和落实合议庭的职权为中心，建立符合审判工作规律的审判组织和工作机制；审判机构得到了发展与完善，先是成立了经济审判庭、行政审判庭，随着《法官法》、《检察官法》的颁布，法官职业化建设得到重视和加强。这一时期的司法改革较多地体现了自发性和自下而上的特点，主要实现于系统内部的改革。

　　第三个阶段是 90 年代末开始直到现在，党中央对司法改革给予高度重视，党的十五大和十六大分别提出了推进司法改革和司法体制改革的要求；1999 年和 2005 年，最高人民法院制定下发了两个《人民法院改革纲要》，对 1999 年至 2008 年人民法院司法改革的主要任务、总体目标、基本原则、重要措施作了全面部署；最高人民检察院先后下发了两个人民检察院《检察工作五年发展规划》。2004 年底，党中央转发《中央司法体制改革领导小组关于司法体制和工作机制改革的初步意见》，这一阶段的改革已经开始涉及改革司法体制、司法制度等深层次的内容。2007 年，党的十七大提出："深化司法体制改革，优化司法职权配置，规范司法行为，建立公正高效权威的社会主义司法制度，保证审判机关、检察机关依法独立公正地行使审判权、检察权。"因此，"独立、公正、高效、权威"这些我们孜孜以求的目标与"社会主义"特色共同成为我国司法改革的"关键词"。这一时期的司法改革体现了司法改革的规律，即当自发性内部改革到了一定阶段后必然涉及司法改革整体性、合法性、理性等司法体制的深层次问题，这不是仅仅依靠司法自身力量和资源就能解决的，所以，必须有统一的组织和领导。

　　中国司法改革的生成与推进，不啻有来自外部世界的挑战与影响，亦与国内诸方面条件或因素的激荡息息相关，这种内在性的因素决定着中国司法改革的运动能力与运动方向，铸造着这一改革进程的独特品格。① 在所有的社会形态中，重要变革的程度和特点远远不是

① 公丕祥：《法制现代化的挑战》，武汉大学出版社，2006。

相同的，相反，它们依每一种社会形态的不同而不同。全部历史变革的最深刻的基础就是对理想的认识和现实的经验之间的或隐或显的冲突。[1] 纵观我国百年司法改革的历时主线也总是在理想与现实之间艰难地穿梭、演进、徘徊、激荡。[2] 具体说来，百年里，西方列强的殖民侵略，全球化影响的日益加深，使得追寻民族独立、国家富强的百年梦想成为司法改革的外部背景，同时，我国传统司法制度和司法文化一定程度的应对失灵，成为司法改革的现实基础。所以，司法改革不是自我自觉的演化，而是肩负着历史使命，或者说外部的政治经济社会的变革决定着司法改革的命运和前途。在法律主要表现为工具主义的传统氛围中，法制理论的首先任务在于论证法制近代化将会对国家强盛、民族复兴所产生的作用，其次才是法律自身的发展问题，比如法律的本位问题、法律制定中的技术问题等。[3] 晚清政府虽然也在外部因素的冲击下被动勉强地揭开司法现代化的序幕，但为时已晚，错过了历史时机。诚如沈家本所言"法与时转，治与时宜"。改革之前，晚清政府对外闭关锁国，故步自封，对内无视社会需求，镇压进步革命，以至于改革成为失时、失势的失败改革。反过来又试图通过司法改革挽大厦于将倾，无异于痴心妄想。民国乃至北洋时期同样没有给司法改革提供良好的社会环境，司法改革也没有处理好与社会改革的关系。司法职业化的昙花一现再次验证了社会改革、社会外部环境对改革成败的决定作用，同时也表明司法改造社会的柔弱。北洋政府时期你方唱罢我登场的混乱局势使得司法改革成为闹剧。在这两个时期，社会与改革根本没有形成良性的互动。也就是社会需要改革的时候不改革，进行改革时社会又不能提供改革的环境和条件，司法改革焉能成功。而当下的司法改革，无疑是在参照中外历史经验教训的

---

① 〔美〕昂格尔：《现代社会中的法律》，吴玉章等译，中国政法大学出版社，1994。
② 张晋藩：《中国法律的传统与近代转型》，法律出版社，2005。
③ 张晋藩：《中国法律的传统与近代转型》，法律出版社，2005。

基础上进行的，显示出理性和成熟：找准努力方向和历史定位，把司法改革放到中国特色社会主义事业的全局来谋划和推动，着眼于有利于提高党和国家执政能力，把握国家和社会的重要战略机遇期，确保社会稳定的大局来认识，同时，又把司法改革放到当前国际国内形势深刻变化的大背景中来展开，并提出既要积极改革、加快改革，又要与经济社会的全面改革相协调、相适应。

从改革的领导力量上看，基本上是中央统一领导下的司法改革。因为，在中国司法现代化的进程中，中国有两种资源，一种是学者所谓的本土政治资源，是指一国领土范围内的可资利用的政治组织、政权效能及其社会基础和影响。① 这是百年来社会形态内部实现变革的组织力量，这是中国的特色。一种是本土的法律文化资源，这种情况鱼龙混杂，需要经过依靠本土政治资源的催化和提炼才能转化为现代化的营养成分，这也是中国的特色。例如，建构在"性善论"基础上的"理想主义的乐感文化"重道德教化、宗法关系、良知发现，轻权力制约和程序正义，等等，这些传统如不能很好地改造和提炼往往会成为阻碍司法进步的因素。从百年的司法变革过程和实效上考察，可以看出，我们的司法现代化进程是两股力量合力和两种资源混合的形态：既不是仅靠中央政权的推动也不是仅靠本土法律资源的自然演化和"亿万中国人的价值、观念、心态以及行为"的漫长转变。② 晚清司法改革的失败和民国司法改革的昙花一现就是两者分离造成的。

从司法改革的内容来看，百年的司法改革在各个阶段上虽有不同，但在改革的很多方面却惊人地相似。比如，司法制度的完善、司法独立的实现、法律（司法）职业化推进、司法职权的配置，诉讼程序的完备、司法组织机构运行机制的成熟等等，虽然在不同的时代有

---

① 蒋立山：《法律现代化——中国法治道路问题研究》，中国法制出版社，2006。
② 苏力：《法治及其本土资源》，中国政法大学出版社，1996。

着不同的本质和内涵，但这些目标都是各个时代的改革始终努力破解的难题。① 这些表明，虽然在百年以前，改革先贤已经拉开了司法改革的序幕，但改革的对象和目标犹如从前，司法现代化的道路上我们还有很长的路要走，这也是从百年司法改革的成效中得出的结论。当然评价司法改革和评价司法制度要采取具体的和历史的方法。我国真正的法制现代化建设才几十年的时间，中国只是在 20 年前才开始走上发展司法独立的道路，所以不可避免的是，传统中妨碍司法独立的特质仍然将通过结构、政治和发展等因素的作用延缓这一进程。② 所以，虽然我们几十年来尤其是改革开放以来在法制建设方面取得了相当大的成就，但是民主政治建设和司法改革的任务还是相当艰巨的。当然，这不是要以西方的标准来评价中国的司法。中国的问题毕竟是"中国"的，诚如有学者所言："中国建构新的现代文明秩序的过程，一方面，应该不只是拥抱西方启蒙的价值，也应该是对它的批判，另一方面，应该不只是中国旧的传统文明秩序的解构，也应该是它的重构。"③ 西方发达国家已经走过的现代化道路并非一定是非西方国家将要走的道路，西方国家现代化过程所具有的渐进性、系统性、长期性、进步性等也不能当作现代化过程的一般特征，非西方国家现代化过程中有可能存在其他发展路径及其特点。在我国，这些路径和特点就是一种复合性和多样性：既要继承自己优秀的司法文化传统，剔除妨碍法制进步的糟粕，又要学习借鉴人类优秀的司法文明成果，不简单地照搬国外司法制度。

此外，通过对百年的司法改革考察，还可以发现司法职权配置问题是贯穿司法改革始终的主线。晚清将司法权等同于审判权，与行政

---

① 参见方立新《传统与超越——中国司法变革源流》，法律出版社，2006，第 111 页。

② 〔瑞典〕由纳斯：《司法正义：西方和东方的历史掠影》，载信春鹰《全球化与多元法律文化》，社会科学文献出版社，2007。

③ 金耀基：《中国现代化的文明秩序的建构》，载刘军宁《经济民主与经济自由》，三联书店，1997。

权相分离，司法部与大理院的分立，似乎非常彻底，但无疑留下隐患，因为，事实证明，把司法权局限于审判权的范围之内，在一个长期行政司法不分，司法依附于行政的集权体制下，脆弱的司法权和弱小的司法组织，随时都会被强大而又不断扩张中的行政权所淹没，所吞噬。① 国民党南京政府通过司法行政权向司法院的回归和司法解释权的扩张来扩张司法权，以使其能与行政、立法相制衡。其实，在西方发达国家里，司法权与立法权、行政权的分立也经历了曲折过程。② 总体上看，不同的历史阶段对两者的关系定位不尽相同，也很有争议，这恰恰说明了司法职权配置内部不仅仅是司法内部分工问题，而且是司法体制改革的根本问题。由于此前的改革没有解决司法职权配置和优化的问题，所以党的十七大报告中提出要优化司法职权配置的改革任务。

三　改革中的司法转型

（一）司法类型的理论分析

近年来，关于司法类型的研究，影响较大的是达玛什卡教授的司法分类和美国法学家诺内特关于法律现象的分类。达玛什卡教授认为，政府结构和政府功能两种政治因素在很大程度上影响着程序规则的生长环境，并因此在很大程度上决定着程序制度的基本设计。政府的职能基本上有无为型和干预主义两种，在政府事务管理上相对应地分为协作式和科层式两种模式，国家也由此分为回应型和能动型两类，在此基础上，司法分为纠纷解决型和政策实施型两种基本类型，同时，达玛什卡教授认为由于这两种类型并非绝对，而是存在混合和变体，所以司法与国家权力一样呈现为"多面孔"。纠纷解决型的特

① 方立新：《传统与超越——中国司法变革源流》，法律出版社，2006。
② 洛克的分权理论是将国家权力分为立法权、行政权和对外权，孟德斯鸠在此基础上将国家权力分为立法权、行政权与司法权。参见〔英〕洛克《政府论》，叶启芳、瞿菊农译，商务印书馆，1994，第20页。

点是：注重司法程序；当事人作为诉讼参与人，有较强的主体地位；司法仅致力于解决纠纷，并且是被动、中立而消极的，法官仅负责主持对立双方的争论，并且只有在必须借由外部干涉才能监督和确保干扰主题的偶发争执之公平处理的场合才介入程序。政策实施型的特点是：不太注重程序规则；诉讼中当事人无法自主选择程序行动；司法通过解决纠纷来实施国家政策、体现较强的司法能动性等。

法学家诺内特认为法律可分为压制型法、自治型法和回应型法三类。压制型法的特征是法律机构被动地、机会主义地适应社会政治环境，是以封建社会为典型的人治型法。其特征最重要的有两点：一是法律与政治紧密结合，甚至法律在很大程度上仍然与政治、行政、道德秩序没有区别。法律是巩固和保护权力的柔顺工具。法官的自由裁量权可以自由蔓延。在此环境中司法是压制型司法，国家利益和公共利益至上的理念，纠纷和确认规则服从于政治功能，有意识地压制当事人的诉讼需求，最大限度地减少诉讼数量，以达到压制状态下的社会安定秩序，"当事人的权利是否得到保护似乎成为不相关的事至多成为当事人得到的副产品而已"。[①] 法官的行政化、官僚化色彩强，职业化程度低，司法权依附于行政权，独立性不强，甚至不独立。

自治型法是克服压制型法缺陷，控制国家公权，满足人类追求法治的需要，以资本主义上升时期的法为典型的一种法律形态。"按照该模式，整个社会的秩序以普遍性的规则为准绳，政治和法律、立法和司法之间泾渭分明，在审判独立的原则下法官占据着重要的位置。"[②] 自治型法框架中的司法是自治型的司法，是以法院为中心，其义务是审理诉讼，专长在于程序公平，功能在于约束权威和维护个体权利，但是法院是"危险性最小的部门"，其调集和配置资源的能力

① GuangYuan Zhou, "Illusion and Reallity in the Law of the Late Qing A Sichuan Case Study", in *Modern China*, Vol. 19, October 1993, No. 4, p. 428.

② 张敏：《回应型司法建设论纲——关于司法面临挑战与应对的一点思考》，http://linha. itzfyzxw. gov. cn/InfoPub/Info，2008 年 4 月 8 日访问。

最小，因而提出为实现目标所涉及的问题的能力也最小。① 追求程序正义和形式理性、严守司法的独立和中立、法律裁判与政治权力分离、法官职业化程度高是这种类型的司法的基本特征。不过，随着社会的发展，这种对形式正义的过分强调而对实质正义的忽略往往导致法律思维与社会现实的分离与冲突，司法机构日益僵化，无论是质上还是量上，典型的自治型司法越来越不能满足公正、高效、便捷解决社会纠纷的需要，社会公众也对司法权的机能产生怀疑。

　　回应型法是在扬弃和综合压制型与自治型法的基础上诞生的，不拘泥于形式主义和仪式性，强调法律、制度、政策要有必要的目的和社会公认准则来引导。因此，回应型法"更多地回应社会需要"，其功能是调整而非裁判，就是精心设计和及时修正那些为实现法律目的所需要的政策。② 虽然，在任何发达的法律秩序中都存在一种回应的可能，但将这种可能变为现实却有赖于某种政治环境的支持。③ 回应型法绝非正义领域各种奇迹的创造者，它的成就取决于政治共同体的意愿和资源。它的独特贡献是要促进公共目的的实现并将一种自我矫正的精神注入政府管理过程。回应型法环境中的司法是回应型司法，其往往通过更为积极、灵活和务实的方式和态度，在功能上不仅解决纠纷，而且产生政策。就是在解决纠纷方面，其比以往也有很大的开放性，有更强的纠纷解决能力，使司法权不再拘泥于形式主义原则和拘束而能够在实质意义上回应社会的需要。此种司法相当于能动主义的司法。

　　从以上两大理论观点看，前者是侧重用横向比较的方法对司法所做的分类；后者是侧重于从法律发展历史的沿革角度对法律现象所做的分类。借助于这两个理论，我国有的学者将我国的司法类型分为传

---

① 〔美〕P. 诺内特、P. 塞尔兹尼克：《转变中的法律与社会：迈向回应型法》，张志铭译，中国政法大学出版社，2002。

② 〔美〕P. 诺内特、P. 塞尔兹尼克：《转变中的法律与社会：迈向回应型法》，张志铭译，中国政法大学出版社，2002。

③ 〔美〕P. 诺内特、P. 塞尔兹尼克：《转变中的法律与社会：迈向回应型法》，张志铭译，中国政法大学出版社，2002。

统与现代型，压制型、管理型和超然、中立、开放型。中国传统司法现代转型时期的典型表现形式是管理型。在"管理型"司法模式中，司法权与行政权保持着同样的价值取向与目标，司法权主体仍然高踞于当事人之上，但与压制型司法有本质上的区别：压制型司法旨在消灭纠纷和诉讼，而管理型司法开始关注如何解决纠纷；对司法权主体具有了自下而上的制度上的约束；有了可以约束司法权的相关程序规定；司法权并非完全不顾及当事人个体利益，但是这种利益被吸收到对公共利益的关注中去。① 有学者认为当前中国的司法当属于政策实施型。② 因为，长期以来我国的司法机关被认为是实现统治阶级意志、巩固其统治的工具，国家利益至上，而司法机关自身的人财物不能自治。有学者认为："建立一种开放的、能动的、能适时地对社会需求作出积极回应的、实现社会对公平正义期望的回应型司法制度，在理论上是合理的，在实践中也是可行的。从理论上看，认知能力的提高、司法的能动性、司法的开放性为回应型司法制度的建立提供了理论上的支持；从实践上看，司法为民理念的实践、和谐社会的建设、法官职业化的深入为回应型司法制度提供了实践上的支持。"③ 达玛什卡教授则认为根据其分析框架，中国的程序环境所展现的特征比较倾向于一种能动型的政府和一套科层式的权力组织机制。其实，正如以上两个理论都承认，任何理论上的分类都是相对的，都只是人们基于一定标准对现实的一种概念上的选择性重构，是一种观念上的理想类型，亦即"经过价值关联而建立起来的思维图像"。④ 实际上都是各种类型的混合体和结合体，只不过在一定的时期某种类型成分在一个国家司法权体系中显著一些、强烈一些。所以，以上两个理论只是分析司法

① 沈国琴：《中国传统司法的现代转型》，中国政法大学出版社，2007。
② 张海光：《当前社会转型下的司法转型问题》，《福建法学》2006 第 2 期。
③ 张敏：《回应型司法建设论纲——关于司法面临挑战与应对的一点思考》，http://linhai.tzfyzxw.gov.cn/Infopub/Article view.aspx? ID = 56。
④ 吴卫军：《司法改革原理研究》，中国人民公安大学出版社，2003。

的工具，可以提供视角和工具帮助我们分析我国的司法特性，但不可本末倒置地将我国的司法特性机械地分别装进不同的理论之筐中，决不能以西方的法治模式来评判我国的司法制度。我国的司法类型带有转型社会的明显特征，呈现从传统司法向现代司法转变的混合型司法的特征。从传统型法律向现代型法律转变，建设现代法治国家，反映了法律发展及其变革的客观要求和基本目标。当然，要注意不能将传统与现代这个二分架构绝对化、凝固化，要看到二者之间的内在相容性以及从前者向后者创造性转化的历史可能性。① 中国是一个封建主义传统影响很深的国家，有压制型司法的传统惯性。所以，总体上看，西方传统意义上的自治型司法在我国难有市场，而积极灵活、务实的回应型司法在我国初露端倪，甚至同我国要建设服务型政府一样，服务型司法也似乎要成为司法转型的方向。从司法功能上看，我国的司法既有解决纠纷的使命，又有服务大局、弥补立法滞后、监督制约行政权的政策功能。所以，我国司法呈现的多面孔，则是我们必须正视的现实。

（二）司法转型的现实框架

发展社会主义民主政治是中国共产党矢志不渝的奋斗目标，依法治国是党治国理政的基本方略，公正、高效、权威的社会主义司法制度是建设目标，但是如何建设，选择什么样的发展道路和体制模式，首先必须从我国的国情出发，充分考虑我国的社会历史背景、经济发展水平、文化发展水平等重要因素。其次是要清醒地认识到中国目前的社会转型动力主要来自改革，即全面深层次逐步推进的中国式改革。政治体制改革为司法改革提供了可能与方向。司法改革应当从属于政治经济文化的改革，"是一种回应性改革，是在受到现实社会强力需要情况下做出的积极反应，而不是仅凭理性的推定"。② 日本和晚清的司法改革成功与失败的两个例子，进一步使我们看到政治改革与

---

① 张慜：《司法实践与法治探索》，人民法院出版社，2007。

② 方立新：《传统与超越——中国司法变革源流》，法律出版社，2006。

司法改革的关系：政治改革为司法改革提供可能与条件，相反，因为司法是危险性最小的部门，推动司法改革可以曲线完成其他政治改革所不能快捷达到的目标。另一方面，司法改革的政治改革目的的从属性可以促进司法自身发展目标的实现。当然，其成功与否在于政治改革目的与动机的科学、合理、正当等因素。例如，日本的当代司法改革是在政治改革、行政改革、推进地方分权、放宽限制、经济结构改革等背景下进行的。日本行政改革在于把国家社会从事前限制、调整型社会向事后监督、救济型社会转变，推进地方分权的目的是改革庞大臃肿的行政系统，提高行政部门统治能力的素质和行政信息的公开性，实现行政透明度。但是在这些改革受挫之后，司法改革得到了政界、财界以及学界的鼎力推动。① 当前，我国已经将司法改革作为政治建设和政治体制改革的重要组成部分，将司法改革纳入整个全面改革的轨道，为司法改革提供了可能，因为我国司法权在国家权力结构和社会现实中的地位无法完成自我的改革，必须在我国的政治经济文化整体发展和改革中通盘进行。改革需要处理好总体目标与具体措施之间的关系，不仅使具体措施服从、服务于总体目标，而且使具体措施之间相协调相补充。这需要改革的决策者对改革的清醒认识与通盘把握。

经济领域的转轨和转型是司法改革的深厚动力，有些情况下可以说是巨大压力，国内社会主义市场经济的推进和加入 WTO 也向司法提出改革需求。经济条件像一根红线贯穿于法制现代化的全部过程中。② 社会主义市场经济是法治经济，我国虽然近年来法律体系建设加快，但有法制而无秩序的现象还没有得到很好的克服。③ 国内外的

---

① 季卫东：《世纪之交日本司法改革及其述评》，《人民法院报》2011 年 11 月 5 日，"法治时代"周刊。
② 公丕祥：《法制现代化的挑战》，武汉大学出版社，2006。
③ 有学者认为，制度形成只是秩序形成的前提条件和起始阶段，它并不意味着秩序的必然形成。在制度形成阶段与秩序形成阶段，存在着时间因素、社会资源、形成机制、利益冲突方式和冲突终结方式等多方面的因素，致使我国法律秩序的形成滞后，与法律制度的建设不协调。参见蒋立山《中国法律演进的历史时空环境》，《法制与社会发展》2003 年第 4 期。

纠纷增多，司法服务于经济建设的功能还没有充分发挥出来。而在拉丁美洲和加勒比地区，司法改革的一个重要目标是推动经济发展。① 我国民商事审判和执行领域中存在的问题也十分突出，主要表现在以下三方面。第一，随着经济全球化和国内统一市场的形成，跨地区的民商事案件，尤其是商事案件不断增多，并且呈现新、难、多、繁等新特点，案多人少的矛盾凸显，需要从体制上思考应对之策。第二，商事案件往往标的额大、涉及面广、管辖争议、滥用管辖权和审理中的地方保护主义和部门保护主义现象十分突出。有关部门和个人对商事案件审判与执行的不当干预相当严重。一些地方法院很难做到中立、公正裁判，甚至审判出现"主客场"制，案件的外地当事人对法院和法官极不信任，千方百计想把案件搞到在本地诉讼，在本地法院执行。打官司变成了名副其实的"打管辖"或"打关系"。第三，许多地方商事审判的司法环境恶劣，一些银行等金融组织，公安、工商、税务等执法机关，检察院、法院等司法机关对外地法院的调查取证、财产保全、协助执行等方面的司法工作不予配合甚至拒绝，社会主义法制的统一和尊严受到严重挑战，等等。如果不迅速有效地解决这一问题，民商审判就无法真正担负起服务于建设公正高效权威社会主义司法制度、建立完善社会主义市场经济体制、促进我国经济社会又好又快发展的历史使命。

　　美国学者亨廷顿认为，冷战结束后，意识形态的差异不再是世界冲突的基本来源，世界冲突将主要来源于文化的差异，主宰全球的将是"文明的冲突"。② 文化的差异是当代世界各国最显著的差别，也是在很大程度上影响和制约一个国家的现代化进程，包括司法的现代化。综观世界各国的法治历程，大凡法治搞得比较成功的国家，无一不是较好地坚持了法治规律与本国国情的创造性结合。③ 在我国的国

---

①　Ibrahim Shihata, Legal Framework for Development: The World Banks, Role in Legal and Judicial Reform, Judicial Reform in Latin American Caribbean Conference Report, 1995, p.13.

②　参见〔美〕塞缪尔·亨廷顿《文明的冲突与世界秩序的重建》，新华出版社，1998。

③　袁曙宏、韩春晖：《社会转型时期的法治发展规律研究》，《法学研究》2006 年第 4 期。

情中，社会主义文化是一个重要的方面，其"预先规定了新的一代的生活条件，使它得到一定的发展和具有特殊的性质"。① 社会主义文化体系本质上属于社会主义意识形态，是在弘扬中华优秀传统文化基础上，既保持民族性，又体现时代性的和谐文化。司法的转型和现代化是无法离开社会主义文化土壤的。

我国于 2001 年加入了 WTO，这给我国的司法转型带来了机遇和挑战。因为，加入 WTO 后，越来越多的涉外纠纷以案件的形式涌向法院。WTO 规则要求每一个成员国的司法制度必须独立，司法必须高度透明，高度统一，平等对待，不得有任何歧视。相比之下，我国有些地方的司法审判现状与这些标准还是有一定差距的，尤其地方保护、部门保护等现象时有发生。② 有压力才有动力，有动力才能改革。同时，世界范围内的司法改革浪潮，也使我们进一步深化改革有了国际参照系。司法改革可以说是一股世界性的潮流，不仅我们在进行司法改革，世界许多国家都在积极进行司法改革。这些都是我国司法转型的外部有利因素。因为，西方国家有时间、有机会去调整它们的法律制度来适应现代化的需要，这是一个在诸多方面都相当艰辛的过程，一路上会犯很多错误。新的正在发展中的国家可以从这些错误中受益，它们可以从西方各取所需，避免西方曾遇到的问题。③

（三）司法转型的推动力量

西方发达国家的司法文明的发展基本上是自我演化的结果，其司法转型也基本上靠自我扬弃，尤其是在三权分立的制度确立之后，司法的改革和发展更是如此。在英国，司法权最终战胜王权经历了一个漫长而艰难的过程。"虽然自 12 世纪所有西方国家，甚至在君主专

---

① 吴卫军：《司法改革原理研究》，中国人民公安大学出版社，2003。
② 信春鹰：《中国需要什么样的司法权》，《环球法律评论》2002 年春季号。
③ 宋冰：《程序、正义与现代化》，中国政法大学出版社，1998。

制制度下，在某些重要方面，法律高于政治这种思想一直被广泛讲述和经常得到承认"，①但是就是在英国直到 16 世纪才实现司法权的真正独立。其标志事件就是英格兰大法官爱德华·柯克与国王詹姆斯一世就国王是否有权审理案件发生的一场辩论。柯克大法官的结论是国王没有审判权，从此，司法权最终战胜王权。在英国针对英国法律发展的保守与缓慢，丹宁勋爵就力主上议院（作为英国的最高司法机关）。在其担任司法职务的近 40 年间，丹宁以自己丰富的法律实践经验，积极大胆地参与英国战后的司法改革，对英国社会产生了重大影响。在当代，沃尔夫勋爵于 20 世纪 90 年代就着手对英国民事司法制度进行改革。在美国，司法变革影响国家制度和社会生活的作用更为明显。最著名的就是 1803 年的美国联邦最高法院首席大法官约翰·马歇尔对马伯里诉麦迪逊一案的里程碑意义的判决，它从此确立了违宪审查制度，也正式确立了美国司法权在政治生活中的至高无上地位。多年以来，美国司法权一直是通过案例和改革而形成政策，从而左右和影响一个国家，这种能动性和优越性无可匹敌。然而，美国司法权在国家政治生活中无比的优越性不是天上掉下的馅饼，而是靠联邦最高法院的司法至尊们用智慧和勇气甚至煎熬争取来的。

　　反观我国的司法转型是否也可以走英美模式呢？显然不能。中国的历史与现实的语境决定了中国司法的转型只能走"内生 + 推动"模式，只能靠国家、社会和司法主体三者合力的推动。首先，我国像其他发展中国家一样，在社会转型时期，改革模式基本上是国家主导型，各项改革基本上是国家实施和推进的，其目的是为经济社会的总体发展目标服务。正如有学者指出，我国实现法律现代化的最大资源是本土政治资源，忽视了这个本土资源，法治本土资源问

---

① 〔美〕伯尔曼：《法律与革命——西方法律传统的形成》，贺卫方等译，中国大百科全书出版社，1993。

题的研究就会显得过于单薄。① 因为在我国原本弱势的司法权分属不同的机构行使，并没有像西方国家形成司法（法院）中心主义，并且现实时空条件也不允许像英美国家那样司法通过自身努力强大。另一方面，由国家中央政权推动可以克服司法机关自身改革所带来的局限性。司法权是国家权力的一种，同其他国家权力以及社会各方面都有着密切的联系。司法权运行方式方法的任何变动，都会在整个国家中"牵一发而动全身"。因此，绝不能把司法改革当成人民法院内部的事情。

其次，司法自身力量。事物的发展最终取决于内在因素的变化，所以，司法的转型还是靠司法自觉变革。其实我国在实际中，法院基于自身的困境已经做了许多改革，尤其是工作机制上的完善取得了较大的成绩，可以说为深化司法体制的改革和实现司法的现代化奠定了坚实的基础，准备了充分的条件。司法改革的推进，需要不断提高广大司法工作者对改革的必要性的认识，不断增强司法工作者对各项改革措施的认同感和使命感，才能有他们的热情支持和积极参与。改革中，注意思想工作先行，在改革和司法工作者利益之间寻找平衡点，既坚决推行各项改革措施，又体现人性关怀，坚持从群众中来，到群众中去，做到决策民主化，推动法院改革的健康发展。

再次，苏永钦教授评价台湾地区司法改革时用了一个很形象的比喻——"茶壶里的风暴"，意思是说台湾地区早期的司法机关自身热火朝天地进行司法改革，但社会和民众对此却很冷淡，究其原因，是改革者犯了一个致命的错误，其将司法改革只当作司法系统内部的专业性的事情，而无视民众的反应。苏教授认为："必须跳出专业主义的窠臼，扬弃只有司法者才懂司法问题的傲慢与偏见，学习从人民的

---

① 事实上，我国从晚清法律转型到国民党南京政府的司法改革到新中国以后的政治动员模式，无不是靠中央政权的力量推动社会变革，至于效果因政权的历史合理性和能力等多重因素而不同则另当别论。参见蒋立山《法律现代化——中国法治道路问题研究》，中国法制出版社，2006，第108～111页。

角度看司法问题。"① 意思是要求司法变革应有民众的广泛参与，应认真倾听人民群众的呼声，尊重广大人民群众的意志，满足人民群众的司法需求。也许可以像有些学者所说："人类最高的政治理想是通往善治，善治的本质特征就是在于它是政府与公民对公共生活的合作管理……是两者的最佳状态。"②

（四）　司法转型的表现形态

中国的渐进式改革的目标是在改革过程中不断变化的，而且是不断修正和调整的。因此，改革之初，并没有一个固定的目标模式。党的十七大提出建设公正、高效、权威的社会主义司法制度，如果从学理角度考察，我国的司法将是从传统到现代转型的混合型司法类型，并且，中国司法转型的现实定位是：现实挑战和应对使我国的司法转型不得不肩负着历史补课和未来构建的双重任务。具体来说可以表现为以下几个方面。

1. 司法理念上

1978 年改革开放以来，中国的政治、经济、社会状况发生了根本变化，这些变化对司法制度提出了新的要求，政府、社会和民众对司法的认识也在变化，作为政治意识形态组成部分的新型司法理念也逐渐培养起来。司法理念的转变可以说是中国几十年司法改革的首要成就。

首先是法治理念，这是司法最基本的理念。法治是与人治相对立的一种治国理念，强调法律在实现社会治理和国家管理中的权威性，不允许有超越法律的特权。由于我国是人治传统很深的国家，加上新民主主义革命的现实需要和新政权要集中力量建设国家的需要，新中国成立以来，治国理政主要是靠决议和政策以及领导人的指示，民主法制未受到应有的重视，甚至有"要人治，不要法治"的论断。③ 表

---

① 苏永钦：《司法改革的再改革》，月旦出版社，1998。
② 俞可平：《公正与善政》，《南昌大学学报》2007 年第 4 期；法制日报社、最高人民法院中国应用法学研究所编《法制资讯》2008 年第 2 期。
③ 张慜：《司法实践与法治探索》，人民法院出版社，2007。

现在司法中，法律虚无主义盛行，只讲法律的阶级性而无视法律的社会性，办案不靠法律，只讲政策，将阶级分析的观点放在首位，突出强调司法的专政功能和司法工作人员的政治素质。到"文化大革命"时期发展到砸烂公检法的极端恶果。1978 年的改革开放是我国司法发展的转折点和里程碑，从此以后，法制、法治、司法得到恢复和重视。党中央将"党政分开"作为政治体制改革的切入点，逐渐打破"党的绝对一元化领导"模式，开明地宣布和力行：党不得凌驾于法律之上，必须在国家的法律范围内活动，党不得以党代政，以党司法。尤其是 1997 年党的十五大正式将"依法治国，建设社会主义法治国家"作为政治目标写入其政治报告，1999 年 3 月，九届全国人大二次会议将"依法治国，建设社会主义法治国家"正式载入宪法。"以事实为根据，以法律为准绳"的司法原则得到越来越好的贯彻，以权压法、以权代法和不当干预司法的行为和做法越来越受到抨击，司法的地位逐渐提高，司法逐渐成为解决社会矛盾纠纷的最重要的方式。不仅如此，公正、独立、中立、效率、程序正义、职业化、权威性等理念已为广大法官和社会公众广泛接受，司法的权威越来越高，司法逐渐成为树立法律信仰、依法办事、依法治国的重要的载体。

其次是以人为本的理念，这是司法对人终极关怀的理念，是社会主义司法制度的本质要求，是社会主义司法优越性的最集中体现，也是符合当代世界潮流的理念。以人为本的司法理念就是司法尊重人民主体地位，发挥人民首创精神，实现、维护、保障、发展人民各项权益和利益，促进人的全面发展，使"每一位国民都从统治客体的意识中摆脱出来，最终成为负担自律性及社会性责任的统治主体，共同构筑自由而公正的社会"。[①] 在 20 世纪 90 年代的英国，进行大刀阔斧的司法改革就是使本国的人民有一个有利于实现公正的

---

① 《支撑 21 世纪日本的司法制度——日本司法制度改革审议会意见书》，最高人民检察院法律政策研究室组织编译，中国检察出版社，2004。

司法制度，实现"所有人的正义"①。我国台湾地区 1999 年"司法院"颁布的《司法改革具体革新措施》中明确揭示要"实现司法在民的理念"②。改革开放以来，我国司法职能健全，司法审判受案范围的扩展使公民的诉权受到越来越健全的保护，诉讼模式从单一的纠问式到抗辩式的复合模式转变以及人民陪审员制度等司法民主化程度的不断提高，司法神秘色彩淡去，逐渐真正实现人民的司法。正在进行的司法改革，使司法制度和工作机制越来越简便、高效、低成本、便民、利民，越来越多地体现着司法为民的宗旨。在司法改革方案设计和实际运作中，效果的检验是民众满意和社会进步。因此，司法服务不仅体现在办案的多少，而且要体现在多大程度上满足了社会、民众的需要。

最后，党的事业至上的理念是中国特色的司法理念，也是实现依法治国和司法为民、人民当家作主的保障和关键。中国共产党是以"三个代表"为指导的执政党，除了国家、人民和民族利益外，没有自己的利益。树立和坚持党的事业至上的理念是司法转型沿着正确政治方向和取得成功的保障。因为，中国共产党是中国特色社会主义事业的领导核心。党和国家的根本任务具有统领性、目标性和引导性的根本地位。③ 司法作为实现社会主义法治的重要手段和途径，其历史使命也应当与国家的发展目标相统一、相一致。现阶段我们党和国家的根本任务就是沿着中国特色社会主义道路，集中力量进行社会主义现代化建设，把我国建设成为富强、民主、文明的社会主义国家。因此，我国社会主义司法坚持党的事业至上的理念完全不同于西方国家司法的党性，不同于西方国家司法为执政党服务，为代表的阶级阶层

---

① 参见《所有人的正义——英国司法改革报告》，最高人民检察院法律政策研究室组织编译，中国检察出版社，2004。
② 参见李子春《司法政策历史社会分析》，载澄社、民间司法改革基金会主编《司法的重塑——民间司法改革研讨会论文集（一）》，桂冠图书股份有限公司，2000，第66页。
③ 中共中央政法委员会编《社会主义法治理念教育读本》，长安出版社，2006。

服务的狭隘动机。① 不同于新中国成立前国民党的司法党义化理念。因为国民党只着眼于上层组织机构制度的精英社会的构建而无视底层社会的改造②，以至于司法的党义化演变成司法党人化，在当时社会的半殖民地、半封建现实中又逐渐变成阻碍司法进步的力量。随着我们党执政理念和执政方式的转变以及执政能力的提高，我国司法的本质、理念、功能与党的事业关系越来越耦合。

2. 司法职能和功能上

长期以来，我国的司法功能一直定位于"无产阶级专政的工具"、维护统治秩序的"枪杆子"、阶级斗争的"刀把子"，只重视其专政的属性和惩罚犯罪的职能，而忽视了其他职能。改革开放以来，我们对司法职能的传统认识正在改变，由原来单一的惩罚职能、对敌专政的工具向保障民权、关注民生转变，由单纯维护统治秩序向促进经济社会发展转变。也就是说，司法从压制型、管理型逐渐向回应型、服务型转变：司法不仅服务于改革开放的大局，而且"司法工作者应当以国民社会医生资格，按照国民各自所处的具体生活状况及其各自的法律需要，为其提供法律服务"。③ 目前，我国各级人民法院的职能和功能主要有以下特点。

2008 年全国法院受理案件总量达到 1000 万件，比 2007 年增加了150 万件。这说明社会转型时期，人民法院构建和谐社会的功能和解决社会矛盾纠纷的职能日益增强。具体来说，目前基层人民法院已经

---

① 据统计，在美国从克利夫兰到卡特共 17 位总统中，有 13 位总统任命本党成员为联邦法官，本党成员的法官占他们任命的联邦法官总数的 90% 以上，其余 4 位所任命的本党成员占任命总数的 80% 以上。法官在依照选举程序产生时，仍然具有深刻的党派背景，在"党派选举"的州，"法官是作为一个政党的成员或候选人而选出的"，在"非党派选举"的州，"不管选举过程和政治如何，法官们仍然可以带着一个政党所主张的社会准则来到司法机构"。控制和制约司法机构往往是美国两党竞争的目标。参见陈其人等《美国两党制剖析》，商务印书馆，1984，第 57 页。

② 黄仁宇：《大历史不会萎缩》，广西师范大学出版社，2004。

③ 《支撑 21 世纪日本的司法制度——日本司法制度改革审议会意见书》，最高人民检察院法律政策研究室组织编译，中国检察出版社，2004。

成为最重要的纠纷解决机构，承担 80% 以上的案件处理任务。现在我国基层法院大都实行更为便捷、灵活的纠纷解决程序，注重非职业化特点和接近社会民众，通过调判结合的方式，不断增强司法的亲和力和公信力。此外，基层法院还通过司法审判发挥着越来越多的预防犯罪、宣传法制、维护社区稳定等功能。

中级人民法院和高级人民法院的职能兼具解决纠纷和维护社会公平正义职能。中级人民法院主要受理当事人不服基层法院一审裁判的上诉案件，并且受理行政案件、跨行政区域的重大民商事案件。2007年 10 月我国修订了《民事诉讼法》，改革完善了民事案件的再审制度。2008 年最高人民法院颁布了《全国各省、自治区、直辖市高级人民法院和中级人民法院管辖第一审民商事案件标准》，通过审判案件的管辖制度改革和再审制度改革，使高级人民法院一般只受理具有普遍法律适用意义的案件，减少高级人民法院的直接审理案件的数量；加强高级法院解决本辖区司法冲突、保障司法体系统一和法律适用统一的规则之治的功能。此外，中级和高级法院通过行政案件的管辖，还逐渐加强行政审判，以强化权力制约功能。

最高人民法院除审理二审、再审案件和受理少量的一审案件外，其职能还包括通过制定司法解释、审理死刑复核案件、发布指导案例来统一法律适用，实现最高司法机关的职能。此外，通过制定司法解释或对个案法律适用问题的批复，对典型案件的审理，以及专门制定发布司法规范性指导文件等，发挥一定的公共政策形成功能。当然，"司法机关不仅仅是政治国家实现政策目标的工具，也是社会实现其价值追求的一种机制。"①

3. 司法价值目标上

党的十七大提出的建设公正、高效、权威的社会主义司法制度，是我们党在新的历史时期，对司法规律的正确认识和科学总结，是实

---

① 苏永钦：《司法改革的再改革》，月旦出版社，1998。

施依法治国，建设社会主义法治国家基本方略的核心内容，是我国司法转型的价值目标。

公正是司法的灵魂，是司法的基本价值所在，是司法能够存在的基本条件。司法公正包含实体公正和程序公正。实体公正是由诉讼所实现的个别公正，注重诉讼的结果，而程序公正重视的是诉讼程序中的公正，强调以看得见的方式实现正义。实体公正与程序公正是辩证统一的整体，不存在孰先孰后的区别。在过去，我们过分强调实体公正而忽视程序公正，而当前，实践中也有一种单纯追求程序正义和形式正义的片面做法。转型时期，司法坚持实体公正与程序公正相结合，也就是在具体工作中，既要维护司法的透明性，坚持依法公开、及时公开、全面公开原则，又要保持客观中立，避免受到新闻媒体、社会舆论乃至地方政府的影响。

高效是依照法定程序，在法定期限内及时、有效地处理案件。司法效率的提高，使当事人的诉讼成本得以减少，而纠纷的迅速解决与权利的迅速实现，也大大促进了社会效益的增加，这也正是司法公正的必然要求与具体体现。在过去，司法高效的问题并没有成为人民司法的主要矛盾，但是在新时期，随着改革开放的深入，社会结构、社会组织、社会治理方式、利益格局的深刻变革以及人民法律意识的提高，越来越多的人民内部矛盾大量通过诉讼案件的形式涌向法院，一些发达地区的法院已经不堪重负，诉讼迟延，久拖不决非常普遍，已经严重影响了司法的公正。并且单一的纠纷解决方式已经无法满足转型社会的司法需求，因此，如何提高诉讼效率、降低诉讼成本、节约司法资源、实现司法高效成为迫在眉睫的目标。实现司法高效就是人民法院依法及时作出判决，防止当事人受诉讼所累，就是建立民事诉讼程序的简化形式，在民事简易程序的基础上建立速裁程序制度；就是对一些社会影响较大、对立情绪较强、涉及面较广的案件，要尽可能在调解方面多做工作，争取用和解的方式解决纠纷，并与其他部门和组织共同探索新的纠纷解决方法，促进、建立、健全多元化的纠纷解决机制，防止因片面追求"高效"而一判了之，最终导致"官了民不了，案了事不了"。

司法权威是法律权威的体现，也是法律权威的证明，是国家法律得以被信仰和遵守的条件。司法权威是党的权威和国家权威的重要组成部分。维护司法权威，就是维护党的权威，就是维护国家的权威。① 公正高效的审判，只有得到社会公众的广泛认同和一体遵从，才可能发挥其应有的作用。我们之所以在公正高效的基础上，增加"权威"要素，并将着力点放在司法权威的制度建设上，很主要的一个原因就在于，司法公信力不高、司法权威缺失一直是困扰人民法院工作的突出问题。权威是社会主义司法制度的力量，是公正和高效的意义体现。司法权威的树立，不仅要加强法制宣传教育，在全社会形成崇尚法治的风尚，引导人民群众自觉履行人民法院的生效判决，形成尊重司法的习惯。更重要的是司法自身的改革与努力，做到审判过程和结果的公正，司法程序的合法和正当；改革和完善再审制度，强化各方诉讼主体的既判力意识，防治无限申诉和再审；加强执行工作，切实解决"执行难"问题，避免大量的"法律白条"毁损司法权威；积极争取各级党政领导干部支持人民法院依法独立公正地行使审判权，维护社会主义司法权威。

在司法实践工作中，只有实现了公正、高效、权威三者的有机结合，才可能维护社会的公平与正义。司法失去公正，高效就没有意义，权威也难以树立；司法不讲效率，案件久拖不决，公正就不会实现；司法审判没有权威，即使办理的案件和作出的判决再多，也不能起到化解矛盾、定纷止争的作用。要实现建立公正、高效、权威的司法制度目标，我们必须进行改革创新，以公正赢得权威，以高效体现公正，以权威保障公正，不断完善社会主义司法制度。

4. 司法政策上

司法政策是一个国家的司法机关为了实现一定的目的而采取具体

---

① 公丕祥：《董必武的司法权威观》，《法律科学》2006 年第 1 期。

的、积极的司法策略和措施。司法政策历来就有司法能动主义（judicial activism）和司法保守主义（judicial self-restraint）之争。其实，在不同的时期和不同的领域，司法政策有不同的侧重，很难说是非此即彼的关系。社会转型时期，司法既要发挥能动作用，又要按照司法的规律性办事；既要处理好社会对司法的无限性要求的矛盾，又要坚持司法功能的有限性；实现依法履行职责与服务大局的高度统一。

在刑事司法审判中，在坚持罚当其罪的前提下，贯彻坚持宽严相济的刑事政策，实现打击犯罪与保护人权的协调统一、惩治与教育的协调统一。宽严相济是我们一贯的刑事政策，在社会转型时期，在构建社会主义和谐社会的背景下，贯彻这一刑事政策，对最大限度地化解矛盾纠纷，减少对抗、促进和谐，最大限度地遏制、预防和减少犯罪，维护社会稳定具有十分重大的现实意义。从严就是突出打击重点，充分发挥刑罚的威慑力，营造浓厚的打击氛围；从宽就是注意把握好从宽的对象、从宽的幅度以及运用和谐的司法方法；相济就是重罪从严，济之以宽，轻罪从宽，济之以严，防治片面强调从严和片面强调从宽两种倾向，坚持审时度势，推进配套制度和司法方法，从而取得刑事司法的良好社会效果，实现遏制犯罪、稳定治安大局、增强人民群众安全感、促进社会和谐的局面。①

在民事司法审判中贯彻调判结合的司法政策。过去我们对于调判关系的认识和运用曾出现从一个极端到另一个极端的失误。我国 20 世纪 50 年代到 80 年代初，在"调解为主"的方针指导下，有些法院曾一度把民事调解推向极端，把调解绝对化，片面强调调解率，结果使民事调解工作中出现了暗箱操作、久调不决、强迫调解、欺骗调解等弊端，法院工作因此陷于被动，办案效率低，群众认可度差。90 年代后期，随着公开审判方式的改革，有些法院又开始突出强调裁决，推

---

① 参见最高人民法院 2008 年 5 月 13 日至 14 日在北京召开的刑事审判工作座谈会上最高人民法院院长王胜俊的讲话以及山东、吉林等省法律人士的发言材料。

行"一步到庭、当庭宣判",即所谓符合现代司法理念的庭审方式,结果一些地方重判轻调的问题突出。现在"能调则调,当判则判,调判结合,案结事了"就是比较和谐而成熟的司法政策。①

在行政审判中坚持依法保护行政相对人合法权益与监督、维护依法行政相统一的政策。依法保护行政相对人合法权益就是保护相对人的诉权,依法受理涉及公民人身权、财产权的行政案件,依法受理与人身权、财产权密切相关的其他经济社会权利的行政案件,解决行政相对人"告状难"的问题,解决损害当事人利益的问题,解决一些案件审判效率不高、审判周期过长、久拖不结的问题。在监督行政机关依法行政的同时,对于行政机关依法实施的行政管理活动及合法行政行为,给予及时、有力的支持。依法正确受理和及时执行非诉行政执行案件,支持行政机关依法行政。对于各级行政机关依法实施经济调控、市场监管、公共服务、社会管理职能,也积极提供有效的司法保障。

5. 司法事业发展上

司法转型不仅体现在司法与外部的关系上,而且还突出地体现在自身的发展上。首先是经过几十年的理论和实践探索,我国的司法理论日趋成熟,并已形成中国特色社会主义司法理论体系。这个体系是中国特色社会主义理论体系的重要组成部分,是马克思主义法学理论与中国特色社会主义建设实践相结合的产物,是人类社会司法规律与中国国情高度融合的产物。例如,坚持党的领导、人民当家作主与依法治国的统一,坚持"党的事业至上,人民利益至上,宪法法律至上",坚持法律效果和社会效果的统一等,就是中国特色社会主义司法理论的实践要求。当然,随着社会实践的发展变化,司法理论也随着中国特色社会主义理论的不断丰富和发展而呈现出与时俱进性和开放性。例如,新时期,人民司法深入贯彻落实科学发展观,就是理论

---

① 参见袁春湘《司法的中庸之道》,《人民司法》2008 年第 1 期。

上认同、实践上自觉的表现。其次，司法工作有了明确的主题，这就是服务大局、为民司法。新中国成立60年来，服务大局、为民司法成为人民司法贯彻始终的主题，只不过不同的时期有不同的内涵和不同的要求，甚至有不同的紧张关系。例如，新中国成立初期和"文化大革命"时期，司法的服务大局主题在一定程度上就先于或吞噬了为民司法的主题。当前，这一主题的内部关系，按照科学发展观的要求应达到前所未有的和谐统一。再次，司法不仅要为大局，要服务于国家社会的科学发展，而且要追求自身发展。具体来说人民司法已经形成了自身发展的思路和目标体系，就是高举中国特色社会主义伟大旗帜，确保司法事业的政治方向；不断加强司法队伍建设，为司法事业科学发展提供有力的组织保障；不断加强基层基础建设，为司法事业的科学发展夯实根基；不断深化司法改革，为司法事业科学发展提供体制、机制保障。

（本文原载于《法律科学》2009年第3期）

人民法院司法改革的基本理论与实践进程

张文显[*]

2008 年是中国改革开放的第三十年。连续三十年的大改革、大开放，使我国成功地实现了从高度集中的计划经济体制到充满活力的社会主义市场经济体制、从封闭半封闭社会到全方位开放社会的伟大历史转变。改革开放的伟大实践有力地推动了社会主义民主法治的建设和发展，使我国成功地实现了从人治到法治、从无法无天到规范有序、从"运动国家"到"法治国家"的伟大历史转变。改革开放三十年，是我国法治建设重新起步、快速发展的三十年，也是我国司法改革全面展开、逐步推进的三十年。

站在 2008 年这一改革关键年头，我们在纪念改革开放三十周年之际，回顾三十年来人民法院司法改革的历史进程，梳理三十年来人民法院司法改革的理论与实践，总结人民法院司法改革的成就，检讨人民法院司法改革的经验与教训，展望新时期新阶段人民法院司法改革的前景和趋势，对于坚定不移地高举中国特色社会主义司法理论旗帜，深入推进人民法院司法改革，建设公正高效权威的社会主义司法制度，具有十分重要的意义。

一 三十年人民法院司法改革的思想理论

（一）对"人民法院司法改革"这一命题的解读

对"人民法院司法改革"这一命题可以作出两种解读，其一是涉

---

* 张文显，中国法学会党组成员、副会长、学术委员会主任。

及人民法院的司法改革，其二是人民法院实施的司法改革。本文所说的"人民法院司法改革"是第一种意义，这种意义包括了人民法院开展的司法改革，但不限于人民法院的司法改革，而且主要的不是人民法院自身的改革，最重要的是由党中央领导的司法改革，由全国人大以立法形式实现的司法改革，以及政法机关之间互动性、互补性的司法改革。在推进依法治国的进程中，我们党始终高度重视司法改革，并始终把推进司法改革作为社会主义法治建设的组成部分作出部署，特别是党的十六大以后，党中央专门成立了司法体制改革领导小组，并于2004年底出台了《中央司法体制改革领导小组关于司法体制和工作机制改革的初步意见》，确立了司法体制改革的基本原则，对司法体制和工作机制改革进行了全面部署。这种意义上的司法改革是我国整个改革开放伟大实践的重要组成部分，是依法治国、建设社会主义法治国家的重要组成部分，是全面建设小康社会的重要组成部分。

（二）司法改革的核心

司法改革的核心是制度创新。通常，人们说司法改革的根本原因在于现行的制度不合理，所以要改革。但实际上，问题不那么简单。要从两个方面看：一方面司法制度本身存在不合理性，或者说初创时的合理性已经穷尽，需要从体制和制度本身改革，即改制；另一方面司法制度是合理的，但是由于认识、具体体制、技术、人员等因素，限制了合理性的发挥，预期的合理性没有体现出来，所以要通过机制、方式方法的改革让制度的优越性充分发挥出来。我认为人民法院司法改革两方面的针对性都有。在所有的司法改革成就中，我们更应当看重制度创新，制度创新带有根本性、长期性。

（三）司法改革的第一要务

司法改革的第一要务是司法事业的科学发展。科学发展有三层意思。第一，司法改革应当遵循司法规律，把人民司法作为中国特色社会主义事业的重要组成部分，随着中国特色社会主义事业的发展而发展；走中国特色社会主义司法道路，建设公正高效权威的社会主义司法制度，是人民司法事业健康发展和法院工作顺利推进的根本规律，司法改革必须沿着这条规律推进。司法的具体规律有很多，诸如化解社会矛盾的规律、程序公正的规律、审判管理的规律、法官职业化的规律等等。第二，司法改革必须符合国情，最主要的是符合社会主义初级阶段的基本国情，符合全球化时代的特殊国情。在全球化时代，中国属于世界的一部分，是世界中的中国，是经济全球化、公共事务全球化、环境全球化、人权全球化之中的中国，在这个意义上，符合中国国情也就是符合当今世界的世情。在科学发展的意义上，不改革不行，乱改革也不行。三十年来人民法院司法改革，就是不断探索审判权运行和司法工作的客观规律，并尽可能在尊重司法客观规律前提下持续推进改革的过程。在探索司法客观规律的过程中，形成并不断丰富和发展了社会主义司法理论，引领人民法院司法改革不断推进和发展。第三，司法改革应当有利于人民司法事业的科学发展，即全面、协调、可持续发展，尤其是要有利于基层人民法院的各项事业的发展。

（四）司法改革的根本目的

司法改革的根本目的是解放和发展司法能力，更好地满足广大人民群众的司法需求。经济改革是以解放和发展个人的生产力和社会的生产力为根本目的，政治体制改革是以保证人民当家作主为根本，以增强党和国家活力、调动人民积极性为目标，扩大社会主义民主，建设社会主义法治国家，发展社会主义政治文明。在政治体制改革的总体框架之内，司法改革的宗旨则是不断解放和发展司法能力，包括维护党的执政地位的能力，维护国家安全和社会稳定的能力，维护人民群众合法权益的能力，维护社会公平正义的能力，服务和保证经济和社会发展的能力，化解社会矛盾纠纷、促进社会和谐进步的能力，不断满足人民群众日益增长的司法需求。在解放和发展司法能力方面，司法改革也不断地调动广大法官的积极性和创造力，法官个人的司法能力显著提高。

（五）司法改革的根本动力

司法改革的动力包括外在动力和内在动力。司法改革的外在动力是经济改革和政治改革。我国的司法改革是在经济体制改革和政治体制改革的宏观背景下展开的，是适应经济改革和政治改革而发生的。改革开放与法治建设息息相关、相辅相成：一方面，改革开放的伟大实践产生了对法律和法制的迫切需求，推动了法治的建设和发展，推动了司法改革；另一方面，法治建设和法制改革回应和适应了改革开放的需要，立法、执法、司法、普法等法治工作为改革开放创造了良好的法治环境。所以，司法改革属于整个改革事业的重要组成部分。

司法改革的内在动力是广大人民群众日益增长的司法需求。20世纪80年代以后，随着改革的深化、开放的扩大、社会的发展，人民群众越来越习惯于从法律和权利的角度提出利益主张，当事人越来越要求通过法律程序解决矛盾和纠纷，把维护公平正义的最后诉求付诸人民法院，寄希望于人民法官。人民群众日益增长的司法需求与相对落后的司法理念、司法体制、运行机制、司法能力以及相对匮乏的司法资源之间的矛盾日益突出。这些矛盾，必须通过改革来解决。而且，人民法院也主要从人民对司法的新要求中寻找改革的任务，从最不满意的地方改起。当然人民群众的司法需求是不断增长的，旧的矛盾解决了，新的矛盾又出现了，所以司法改革不是一朝一夕就完事大吉，而是要持续改革、长期改革，改革是司法事业发展的永恒主题。

（六）司法改革的指导思想

人民法院司法改革固然有一些属于摸着石头过河的事项，也有过失与教训，但总体上是在正确的思想理论指导下进行的。

总体上来说，司法改革的指导思想就是中国特色社会主义理论体系。中国特色社会主义理论体系是我们党在实事求是地总结和反思在艰辛探索社会主义建设规律、开展社会主义建设过程中的经验教训、成败得失的基础上，创立并不断丰富和发展起来的当代中国的马克思主义。它包括三个组成部分，即邓小平理论、"三个代表"重要思想和科学发展观。中国特色社会主义理论体系的鲜明特征在于，它是思想解放的结晶又是思想解放的武器，就精髓来说它是改革的理论体系，是发展的理论体系，是通过改革推动发展的理论体系。这个理论体系运用于人民法院工作，必然要求解放思想，改革创新，推进司法改革。中国特色社会主义理论体系与社会主义法治建设的实际相结合，形成了中国特色社会主义法治理论和法治理念，并使之成为中国特色社会主义理论体系的重要组成部分。中国特色社会主义法治理论和法治理念，是直接指导司法改革的理论基础，它不仅决定了司法改革的政治方向，也构成了司法改革的战略策略、司法改革的理论坐标和检验标准。

具体而言，直接指导司法改革的基本理论包括以下四个。

1. 司法民主的理论

司法民主包括两个方面，一是司法为民，二是民主司法。其中，司法为民是我们党以人为本的崇高精神和"立党为公、执政为民"的伟大理念在司法领域的集中体现。司法为民充分体现了社会主义司法制度和人民法院的人民性本质。根据这一理论，实现好、维护好、发展好最广大人民的根本利益，要始终作为改革和发展社会主义司法制度的出发点和落脚点，作为一切司法工作的出发点和落脚点，通过公正高效的司法活动依法保障人权，依法维护人民权益，做到司法惠民、司法护民。与此同时，还要考虑司法活动如何更快捷、更方便、更有效地实现好、维护好、发展好最广大人民的根本利益，做到司法便民、司法利民。正如胡锦涛总书记在全国政法工作会议上所强调的："政法工作搞得好不好，最终要看人民满意不满意。要坚持以人为本，坚持执法为民，坚持司法公正，把维护好人民权益作为政法工作的根本出发点和落脚点，着力解决人民最关心、最直接、最现实的利益问题。"

2003 年，最高人民法院提出了"司法为民"，将其作为法院工作的根本宗旨和要求，并制定了关于实践司法为民宗旨的 23 条意见，对指导人民法院正确进行司法改革起到了重要的作用。2005 年，最高人民法院又明确把胡锦涛总书记关于"公正司法，一心为民"的谈话精神确立为人民法院工作的指导方针，并把这一指导方针作为新时期人民法院衡量全部司法活动，包括司法改革的根本标准，强调深入推进法院司法改革，无论是谋划方案还是具体实施，都必须贯彻落实"公正司法，一心为民"的指导方针，确保法院改革的正确方向和有效实施。

民主司法是人民当家作主的政治制度在司法领域的体现。坚持民主司法，首先要求坚持人民代表大会制度。新中国成立前夕，关于国家机构名称，毛泽东、周恩来等老一辈革命家强调指出：我们的国家机构都要冠以"人民"，政府称为人民政府，法院称为人民法院，检察机构称为人民检察院，1954 年建立人民代表大会制度，更是以"人民"为前置。现行《宪法》第 2 条规定："中华人民共和国的一切权力属于人民。人民行使国家权力的机关是全国人民代表大会和地方各级人民代表大会。"《宪法》第 3 条规定："全国人民代表大会和地方各级人民代表大会都由民主选举产生，对人民负责，受人民监督。国家行政机关、审判机关、检察机关都由人民代表大会产生，对它负责，受它监督。"《人民法院组织法》第 17 条规定："最高人民法院对全国人民代表大会和全国人民代表大会常务委员会负责并报告工作。地方各级人民法院对本级人民代表大会及其常务委员会负责并报告工作。"这些规定表明，在我国司法权来自人民，属于人民，为了人民。具体而言，就是人民法院由人民代表大会产生，向人民代表大会负责，接受人民代表大会监督，依靠人民代表大会支持。其次，坚持民主司法要切实保障人民群众对司法工作的知情权、参与权、表达权、监督权，真正把司法工作置于广大人民群众的监督之下，以民主保公正，以公正得公信。要全心全意依靠人民群众，充分挖掘、善于利用人民群众当中惩恶扬善、禁黑除恶、除暴安良、化解社会矛盾纠纷的各种资源，包括民事调解、民间商谈的传统经验，以及与法律并行的道德力量、习惯做法。同时要加强人民陪审制度，随着人民群众法治实践的丰富，依法办事的能力显著提高，人民陪审制度可以进一步拓展。再次，坚持民主司法就是要坚持和发展法院内部的民主组织体系和工作机制。我国司法制度是以司法民主为核心建构起来的，法院的合议庭、审判委员会、党组会议等都是司法民主的载体，要充分发挥这些制度形式的民主机制，在审执工作和法院的其他工作当中，集中法官们的法律智慧、政治智慧、哲学智慧和社会经验，确保审判和执行工作的质量和效率。

2. 司法公正和效率理论

公正精神，即社会公平正义的精神。公平正义是社会主义法治的价值追求，是社会主义法治理念的重要组成部分。社会主义法治的公正精神体现在立法、执法、司法的各个方面，其中司法公正尤为突出。司法公正是社会公平正义的底线。党的十六大报告指出，"社会主义司法制度必须保障在全社会实现公平和正义"，明确指出了社会主义司法制度的根本价值。司法公正往往需要由司法效率来保证。效率意味着及时获取证据，防止因时过境迁证据被转移、毁损灭失，使得当事人受到损害的合法权益无法补救。提高司法效率，不仅可以使被害人的权利及时得到救济，还可以使受损害的法律秩序及时得到恢复，同时有助于增强公众对司法机关的信任。如果效率低下，案件久拖不结，必将使纠纷长期处于不确定状态，当事人之间长期处于对抗或敌对状态；在当事人疲惫不堪的情况下拿到一个"公正"的判决，此时的当事人对司法机关已经没有什么感激，更谈不上什么公正感、信任感。因此，在社会主义司法领域，应坚持公正与效率的辩证法，以公正统领效率，以效率保障公正。

　　2001 年，最高人民法院明确把"公正与效率"确立为 21 世纪人民法院工作的主题，逐步形成了司法公正的理论体系，要求各级人民法院根据实现司法公正与提高司法效率的要求，推进司法改革和创新。在 2006 年 5 月中共中央印发的《关于进一步加强人民法院、人民检察院工作的决定》中，也明确要求人民法院要在党的领导和人大监督下，坚持"公正与效率"的法院工作主题，切实提高保障社会公平和正义的能力；要以保障在全社会实现公平和正义为目标，以解决制约司法公正和人民群众反映强烈的问题为重点，推进司法体制改革，并反复强调了促进司法公正，提高维护国家安全和社会稳定的能力，保障社会公平正义的能力。经过多年的努力，各级人民法院对公正与效率的认识逐步深化，对司法公正在理论上形成了许多共识，如司法公正不仅包括实体公正，而且包括程序公正，还包括行为公正或形象公正；不仅要通过审判活动实现司法公正，而且要以人们看得见的方式实现司法公正，让裁判或认定的过程变成当事人感受民主、客观、公正的过程；司法程序不仅是实现司法公正的必要手段和内在要求，而且本身具有独立的价值；司法公正不仅要求坚持合法合理的原则，公正处理好每一起案件，也要求坚持及时高效的原则，提高诉讼效率；司法公正不仅要求公正高效，还要求树立和维护司法权威；等等。这些从司法实践中不断总结出来的理论成果，为人民法院司法改革体现"公正与效率"主题，维护社会公平正义，明确了目标，指明了方向。纵观改革开放三十年的人民法院司法改革，都是在围绕着实现司法公正、提高司法效率、维护社会公平正义展开的。

3."三个至上"重要思想

　　胡锦涛总书记提出的"始终坚持党的事业至上、人民利益至上、宪法法律至上"，是对社会主义民主法治建设客观规律的科学总结，是对马克思主义法治思想和社会主义法治理念的丰富和发展，集中体现了坚持党的领导、人民当家作主、依法治国有机统一的社会主义法治的本质特征，体现了中国特色社会主义司法制度政治性、人民性、法律性的有机统一，体现了人民法院工作对党负责、对人民负责和对法律负责的高度一致，对于在新的历史条件下建设公正高效权威的社会主义司法制度，保障和推进中国特色社会主义事业，具有极其重要的指导意义。

"三个至上"重要思想是人民法院司法改革理论的又一次升华。人民法院司法改革是我国政治体制改革的组成部分，是发展我国社会主义民主政治的组成部分。党的十六大报告指出："发展社会主义民主政治，最根本的是要把坚持党的领导、人民当家作主和依法治国有机统一起来。党的领导是人民当家作主和依法治国的根本保证，人民当家作主是社会主义民主政治的本质要求，依法治国是党领导人民治理国家的基本方略。"坚持党的事业至上、人民利益至上、宪法法律至上，正好对应了党的领导、人民当家作主、依法治国，并由此派生出对党负责、对人民负责、对法律负责。因此，"三个至上"的指导思想与社会主义民主政治的本质要求是一致的，是在新的历史起点上推动人民法院司法改革的根本指导思想，司法改革必须体现"三个至上"及其统一性。

4. 和谐司法理论

改革开放以来，随着我们党指导思想的与时俱进和社会经济、政治、文化的现代化，随着社会主义法制建设实践经验的丰富以及包括立法、执法、司法等在内的各项法制改革的深入推进，依法治国、法治国家的内涵越来越丰富和科学，特别是党的十六大提出社会和谐、十六届四中全会明确提出构建社会主义和谐社会、十六届六中全会作出《关于构建社会主义和谐社会若干重大问题的决定》，构建社会主义和谐社会的战略思想和历史任务明确提出，为依法治国、建设社会主义法治国家进一步明确了指导思想和奋斗目标，丰富和创新了依法治国、法治国家的内涵。在这样的背景下，"和谐法治"理念呼之欲出。和谐法治不仅要求立法要和谐，司法也要充分体现和谐的精神，实现"和谐司法"，并在和谐司法理念的指引下从事司法活动，引领司法改革。

和谐司法是中国特色社会主义司法制度的基本特征。其内涵包括以下四点。第一，司法目的和谐，要通过审判、执行和涉法信访，定分止争，化解社会矛盾，促进社会和谐。法院产生的直接原因就是社会出现了矛盾纠纷，当社会矛盾纠纷大量增多而私权力无法解决的时候，就需要有一种公权力来取代私权力解决矛盾纠纷，法院由此产生。因此，任何社会形态下、任何时候，解决社会矛盾纠纷都是法院司法权的最基本的属性和功能。现阶段，随着经济体制深刻变革、社会结构深刻变动、利益关系深刻调整、思想观念深刻变化，社会矛盾凸显，其对人民法院依法妥善协调各方面的利益关系、最大限度地化解社会矛盾纠纷，提出了更迫切、更现实的要求。形成矛盾纠纷的原因是多方面的，解决矛盾纠纷的途径和方法也应该是多元化的，但无论选择怎样的解决途径和方法，其最终的目的都是要定分止争、息事宁人、案结事了。第二，司法职能要和谐。在党委的统一领导和人大的监督下，在宪法和其他法律的制度框架内，与检察、公安、国安、司法等政法机关分工负责，互相支持、互相配合、互相制约，准确有效地执行法律，共同履行维护党的执政地位、维护国家长治久安、维护人民群众利益、维护社会公平正义、保障和服务经济社会发展的神圣职责。这是党的执政权在政法工作中的集中体现，是中国特色社会主义政法事业的政治优势、法律优势和工作优势所在。司法改革要充分展示和最大限度地发挥这种制度优势，而不是削减这种优势。第三，司法过程中各个主体之间要和谐。这需要法官能够切实尊重、维护当事人的诉讼权利及选择。一是当事人享有自主实施诉讼行为的自由，即诉讼权利的行使与放弃依据当事人的自愿；在符合法律规定的条件下，自主选择有利于自己诉讼利益的诉讼手段，法官应予准许；在不违反法律规定情况下，当事人之间形成的纠纷解决合意应得到法官的确认和支持。二是在发挥辩论原则的主导作用的同时，对于当事人在权利实现过程中遇到的无法克服的诉讼能力障碍，法官应适当介入，避免当事人之间在诉讼结构关系上的失衡。如在当事人因客观原因无法收集证据时，法官可以依职权调查收集证据。第四，司法工作模式要和谐。司法的基本职能在于，通过调整利益关系以解决社会矛盾和纠纷，这就要求司法工作模式能够立足和谐，促进和谐，减少、化解社会矛盾和纠纷对正常社会秩序的冲击。中国古代司法文化是一种和谐文化，不是对抗文化，始终强调法律与社会的融合，调解作为中国古代司法重要的工作方式在这其中发挥了很大作用，这对于社会主义司法仍然具有不容忽视的现实意义。

二　三十年人民法院司法改革的实践进程与基本成就

（一）司法改革的基本进程

三十年的司法改革经历了从恢复重建到体制机制改革，从零敲碎打到整体纵深推进这样一个与时俱进的过程，不断完善和发展着中国特色社会主义司法制度，不断使中国特色社会主义司法制度的优越性得到充分展示和发挥。

1. 恢复重建时期

在中国特殊的历史背景下，恢复重建是一种特殊形式的改革。"文化大革命"当中，造反派"踢开党委闹革命"，"砸烂公检法"，司法机关是重灾户。司法机关被打砸抢，档案被抢走或撕毁，很多司法干警被揪斗，司法队伍被解散，检察机关不再存在，法院成为各地公安机关军管会下属的"审判组"，大批法院干部被下放或调离审判岗位。1975年宪法甚至以法律的形式规定由公安机关行使检察机关职权（实际上取消了国家检察机关），取消人民法院独立审判及陪审制度、公开审判和辩护制度。在"群众专政"的名义下，大搞"群众立案"、"群众办案"、"群众审判",私设公堂,进行非法审判和非法惩办。社会主义司法受到严重破坏,人民的权利和自由受到肆意践踏。1978 年宪法恢复了人民检察院职权。"文化大革命"结束之后,伴随着 1982 年新宪法颁布实施、三大诉讼法的陆续出台与不断完善、人民法院组织法和人民检察院组织法的修改完善,我国的社会主义司法制度得以恢复和重建。恢复不是简单复原,重建也不是复制原样,而是包含了许多制度创新。在恢复重建的过程中,发生了中国现代历史上最重大的法律事件,即对林彪、江青反革命集团的大审判。1980 年 11 月 22 日《人民日报》发表了题为《社会主义民主和法制的里程碑》的特约评论员文章,指出"对林彪、江青反革命集团的审判,是我国民主和法制发展道路上的一个引人注目的里程碑,它充分体现了以法治国的精神,坚决维护了法律的权威,认真贯彻了社会主义民主和法制的各项原则"。在这篇评论员文章中明确指出对林彪、江青反革命集团这一历史性审判中蕴含的现代法律原则:司法独立、司法民主、实事求是、人道主义和法律平等。

2. 法院内部的综合改革

20 世纪 80 年代中期,特别是党的十三大以后,确立了社会主义初级阶段理论,经济体制改革进一步深化,政治体制改革稳步推进,对外开放日益扩大。在这种改革开放的宏观背景下,司法改革被提到历史日程上来。

人民法院的司法改革在开始阶段是为了适应经济体制改革和对外开放的要求,着重于加强和改进人民法院工作。1988 年 7 月第十四次全国法院工作会议提出了六项改革措施:一是改善执法活动,要求认真执行公开审判制度,改进合议庭工作;二是改革现行法院人事管理制度,制定法官法,建立具有中国特色的社会主义法官制度;三是改革法院干部教育培训管理体制,建立一个多层次的正规化的法院干部教育培训体系;四是改革和加强法院系统的司法行政工作,加强法庭建设，改革法院业务经费管理办法，解决法院办案经费不足的困难；五是大力加强基层建设，加强建设、调整和充实人民法庭，加强对人民调解委员会的业务指导；六是积极开展同外国法院间的司法协助工作。这些改革措施贯彻了党的十三大深化经济体制改革，推进政治体制改革，发展社会主义民主和加强社会主义法制建设的部署，以改革总揽全局，着重加强人民法院改革和自身建设，目的是解决长期困扰和严重影响审判工作的问题，革除弊端，为法院创造一个良好的工作环境，使审判工作逐渐正规化和规范化。

3. 审判方式改革

进入 90 年代，随着社会主义市场经济体制框架的基本确立，经济社会关系急剧变动，公民法律意识显著提高，社会对法律规则的依赖日益增强，案件数量大幅上升。陈旧的司法设施、落后的司法理念、低下的办案效率、捉襟见肘的司法经费，远远不能适应人们的司法需求。一场以举证责任改革为切入点的审判方式改革渐次展开，逐渐波及诉讼机制，并更加深入地触及司法体制。

1991 年七届人大四次会议通过《民事诉讼法》，确立了"谁主张谁举证"的证据规则。从此，由举证责任分担开始，引起了庭审方式和诉讼制度的变革，进而推动了审判方式的改革。1996 年八届全国人大四次会议审议通过了《关于修改〈中华人民共和国刑事诉讼法〉的决定》，这是我国社会主义民主与法制建设的重大成果，也为人民法院改革和完善审判方式创造了更好的条件。1996 年 7 月，最高人民法院召开了全国法院审判方式改革工作会议，确定以学习贯彻修正后的刑事诉讼法、推进刑事审判方式改革为重点，全面改革和完善民事、经济、行政审判方式。这次会议标志着审判方式改革从试点走向全面实施阶段。会议确定了审判方式改革的指导思想：以宪法和诉讼法等法律为依据，以保障裁判公正为目的，以公开审判为重心，强化庭审功能，强化当事人举证责任，强化合议庭职责。会议提出了改革和完善审判方式的具体任务和要求：改革和完善刑事审判方式，实行控辩式庭审方式；改革和完善民事经济审判方式，强化庭审功能，强化当事人举证责任，强化合议庭职责；完善行政审判方式，审判活动紧紧围绕审查被诉具体行政行为的合法性进行，强化被告的举证责任，进一步健全行政审判的裁判形式。会议还确定了一批改革试点单位，一场以刑事诉讼为核心的审判方式改革在全国法院全面铺开。与此同时，民事、经济、行政审判方式的改革和完善也得到进一步推进。这期间，最高人民法院制定了一系列的规范性文件，包括《第一审经济纠纷适用普通程序开放审理的若干规定》、《经济纠纷案件适用简易程序开庭审理的若干规定》、《人民法院立案工作的暂行规定》、《关于民事经济审判方式改革问题的规定》等，积极推进了改革的开展。

审判方式改革的主体是法院，方式是自下而上，内容限于诉讼机制的健全和完善。轰轰烈烈的审判方式改革极大地解放了思想，为建设中国特色社会主义诉讼制度和法院制度积累了有益的经验，引起了社会各界对司法改革的重视和关注。

4. 建设法治国家战略中的司法改革

1997 年党的十五大明确提出"依法治国，建设社会主义法治国家"的目标，同时指出："推进司法改革，从制度上保证司法机关独立公正地行使审判权和检察权"。司法改革首次以党的纲领性文件被确认，首次被正式纳入法治国家战略，使司法改革有了坚实的理论基础和坚强的政治保障。按照党的十五大精神，1999 年最高人民法院制定了《人民法院五年改革纲要》（又称《一五改革纲要》），这是法院系统第一次以纲要的形式推出阶段性改革规划。《一五改革纲要》指出："从 1999 年起至 2003 年，人民法院改革的基本任务和必须实现的具体目标是：以落实公开审判原则为主要内容，进一步深化审判方式改革；以强化合议庭和法官职责为重点，建立符合审判工作特点和规律的审判管理机制；以加强审判工作为中心，改革法院内设机构，使审判人员和司法行政人员的力量得到合理配备；坚持党管干部的原则，进一步深化法院人事管理制度的改革，建立一支政治强、业务精、作风好的法官队伍；加强法院办公现代化建设，提高审判工作效率和管理水平；健全各项监督机制，保障司法人员的公正、廉洁；对法院的组织体系、法院干部管理体制、法院经费管理体制等改革进行积极探索，为实现人民法院改革总体目标奠定基础。"《一五改革纲要》的制定与实施，有力地推动了司法改革的历史进程，审判程序、审判管理等方面的改革成效明显。

5. 着力推进司法体制改革

进入新世纪以后，中国加入了世贸组织，迎来了更深层次的市场经济变革。为了适应社会主义市场经济发展、经济全球化的进程和社会的全面进步，2002 年党的十六大作出了推进司法体制改革的重大战略决策。十六大指出："加强对执法活动的监督，推进依法行政，维护司法公正，防止和克服地方和部门的保护主义。推进司法体制改革，按照公正司法和严格执法的要求，完善司法机关的机构设置、职权划分和管理制度。"2003 年 5 月，由中央政法委牵头成立了中央司法体制改革领导小组，由此司法改革成为中央主导、各部门紧密配合、社会各界广泛参与的国家统一行动。2004 年 12 月中央司法体制改革领导小组出台了《关于司法体制和工作机制改革的初步意见》，提出了改革和完善诉讼制度、诉讼收费制度、检察监督体制、劳动教养制度、监狱和刑罚执行体制、司法鉴定体制、律师制度、司法干部管理体制、司法机关经费保障机制等 10 个方面 35 项改革任务，成为改革开放以来改革事项最为全面、改革力度较大的一次重要司法改革。2006 年 5 月，中共中央作出了《关于进一步加强人民法院、人民检察院工作的决定》，对司法改革、司法建设、司法工作、司法理念所涉及的一系列重大问题和突出问题作出了明确的决定，明确了"公正与效率"的法院工作主题。根据党中央关于司法体制改革的总体要求和部署，最高人民法院推出了《人民法院第二个五年改革纲要》（又称《二五改革纲要》），确定人民法院司法改革的基本任务和目标是：改革和完善诉讼程序制度，实现司法公正，提高司法效率，维护司法权威；改革和完善执行体制和工作机制，健全执行机构，完善执行程序，优化执行环境，进一步解决"执行难"；改革和完善审判组织和审判机构，实现审与判的有机统一；改革和完善司法审判管理和司法政务管理制度，为人民法院履行审判职责提供充分支持和服务；改革和完善司法人事管理制度，加强法官职业保障，推进法官职业化建设进程；改革和加强人民法院内部监督和外部监督的各项制度，完善对审判权、执行权、管理权运行的监督机制，保持司法廉洁；不断推进人民法院体制和工作机制改革，建立符合社会主义法治国家要求的现代司法制度。《二五改革纲要》围绕上述八个方面的任务和目标，提出了50项具体改革内容。

6. 着力推进司法事业科学发展的司法改革

党的十七大之后，司法改革进入全新阶段，即进入通过司法改革实现中国特色社会主义司法事业科学发展的新阶段。党的十七大确立了科学发展观的指导思想地位，并以科学发展观为统领谋划和部署司法改革，对司法改革的目标和重点作出更加全面、深刻而准确的表述："深化司法体制改革，优化司法职权配置，规范司法行为，建设公正高效权威的社会主义司法制度，保证审判机关、检察机关依法独立公正地行使审判权、检察权。"十七大之后，中央政法委立即组织中央和国家机关有关部门进行广泛深入的调研论证，于2008年12月推出了《中央政法委关于深化司法体制和工作机制改革若干问题的意见》，并由中共中央转发。该《意见》全面贯彻党的十七大精神，以中国特色社会主义理论体系为指导，以始终坚持党的领导、始终坚持中国特色社会主义方向、始终坚持从我国国情出发、始终坚持群众路线、始终坚持统筹协调、始终坚持推进改革为原则，提出在继续抓好2004年中央确定的司法体制改革和工作机制改革事项的基础上，从人民群众司法需求出发，以维护人民利益为根本，以促进社会和谐为主线，以加强权力监督制约为重点，紧紧抓住影响司法公正、制约司法能力的关键环节，进一步解决体制性、机制性、保障性障碍，并设定深化司法体制和工作机制改革的重点是：优化司法职权配置、落实宽严相济的刑事政策、加强政法队伍建设、加强政法经费保障。围绕这四个重点，《意见》规定了 29 项改革内容。与此同时，最高人民法院也从法院工作实际出发，提出了深化人民法院司法改革的具体意见。在党中央的正确领导下，人民法院司法改革呈现出诸多新的特点和趋势。第一，把司法改革作为人民法院科学发展的战略问题，在深入学习实践科学发展观的活动中，最高人民法院党组提出既要解决服务科学发展的问题，又要解决好自身科学发展的问题，只有解决好法院的科学发展，才能更好地服务科学发展。第一次把人民法院的科学发展提高到战略高度加以思考，并提出要按照科学发展观的要求，结合审判工作的规律和特点，结合目前人民法院工作的实际状况，结合从严治院、公信立院、科技强院的工作方针来考虑，拓宽思路、群策群力、集思广益，认真考虑人民法院如何实现科学发展的问题。第二，把司法改革放在以人为本的基点上，更加明确改革发展为了谁、依靠谁这一前提问题，把维护最广大人民群众的利益作为司法改革的根本出发点和落脚点，司法改革的成果要惠及于民，由人民共享，不断满足人民群众对司法工作的新期待、新要求。第三，把发展依靠人这一科学发展观的思想落实在法院队伍建设上，提出全面加强法官队伍建设，除了继续推进法官职业化建设之外，更加重视法官队伍的思想政治建设、反腐倡廉建设、工作作风建设、司法能力建设。第四，更加强调司法改革与发展要做到全面、协调、可持续，特别是把人民法院基层基础建设放在重中之重，着力破解制约人民司法事业科学发展的瓶颈问题；以建设公正高效权威的社会主义司法制度为发展目标，统筹司

体制改革、司法职权配置、司法行为规范；在审判和执行工作中努力
做到依法、独立、公正的协调一致。

（二）司法改革的基本成就

人民法院司法改革的成就主要体现在体制改革和工作机制改革两
大方面。这里重点论述体制改革方面的成就。司法体制改革是最深层、
最关键的改革，也是难度最大的改革。人民法院司法体制改革既包括
法院外部的体制改革，也包括内部的体制改革。这两个方面都有实质
性进展，并为今后更深层次的司法体制改革积累了经验，奠定了基础。

1. 人民法院外部性体制改革

人民法院外部性体制改革，着力点是正确处理好党与司法的关
系、人大与法院的关系、政府与法院的关系。外部性司法体制改革的
主题是在坚持党的正确领导、保证人大的法律监督的前提下，保障人
民法院依法独立行使审判权，或者说是保障审判权独立运行。

改革党对司法的领导模式——从"以党代法"到"依法执政"。
在长期的革命战争年代和新中国成立之初，党对司法工作的领导表现
为直接指挥、直接决定，甚至实行党委审批案件制度。尽管"五四宪
法"确立了"审判独立"原则，但是由于各种原因，党权代行司法权
的党委审批案件制度一直延续下来。1979 年 9 月 9 日中共中央发出了
《关于坚决保证刑法、刑事诉讼法切实实施的指示》（中发〔1979〕64
号文件）。该《指示》严肃地分析和批评了党内严重存在着的忽视社
会主义法制建设的错误倾向，指出："在我们党内，由于建国以来对
建立和健全社会主义法制长期没有重视，否定法律、轻视法律；以党
代政、以言代法、有法不依，在很多同志身上已经成为习惯；认为法
律可有可无，法律束手束脚，政策就是法律，有了政策可以不要法律
等思想，在党员干部中相当流行。""各级党委要坚决改变过去那种以
党代政、以言代法、不按法律规定办事，包揽司法行政事务的习惯作
法。"《指示》明确要求各级党委要保证法律的切实实施，充分发挥司

法机关的作用，切实保证人民检察院独立行使检察权，人民法院独立行使审判权，使之不受其他行政机关、团体和个人的干涉。至此，党委审批案件的制度被取消，从体制上保证了人民法院独立行使审判权。1982 年中共中央《关于加强政法工作的指示》进一步明确了各级党委对政法工作的领导主要是管方针、政策，管干部，管思想政治工作，监督所属政法机关模范地依照国家的宪法、法律和法令办事。1986 年 7 月 10 日，中共中央针对党内依然存在的严重蔑视社会主义法制的倾向，发出《关于全党坚决维护社会主义法制的通知》，十分严肃地指出：目前有的党组织和党员、干部，特别是有的党政军领导机关和领导干部，仍然自恃特殊，以言代法，以权压法，甚至徇私枉法，把自己置于法律之上或法律之外。他们当中有的习惯于个人说了算，损害法律的尊严，不尊重国家权力机关的决定和决议；有的对司法机关的正常工作横加干涉，强制司法机关按照他们的意图办事，强行更改或者拒不执行法院的裁判，任意调离秉公办事的司法干部；有的无视宪法和刑事诉讼法，任意决定拘留和搜查公民，或者强令公安、司法机关去干一些非法侵害公民人身权利和民主权利的事，甚至把政法干警作为他们搞强迫命令和以权谋私的工具，等等。这些现象虽然发生在个别单位和少数人身上，但是影响很坏，严重损害了党的威信和社会主义法制的严肃性，必须引起全党的充分重视。《通知》要求各级党委正确认识和处理与国家权力机关、行政机关、司法机关的关系，支持国家机关依法行使职权。1989 年 9 月，江泽民同志在就任总书记后的第一次记者招待会上就公开表态："我们绝不能以党代政，也绝不能以党代法。这也是新闻界讲的究竟是人治还是法治的问题。我想我们一定要遵循法治的方针。"把党与法的关系问题提到人治与法治的范畴，并把这个问题作为中央第三代领导核心的执政纲领的切入点，意义非常重大。特别是党的十六大和十七大明确提出实行依法执政。胡锦涛总书记指出，依法执政是新的历史条件下马克思主义政党执政的基本方式。依法执政，就是坚持依法治国、建设社会主义法治国家，领导立法，带头守法，保证执法，不断推进国家经济、政治、文化、社会生活的法制化、规范化，以法治的理念、法治的体制、法治的程序保证党领导人民有效治理国家。从以党代法到依法执政、保证司法机关依照宪法和法律独立公正地行使审判权和检察权，确立了在党的领导下司法机关独立行使职权的司法体制。这是我国司法改革取得的最具有显示度和标志性的成果，是我国政治文明的重大进步。

改革人大对法院的监督模式，确立依法监督、集体监督、公开监督的新模式。人民法院由人民代表大会产生、对人民代表大会负责、接受人民代表大会监督、依靠人民代表大会支持，是中国特色社会主义政治制度下人大与法院的基本关系。这一基本关系的确立也经历了一个过程。"五四宪法"规定，法院由国务院或省级人民委员会（人民政府）产生；各级法院院长由同级人大选举，副院长、庭长、副庭长和审判员由地方各级人民委员会（人民政府）任免；法院向同级人大负责并报告工作；法院审判只服从于法律。可见，人大与法院的关系比较松散，人大对法院的制约限于法院向人大报告工作和选举院长，监督力度明显不强。"八二宪法"和1983年新修订的《人民法院组织法》对人大与法院的关系进行了重大改革。首先，法院由同级人大产生并对人大负责，明确了法院权力的来源和监督的主体；其次，法院院长由同级人大选举，副院长、庭长、副庭长和审判员由同级人大常委会任免，确立了人大对法官的人事任免权；再次，人民法院依照法律规定独立行使审判权，不受行政机关、社会团体和个人的干涉，但要向人大报告工作，这意味着法院的审判权要受权力机关的监督，赋予了人大及其常委会对审判工作的监督权。人大对法院的全面监督，确立了司法权力来源于人民、对人民负责、受人民监督的中国特色社会主义司法制度。但是，20世纪80年代以来，各地纷纷实行人大对法院的"个案监督"，有的地方人大常委会制定了实施个案监督的地方性法规，有些地方甚至演化为人大常委会领导同志个人对法院发号施令，致使法院的独立审判受到严重影响，地方保护主义、部门保护主义和特权保护主义有所抬头。2006 年 8 月 27 日十届全国人大第二十三次会议通过了《中华人民共和国各级人民代表大会常务委员会监督法》，以法律的形式停止各级人大常委会对法院审判的个案监督，禁止人大常委会组成人员个人对法院的监督，把监督的重点放在通过司法解释的备案制度监督最高人民法院的司法解释，通过审议法院工作报告、专项报告、询问和质询、执法检查、特定问题调查和人事任免对法院进行法律监督和工作监督。《监督法》的出台，明确了人大对法院的监督既是制约，也是支持，更是促进，通过人大代表建立法院与社会公众沟通的桥梁，通过权力机关的支持优化司法环境、支持法院队伍建设、保障改革创新，促进法院充分发挥司法功能。

改革行政与司法的关系，一府两院格局形成。司法与行政合一是中国延续了几千年的政治法律制度，县太爷既是地方行政长官，又是地方的大法官，皇帝既是"国家元首"，又是国家的最高裁判者。这种传统法律文化根深蒂固，影响着中国法制现代化的进程。在革命战争时期，司法行政长期合二为一，法院是根据地政府内部的一个部门，在政府的领导下行使审判权。新中国成立后，"五四宪法"确立了在人民代表大会制度下"一府两院"的政治格局，司法机关与政府属于同级国家机关，分工协作、彼此尊重并互相监督，在机构、人员、职能上分立。但是，法院的设置仍然需要行政机关的批准，各级法院助理审判员的任命、人员编制和办公机构由司法行政机关负责。尽管"八二宪法"和1983 年修订的《人民法院组织法》删除了这些规定，然而实行多年高度集中的计划经济体制和"分灶吃饭"的财政体制，以及现有体制下的行政权泛化，使司法职权与行政职权仍然保持着千丝万缕的联系，甚至出现"司法权地方化"、"司法权行政化"的弊端。但是，以宪法的形式规定司法权与行政权分立毕竟是中国法制发展史上的伟大变革，为司法权真正独立于行政权奠定了宪法基础。不仅如此，法院通过对行政行为的司法审查，促进了行政机关依法行政，实现了司法权对行政权监督的宪法原则。从1982年至2008年，人民法院根据《中华人民共和国民事诉讼法（试行）》的规定，开始试行受理部分行政案件。1988年9月5日最高人民法院行政审判庭成立，各级人民法院逐步建立了行政审判机构，为全面开展行政审判工作奠定了组织基础。1990年10月《中华人民共和国行政诉讼法》正式实施，标志着我国行政诉讼制度正式建立。对具体行政行为的司法审查是我国宪法建设、民主政治建设和民主法制建设具有里程碑意义的一件大事，标志着我国社会主义民主和法制建设进入了一个新阶段。随后，全国人大及其常委会先后颁布了《国家赔偿法》、《行政处罚法》、《行政复议法》等法律，国务院相继发布《全面推进依法行政的决定》和《行政复议条例》，与行政诉讼相关的法律体系进一步完善。进入新世纪以来，党和国家更加重视依法执政和依法行政，制定了《行政许可法》等保证依法行政的法律法规。根据这些法律法规，最高人民法院制定了《关于执行中华人民共和国〈行政诉讼法〉若干问题的解释》、《关于行政诉讼证据若干问题的规定》等一系列重要的司法解释，进一步完善了行政审判制度，使我国行政审判制度日趋走向成熟，司法权对行政权的监督在国家经济社会生活中的作用越来越重要。

改革政法机关之间的关系，确立公检法司安等政法机关之间"分工负责、互相配合、互相制约"的司法制度。新中国成立初期，虽然宪法和法律确立了公、检、法三机关之间互相制约、互相配合的关系，但是为了迅速有效地镇压反革命，也为了解决财政经济困难，公检法在很长时间内合署办公。至"文化大革命"期间，检察机关一度被撤销，"七五宪法"规定由各级公安机关代行检察职权，直到"七八宪法"恢复人民检察院设置。从十一届三中全会到2008年，随着《宪法》、《刑法》、《刑事诉讼法》等法律的相继出台，确立了公检法三机关"分工负责、互相配合、互相制约"的司法制度。在刑事诉讼活动中的关系也体现为检察机关与公安机关、审判机关双向制约和监督。1996 年新修改的《刑事诉讼法》，变"纠问式"庭审为"抗辩式"庭审，形成了带有当事人主义色彩的混合式诉讼模式。这种诉讼模式对侦查和公诉证据要求有了更高的标准，更加强调了制约关系，使司法机关之间独立性增强，标志着我国刑事诉讼程序步入民主化、科学化轨道。

2. 人民法院内部的体制改革

如果说法院的外部性体制改革主题是保障人民法院在党的领导和人大监督下依法独立行使审判权，其内部性体制改革则着眼于保证公正司法、高效司法、文明司法、廉洁司法。1988 年 7 月最高人民法院召开第十四次全国法院工作会议，提出了人民法院自身改革和建设的六大措施，在人民法院司法改革的历史进程中占有重要的地位，为其后人民法院司法改革的深入推进打下了重要基础。最高人民法院 1999 年颁布的《人民法院五年改革纲要》和 2004 年颁布的《人民法院第二个五年改革纲要》，也更多地关涉法院内部的体制改革和审判方式改革。

优化上下级法院之间的职权配置，探索分工科学、职责明晰的法院内部体制。在体制上，人民法院内部上级法院对下级法院的关系主要是审判监督、工作指导、干部协管等。但在以往的实践中，时常发生下级法院就个案审判向上级法院"请示"，以及上级法院对下级法院某些事务的"包办"，致使司法行政化趋向日益明显。为了切实保证审级独立和审级监督，维护当事人的诉讼权利，维护公正合理的诉讼秩序，全国人大常委会通过修改《刑事诉讼法》、《民事诉讼法》和《行政诉讼法》，最高人民法院通过司法解释和指导性文件，进一步明晰和优化了上下级法院之间审判权和执行权的配置，其中死刑核准权收回最高人民法院统一行使，对民事再审案件提级审理，对一审民商事案件管辖权的改革，建立省区市高级人民法院对辖区内执行工作统一领导、统一指挥、统一管理的执行体制等，是法院内部体制改革的重要举措。

建立"统一立案、分类审判、集中执行、专门监督"的工作体制。改革开放以来，人民法院内部的工作体制发生了一系列重大变化。1979年开始建立经济审判庭，1986年组建行政审判庭，1999年中级以上法院设立赔偿委员会。一些法院还设立了房地产审判庭、涉外经济审判庭、少年法庭、知识产权审判庭等专业审判庭。为了加强调解工作，许多法院借鉴深圳市中级人民法院的经验，成立了"经济纠纷调解中心"。随着改革开放的深入，人民群众的维权意识日益增强，诉讼制度完善和法院司法救助措施的扩大，人民法院受理的案件迅速增多，原来自收自审自判自执的工作体制已不适应新形势、新情况和新任务，为此各地法院相继进行了立审分立、审执分立、审监分立的体制和机制改革。1995年最高人民法院设立执行办公室（2008年11月改为执行局）；2001年8月最高人民法院审判监督庭正式成立，之后，全国各级法院也相继成立了执行庭和审监庭。经过这些改革，在人民法院内部形成了"统一立案、分类审判、集中执行、专门监督"的工作体制，使诉讼中的立、审、执、监等各个过程相对独立、相互制约，从而强化了审判的自我监督功能，有利于保障公正司法。2003年以后，为了进一步提高司法效率，法院开始健全以人民法庭建设、审判法庭建设和信息化建设为重心的司法政务管理制度，建立以审判流程为机制的审判管理制度，使法院内部职权配置和分工更加合理，确保审判工作公正高效运行。与此同时，对从合议庭到审判委员会各类审判组织和执行组织也进行了重大改革。

上述法院外部性体制改革和内部性体制改革，推动了司法文明，促进了中国特色社会主义司法制度的科学发展。

（本文原载于《法制与社会发展》2009年第3期）

司法体制改革的关键

季卫东[*]

一　减少交易成本离不开司法规则

现代市场经济的秩序原理是，假定产权关系清晰明了，那么通过自由地讨价还价和交换构想就会使资源得到合理配置，因而所有权的界定和保障以及契约自由两条原理是最根本的。换言之，如果存在竞争机制，那就只需明确权利主体，围绕这个权利的谈判机制会自动解决剩下的问题。一般认为，法律决定所有权的归属，市场那只"看不见的手"就会适当调整各种利害关系。但是，这里忽视了一个重要的第三变量，这就是社会的"交易成本"。[①]

众所周知，罗纳德·科斯的最伟大贡献就是发现了交易成本的存在，改变了人们对市场经济秩序的认识。正因为存在交易成本，仅仅明确所有权及其他类似权利，然后把一切付诸讨价还价机制的做法未必能使资源得到合理配置，未必能提高经济效益。还必须重视怎样减少交易成本的问题。采取什么办法可以减少交易成本呢？

科斯主要指出了两条思路。第一是组织。主要指企业。实际上也包括其他各种有目的之组织，并且涉及前面提到的功能分化、合理化、科层化。他在《企业的本质》这篇著名论文中进行了精彩的分析。[②]

---

[*]　季卫东，上海交通大学凯原法学院教授，博士生导师。

①　参见罗纳德·科斯《企业、市场与法律》，盛洪、陈郁译，格致出版社，2009，第 5 章。

②　参见罗纳德·科斯《企业、市场与法律》，盛洪、陈郁译，格致出版社，2009，第 2 章和第 3 章。

第二是司法规则。他非常重视诉讼程序和法官在审理案件时的利益衡量和概念计算。① 这两条对减少交易成本来说是非常重要的。可以推而论之，与市场经济相适应的法治理论，除了所有权保障和契约自由之外，还要关注组织结构与司法规则，只有这样才能达到优化资源配置的目标。实际上，中共十八届三中全会《决定》已经注意到上述问题，并采取了相应的对策。

从组织结构的角度来看，主要涉及两个层面。一个是国家权力的存在方式。表现为权力是过于集中还是过于分散、权力是否被滥用、权力的格局是否有些畸形等问题。另一个是社会的存在方式以及整合机制。十八届三中全会《决定》提出了反腐败、行政放权以及社会自治等改革任务，可以看到在组织结构这方面已经开始推动改革了。

中国的权力结构很有特性，比较复杂。其面临的主要问题可以说是权力过于集中，但经常看到的实际情况却又显得权力颇为分散。权力看上去很强大，其实又很软弱。权力的边界不清晰，权力行使是恣意的，所以看上去无所不能，但实际上权力运行的效率并不高，能量也有限。这样的政治背景，使得适当集权的主张容易得到理解和支持。决定权的名分与实际相分离，甚或无人能作决定的事态是非常危险的，会导致无人负责的局面，从而诱发混乱和危机。

但是，权力过度集中、过度加强也伴随着很大的政治风险，有可能失去反思理性和弹性，有可能被滥用。为此，必须更进一步强调法治精神，用制度和规则来制约权力。概而言之，在组织结构这个方面，在现阶段，适当的集权和强权是必要的，否则难以推动全盘的、彻底的改革，也难以在矛盾激化的过渡期随机应变。但是，与此同时，必须通过法治来限制那个集中的、强大的权力，进而为权力提供明确的范围和正当性根据。

---

① 参见罗纳德·科斯《企业、市场与法律》，盛洪、陈郁译，格致出版社，2009，第6章、第7章。

另外，从司法规则的角度来看，以法治限制权力，同时也支撑权力的制度设计，关键在审判的独立和公正。因而司法改革应该成为国家治理体系现代化和法治秩序构建的最佳切入点。

全面深化改革领导小组成立以来召开的前三次会议，主要就是部署财税改革和司法改革，尤其是启动了新一轮的司法体制改革。① 笔者认为这样的思路是非常清晰，也是非常正确的。法律界人士更关心的还是司法改革。在某种意义上也可以说，司法改革就是中国能不能推进法治、推进国家治理体系现代化的一块试金石，也是一根非常重要的操作杠杆。

二　司法独立的前提：去地方化和去行政化

从法治中国建设的角度来看，司法独立原则能否真正确立，具有决定性意义。但是，在当代中国，中国特色的政治原则和司法腐败使得人们对司法独立在中国的现实可行性产生了根深蒂固的怀疑。本来，司法独立是司法公正的保障，然而在反腐败的呼声中，司法独立似乎反倒蜕变成了司法公正的障碍。这是中国特有的现象。

另外，既有的司法体制中存在的地方化与行政化倾向，也一直妨碍着司法独立原则的承认和推行。司法的地方保护主义被认为是司法不公正的典型表现。审判与行政不分，也为权力干预司法打开了方便之门。为此，2013 年下半年召开的党的十八届三中全会，提出了一个全面改革的方案，其中非常引人注目的举措是通过去地方化与去行政化，加强检察机关和审判机关的独立性。② 众所周知，地方化与行政化是中国司法的两大病灶。因而三中全会在这方面进行改革的决定获

---

① 《敢于担当积极有为地推进改革攻坚——学习贯彻习近平总书记在中央全面深化改革领导小组第三次会议上的重要讲话》，《新华社电讯》2014 年 6 月 7 日。
② 参见《党的十八届三中全会〈决定〉学习辅导百问》，学习出版社，2013。

得了高度评价。

　　首先来看地方化的问题。由于各级地方法院和检察院在人事、财务以及设施等方面完全受制于同级党政权力，案件管辖的范围也取决于行政区划，使得司法活动不可能独立，因而也就很难公正。司法的地方保护主义四处蔓延，不仅严重损害了司法机关的信誉，也使得国家秩序碎片化。因此，十八届三中全会《决定》推动省以下地方法院、检察院对人财物进行统一管理，并让司法管辖与行政管辖适当分离，目的是通过司法体制逐步去地方化的举措确保实施规范的统一性，建立起"法律共同体"。

　　需要注意的是，去地方化改革在具体实施之际，还面临另外一个重大课题，这就是如何合理地、有效地重构最高法院与各省、自治区、直辖市高级法院之间的协调机制，进一步明确最高法院在全国法官人事考评、晋升以及司法预算方案审查方面的管理权限。检察系统似乎也存在类似问题。

　　近来还有一种不可思议的现象更值得重视。当中央正式承认审判独立和检察独立时，身处司法第一线的法官和检察官不仅没有欢欣鼓舞，甚至还突然表现得忧心忡忡、顾虑重重，不敢接受独立的地位。现在检察机关害怕独立之后公诉的证据基础会削弱、刑事侦查的质量要求得不到公安部门的支持，在法律监督方面也会出现有心无力的场面。而法院则害怕独立之后的地位会进一步边缘化，司法经费得不到充分保障，判决执行率也会下滑。在基层，有些法官因工作太难、责任太大、待遇太低、风险太高而"三十六计、走为上计"，有些地方的辞职者甚至已经达到相当规模。[1]

　　再来看去行政化的改革。审判权与行政权纠缠不清是中国传统制度设计的特征，官僚机构的思维方式、管理技术以及垂直监督的逻辑

---

[1]　例如，广东全省各级法院近五年来调离或辞职的法官人数就超过1600名。参见黄琼《广东五年逾1600名法官流失》，《羊城晚报》2013年3月11日。

始终支配着办案过程，使得司法独立原则根本就无从树立，保障权利义务关系明晰性、稳定性的法律文书既判力也无从产生。党的十八届三中全会《决定》在去行政化方面，其改革力度是空前的。最突出的一点是通过办案责任制明确审判主体，改变"审者不判、判者不审"、责任归属不清楚的乱局。这就在实质上把审判独立的概念从法院系统作为整体的独立拓展到法官作为个人或合议庭的独立，构成六十年来前所未有的变局。与此相应的各种步骤如果逐一落实，势必在法院体制上导致革命性的变化。

因而从 2014 年开始，司法改革主要采取或者有可能采取以下三项非行政化的主要举措。其一，削减庭长和院长的行政性权力，加大专业活动的权重，让审判能力较强的庭长和院长直接进入办案第一线。其二，重新定位审判委员会，矫正"多头处理一案"、"集体会议审判"之类的流弊。其三，重新定位上下级法院的关系，矫正超越审级制度的监督机制，明确审判权之间的相克性。

在去行政化改革之际，为了确保司法独立与司法公正相辅相成，防止司法腐败乘机作祟，党的十八届三中全会《决定》还推出了若干配套举措。例如建立符合专业特点的司法人员分类管理和身份保障制度，使法官、检察官等法律专业系列与行政官的公务员系列渐次分离；通过审判过程和检务的透明化、判决理由和案例的公开、执行情况的公开以及制度化司法参与等方式杜绝渎职枉法现象；改进司法职权的配置，健全分工、制衡以及整合的机制；等等。

但是，去行政化的有关改革触动了管理层的利益，在法院内部同样遭遇了强大的阻力。很多庭长不愿意放弃行政职务和权力，仅仅从事审判业务。而法官们则担心从此以后没有晋升途径。提高审判长的待遇也受到行政管理人员和后勤部门的质疑。审判长在有权签发判决书之后感到责任压力太大，希望还是通过原有的领导审批方式分散或转移错判的风险。

三　法官人事改革从解决具体问题起步

司法改革到了体制层面，自会采取精简编制和提高待遇的举措，因而必然触动现有的利益格局。法官的专业化、精英化是法官得以享有终身待遇的基本理由，也是司法独立的前提条件。司法不独立，审判机构就很难发挥减少交易成本的调整功能。

从不得不面对的现实问题出发，笔者在这里只想讨论大家最关心的两个问题：第一，怎么能够案结事了，涉及终局判断权的定位；第二，怎么能够监督腐败，涉及司法独立与司法公正的兼容性。

现在中国社会秩序遭遇的最大问题是往往没办法案结事了、平定纠纷。因为有些事件的历史背景复杂，加上司法权威不足、信访的各种通道并存、基层解决矛盾的机制出现功能障碍，所以目前缠讼现象非常严重。一个案件可以没完没了地反复申诉和处理，制度成本大幅度攀升，有关部门也手足失措。为此中央政法委不得不在前些年专门发文，要求信访部门及时作出决断，做到案结事了。[①]

可是我们怎么能让信访部门来案结事了呢？信访部门只是一个处理申诉和异议的行政部门，并不应该享有终局判断权。在信访系统的纠纷处理过程中，既没有公正程序保障，又没有律师代行辩护权，办案人员的资质也没有非常严格的认定手续，无论如何都不应该也不可能在这个地方一锤定音。

在现代法治国家，普遍的做法是让法院来行使终局判断权。因为对法官资质的要求是最高的，案件的审理由公正程序、抗辩和论证、律师质疑、判决理由等一系列周密的制度安排作为质量和公正性的保障。因此，原则上应该在终审法院案结事了。在极个别的情况下，也

---

① 如 2009 年 8 月 18 日公布的《中央政法委员会关于进一步加强和改进涉法涉诉信访工作的意见》中首次从中央层面提出建立涉法涉诉信访终结制度。

许还有不同意见，那就需要启动更加森严的审查程序，犹如处理对法规的异议。在很多国家，对生效判决的审查申请是由宪法法院来受理的，不能随便提起。

有人或许会说，以现阶段的国情和司法信誉，不宜把终局判断权交给法院来行使。但顶层设计不能被既有的事实关系束缚和左右。涉及法律问题的解释、判断、决定如果不由司法机关作出，还有更适当的主体吗？如果形成不同主体互相监督的格局，那就几乎无法做到案结事了。如果说现阶段中国法院的素质和程序安排难以保证终局判断的权威性，那就改变它的素质和程序好了。

假如我们认识到必须由比较独立的、中立的、公开的、公正的司法机关来行使终局判断权，以真正做到案结事了，那么应该让什么样的人坐到审判席上、怎样才能保证判断的客观性和精确性的问题就会提上议事日程，也不难找出适当的答案。对法官提出更高的资格条件并进行更严格的遴选，让法官享有优渥的终身待遇，确保法院具有独立办案的制度条件，让案件的审理和判决经得起来自不同立场的挑剔，如此等等，只有当这一切要件都满足了的时候，由法院来行使终局判断权就会名正言顺，案结事了才会有现实的基础。

由此可见，从真正解决案结事不了这个困扰中国的现实问题出发，完全可以合情合理地推演出司法体制改革一系列举措的形式和内容，其中最重要的是司法独立和司法公开。

第二个问题就是监督。腐败问题不光在司法界存在，在各个领域都存在，行政部门甚至更突出。在这种情况下，监督当然很重要。但是事实证明，监督举措可以一时见效，却很难产生长效。怎样才能有效监督？怎样控制监督的成本上升？怎样防止监督权力肥大化导致另一种形态的腐败？这些问题无从回避。我们需要寻找一种长效机制，能够切实减少腐败现象。

为此，首先需要找到某个最不容易腐败的机构或者方式，让它发挥防治腐败的作用。找来找去，会发现其实还是司法机关比较起来最不容易腐败。为什么呢？司法机关的决定必须严格依照法律，必须严格遵循程序公正的原则，必须使审理过程透明化，必须让律师站在不同当事人的立场上反复挑剔审理程序、法律推理以及判决理由，必须公开所有的案例让专家学者反复分析和推敲，这就使得腐败的机会极大地减少了。也就是说，司法公开是最好的防腐剂。

当然适当的监督也是必要的。谈到对司法活动的监督，其实最有利益动机和专业能力的监督者应当是当事人的代理律师。律师精通法律和审判技术，受客户委托并对客户负责，其监督必然更积极、更细致、更有针对性。律师进行监督的成本是由当事人负担的，当事人自然会注意对律师工作的考评。在律师正常发挥作用的情况下，司法的确是最不容易腐败的。律师的不断质疑，有利于提高审理活动的质量和公正性，有利于避免冤假错案，从而有利于提高司法机关的权威和信誉。如此有效的监督举措不采用，让人百思不得其解。只要律师能够发挥监督作用，司法独立就不可能导致司法腐败。恰恰相反，会成为司法公正的坚固屏障。

司法独立原则的落实，律师作用的发挥，还有一个前提条件需要考虑，这就是法官和检察官的信誉。特别是法官的素质和专业水平非常重要，只有真正适格的法官才能独立审判，才能与律师形成良好的互动关系。

可是目前我国法官规模太大，水平参差不齐，实际上只有三分之一左右的法官在办案，既不敢放手让法官独立审判，也不能推行法官的终身优渥待遇。由此可见，新一轮司法改革的方向是确立司法独立原则，首先要在人事制度上推行专业化、精英化路线，为此应该把员额制作为切入点。

通过员额制精减法官的规模，让最优秀的专业人才担任法律判断者的工作，决定对公民自由和财产的取舍予夺这样极其重大的事项。

这样的法官是有资格独立审判的，也有资格享受终身优渥待遇以抵御来自外部的各种干扰，坚持司法公正。只有这样才能切实树立法官的权威，从而树立法制的权威。

（本文原载于《东方法学》2014 年第 5 期）

中国司法改革的宏观思考

顾培东 *

20 世纪末，司法改革作为一项政治决策在中国共产党文献中正式提出。[①] 由此，司法改革成为中国社会制度变迁的又一个热点。笔者依据近 10 余年来对中国司法实践的感悟和体认，并借鉴经济体制改革的一些经验，从宏观上对中国司法改革提出一些思考意见。

一 中国司法面临的现实矛盾与司法改革的主导任务

中国司法改革是顺应进入 20 世纪 90 年代后中国社会结构和社会运行方式的变化，回应新的社会要求而提出的。更具体地说，中国司法改革是为着解决中国司法所面临的深层的现实矛盾而启动的。因此，认识司法改革的主导任务，逻辑上必须以分析这些矛盾作为始点。

（一） 传统的社会治理方式和社会治理结构发生了重要变化，社会治理过程对司法的仰赖空前加重，而司法难以承载这样的社会使命

特定社会中社会治理方式和社会治理结构的变化可以通过对社会制度的一些基本要素的分析加以说明。美国政治学家查尔斯·林德布洛姆把交换（市场）、权威（政府及法律、军队等）、说服（意识形态）作为社会制度的基本要素，并借此分析各种不同的社会统治类型。[②] 与此相近，美国著名经济学家道格拉斯·C. 诺思把国家（对应

---

* 顾培东，四川大学法学院教授，博士生导师。

① 见诸中共十五大报告。

② 参见林德布洛姆《政治与市场：世界政治—经济制度》，王逸舟译，上海人民出版社，1997，第 19 页以下。

"权威")、产权（对应"交换"）、意识形态（对应"说服"）作为社会制度结构的基本要素，以此作为考察社会变迁的依据。① 假定这种分析框架具有一定的普遍性，那么，从中国社会中这些要素的现实状态不难看出 20 世纪 90 年代以来中国社会治理方式和治理结构的重大变化。

首先，进入 20 世纪 90 年代后，中国社会的所有制结构出现了较大的调整。这一调整的基本趋势和走向是非公有经济在全社会所有制结构中的比重逐步增加，而国有或公有经济的比重相对降低。这种变化在经济学上的意义无疑是积极的，但由此所带来的另一方面结果是：国家用于社会控制的经济资源大大减少；国家与社会成员进行交换并促使其服从国家意志的经济条件有所减弱。其次，由于文化多元化趋势的形成，90 年代以后，主流意识形态对社会生活过程的影响也明显弱化，主流意识形态无论在覆盖社会生活的范围上，抑或在对社会成员制约程度上都远异于先前。在此情况下，社会治理和社会控制的重心更主要转移到国家或权威的力量之上。

更进一步看，在国家或权威这一要素中，近 20 年来，特别是 20 世纪 90 年代后，政党及政府治理社会的方式及力度也有了较大变化。这不仅是因为在市场经济体制下，诸多经济过程已脱离了政党及政府的直接控制，更主要是直接承载政党及政府指令、体现其权威的最基本单元——单位的功能发生了重大改变。单位作为一种经济组织的特性更为突出，而接受政党或政府指令实施社会（对单位成员）控制的动机及能力都有很大减弱。这也表明，在国家或权威这一要素中，司法的作用愈显突出，社会治理过程对司法的仰赖空前加重。

社会治理过程对司法的倚重，这本来是法治社会的应然现象，但问题在于，中国司法的现实条件尚不足以保证司法承载这样的社会使

---

① 参见诺思《经济史上的结构和变革》，厉以平译，商务印书馆，1992，第 18 页以下。

命。这一方面在于中国司法机构自身尚不具备解决各种社会矛盾和社会冲突的实力（直观上表现为需要处理的各种类型的案件超出了司法机构的负荷）；另一方面更在于，司法在国家制度结构中（特别是在制度实践中）以及在全社会的权威体系中并不具备法治社会所具有的、与实施社会治理的实际要求相吻合的地位。换句话说，社会治理过程对司法的实际需求并未转化为制度上以及实践中对司法的必要尊重和推崇。这是司法所面临的首要矛盾。

（二）中国社会资源配置及经济运行方式已发生重要变化，市场经济的快速形成与发展要求司法创立并维护与之相应的经济秩序，而司法在这方面则显示出一定的滞后性

20 世纪 90 年代后，中国经济体制改革由市场取向转入全面建立市场经济体制。至 90 年代末，市场已成为资源配置的基本手段，经济运行中市场的主导地位也已大体形成。作为普遍性的实践与经验，市场经济必须在确定的制度框架中存在和发展；特定的制度是市场主体理性预期的重要依据。马克斯·韦伯曾揭示过国家"正式制度"，即法律制度对于现代经济的必要性："国家对经济来说，在纯粹概念上都是必要的。但是，尤其对一种现代形式的经济制度来说，没有具有特别特征的法的制度，自然无疑是行不通的。"[①]

面对中国市场经济的快速形成与发展，司法机构虽然在姿态上的回应是积极的，但从总体上看，司法实践依然显示出一定的滞后性。原因有四。第一，相对经济现象而言，司法是次生的，居于第二位的。经济现象所产生的要求具体体现为法律制度乃至司法实践，必然具有一定的时滞过程。同时，与经济过程相比，司法的变化也是缓慢的。第二，司法内在封闭性、保守性是司法的一般性特征。对法律规范的尊崇，对法律技术的自重通常成为司法机构及其成员的基本价值取向。司法机构及其成员习惯于从自身墨守的规范价值

[①]　马克斯·韦伯：《经济与社会》，商务印书馆，1997，第 374 页。

中寻求自我激赏，而外部的社会变化，尤其是经济现象的变化较难引致司法的共鸣。第三，对于中国司法来说，市场经济是陌生的环境、陌生的对象。如果说经济领域中对如何建立市场经济体制尚需作较长时间的探索与尝试的话，那么，在司法领域如何创立与市场经济相适应的法律秩序则是更为复杂的主题。一方面，即便立法工作以超常的速度进行，司法所能够得到的规范资源仍不足以应对激剧变化的经济现实，而在社会层面看来，立法的任何缺陷或不足都是由司法直接加以承受的。① 另一方面，在司法实践中，更具体地说，在司法自由斟酌的空间和范围内，司法机构成员受知识和经验的局限，亦难以恰当地把握哪种司法行为对建立市场经济秩序是必要或有利的，从而难以恰当地把握处理实际问题的基点。第四，与前述相联系，在体制转换时期，司法需要在新旧体制的不同要求中作出权衡。在许多情况下，司法既要以宽容的态度对待旧体制所形成的现实，又要以超前的视野倡导和维护新体制所应有的规则。从理论上表述司法机构在此境况下的应有立场或许较为容易，但在实践中具体处置这种关系则极为困难。

（三）在社会变革过程中，社会各阶层以及各个不同的社会主体之间的利益矛盾和冲突错综复杂，而这些矛盾和冲突直接或间接提交给司法机构，司法机构对矛盾诸方面的顾及使其在处理这些矛盾和冲突过程中常常处于尴尬地位

社会变革在本质上是各阶层、各主体利益结构的调整，在这种调整中，不可能都获得"帕累托最优"或"帕累托次优"效应②；即便在获得这种效应的情况下，仍然存在着不同阶层、不同主体比较利益的优劣与多寡问题。这就决定了由社会变革所引起的各阶层、

---

① 社会层面所注重的往往不是立法的具体内容，而是由司法实践所体现出的对个案的评价和处置结果。
② 在某项调整中，所有的主体都能获益，则为"帕累托最优"；而在某项调整中，部分主体获益且其他主体的利益不受影响，则为"帕累托次优"。

各主体之间的利益矛盾和冲突的不可避免。在法律覆盖社会生活主要过程的情况下，这些利益矛盾和冲突都直接或间接地表现为应受或可受法律评价的法律事实。不仅如此，当这种矛盾和冲突发展到难以调和的境地时，矛盾或冲突主体也倾向于寻求司法解决。由此所形成的局面是：中国社会所长期累积或由社会变革所引发的各种矛盾和冲突都直接或间接地交给了司法；司法直面着由社会变革所引起的各种矛盾和冲突。

与之不相适应的是，在中国特定社会条件下，司法在处理社会变革中的矛盾和冲突时受制并顾及于多方面的压力，从而难以坚守自己应有的法律立场。首先，社会各阶层、各个不同社会主体在社会变革中所反映出的利益要求都具有一定的合理性；在这些利益要求的相互冲突中，各主体都能够从中国社会的政治原则和经济规则中不同程度地找到支撑自己利益主张的依据。特别是不同社会阶层和不同主体都有条件以其在意识形态上的某种优势，[①] 借助于大众传媒的渲染，对司法机构形成一定的压力，借此谋求司法对其利益的特别保护。在此情况下，司法所面临的任务与其说是法律规则的适用，毋宁是在不同利益之间寻求平衡。在一些波及面较广、影响较大的群体性冲突的案件处理中，这种状况尤为突出。其次，在处理社会变革中的矛盾和冲突时，司法机构必须遵守的最主要的原则或刻意追求的最基本目标是维护社会的稳定与安定。在多数场合下，个案处理的法律后果与稳定、安定的原则或目标是一致的，但在另一些情况下，两者并不重合与一致。更具体地说，追求和维护稳定与安定的目标在某些个案中不可避免地会损伤公平或公正的法律原则。于此境况中，司法机构只能从"维护大局"、"特事特办"这样一些理念中为自己的行为找到宽慰的

①　例如：国有资产的代表者张扬国有资产的神圣地位，以"国家资产不可流失"为由，强调司法对国有资产的特殊保护；民营业主则张扬国家发展非公有经济的方针，主张司法应对民营经济予以特殊保护。此外，下岗工人、农民、科技人员、妇女、儿童等都有应对给予其特殊保护的政治理由。

基点。应该说，中国司法所面临的这种矛盾在任何社会条件下都会不同程度地存在。这种矛盾实际上是政治与法治之间内在矛盾的具体展示。所不同的是，在中国特殊的社会背景下，司法更偏重于对政治要求的遵从。再次，社会变革中的利益矛盾和冲突，部分产生于地方政府与其他社会主体之间。在某些矛盾和冲突中，依照法律原则，政府应支付一定的成本。但基于地方政府财政普遍拮据的现实以及政府与司法之间的特殊关系，司法也不得不避开法律原则，或者牺牲相对主体的利益，或者将支付义务转嫁于具有实际承受能力的其他主体（如盈亏归属于中央财政的银行），以此谋求矛盾和冲突的解决，同时也避免地方政府对义务的承担。

（四）中国司法的内生资源严重不足，同时又缺少足够而稳定的外部资源供给保障，司法机构自治机制不能形成，由此不可避免地导致司法行为的偏差

中国现行司法体制下司法机构运作的全部资源，即人、财、物，基本来自于司法体制以外。司法自身创造的唯一资源——诉讼费收入在制度上也不能（或不应）由司法机构自由支配。更主要的问题是，外部资源的供给，既不充分，也不稳定。包括司法职位任免在内的外部资源供给的实际状态，相当程度上取决于同级其他权力机构所能够提供的实际条件以及司法机构与同级其他权力机构之间的相互磋商。司法机构过度依赖外部资源供给，自治机制不能形成，这是当前司法机构抱怨最多的现实。

司法机构资源供给的这种状态，所引发的负面效应主要体现在两个问题上。其一，司法地方化的色彩越来越浓。一方面，司法在个案处置中以其对地方利益的特殊保护而取悦于地方权力机构，从而谋求地方权力机构在司法机构资源供给上给予更大的宽容；另一方面，司法与地方权力机构之间长期的、过度的"亲和"也会使"为官一任、造福一方（仅仅是一方）"的传统政治伦理渗入司法理念之中，成为司法机构潜在的行为取向。毫无疑问，司法地方化对法治原则的损伤是很大的，尤其是对统一的市场经济秩序的形成影响最为深刻。不仅如此，逻辑和经验都表明：没有统一的法治，就不可能有真正统一的政治。在政治统一已关及民族命运的今天，司法地方化问题尤为值得警惕。其二，司法机构及其成员腐败现象的滋生。资源短缺历来是腐败现象滋生的诱因。这一判断同样适用于对中国司法现状的表述。近年来，无论是依据于媒体所披露出的个案，还是依据于在与司法机构及其成员的交往过程中所形成的感受，司法腐败现象严重已成为不争的事实。司法腐败的实质是司法机构及其成员以司法权换取某种物质或非物质利益。这既指滥用司法权获得这种利益，也指在正当行使司法权的情况下，利用职业地位的优势取得这种利益。以非正当方式谋求司法机构（或其成员）依法办事的现象正是缘于后一种情况。客观地说，司法腐败现象还导源于其他一些因素，仅仅用资源短缺不足以说明更具普遍性的现实，但资源供给不足与司法腐败现象的联系是应当予以肯定的。

中国司法面临的前述诸种现实矛盾，最终、最直接、最集中地反映在一种事实或现象上，这就是：司法对于社会主体的权利保护不充分和不完善。这一判断不仅产生于经验性感受，同时也产生于学理性分析。按照公共选择理论，司法所提供的是"公共产品"。这种"公共产品"的内容是对社会成员正当权利的充分和完善保护，这既包括在司法框架中使社会成员的正当权利得到顺利行使和实现，也包括对侵害正当权利行为予以排除、制裁和打击。充分和完善保护社会成员的正当权利是司法机构所应当追求的产出最大化目标。"公正"及"效率"等价值内含在这种追求之中。

从对中国司法所面临的现实矛盾以及这些矛盾的实际影响的分析中不难推导出中国司法改革的主导任务。简略地说，中国司法改革的主导任务在于：通过制度创新，消除或减缓司法所面临的现实矛盾，提高司法机构"公共产品"的产出能力和产出效益，更有效、更充分、更完善地保护社会主体的正当权利，创造、完善并维护适应新的历史条件的政治、经济以及社会生活诸方面的法律秩序。这种表达或认识，与以制度创新、提高企业经济效益，丰富社会主体物质生活为主导任务的经济体制改革颇为契合。

二　中国司法改革的基本内容

近年来，司法机构依据于自身最急切的需求，在现行法律框架所允许的范围内，实施了一系列的改革措施。同时，对在深层次上涉及体制调整的问题，也提出了一些计划和设想。① 然而，总体上应如何把握中国司法改革的基本内容，目前的改革实践并未能提供明晰的概念，相关的理论讨论也未能回答这样的追问。

我认为，中国司法改革的基本内容可以归略为：围绕更有效、更充分、更完善保护社会成员正当权利的要求，合理界定司法机构与其他相关主体的权力范围及相互关系，逐步形成现代化的，且富有中国特色的司法体制。这一内容的关键是重新配置司法以及与司法相关的各主体的权力。作出这种概括的理由如下。（1）司法体制的核心是司法机构与其他相关机构之间的权力关系。恰当界定这种权力关系是创设合理的司法体制的关键所在。（2）根据法治国家政治建构的要求，中国社会中现实权力结构关系整体上面临着进一步的调整。在这种调整中，司法在政治建构中的定位具有基础性意义；而司法的定位正体现于界定司法与其他主体之间的权力关系。（3）中国司法所面临的矛盾和问题（至少是主要矛盾和主要问题）都同司法与其他主体权力边界不清，或权力关系不合理相关。重新合理配置权力是解决中国司法现实矛盾和主要问题的根本出路。

---

① 这方面的成果集中体现于 1999 年最高人民法院《人民法院五年改革纲要》。

（一）司法与执政党的权力关系

司法与执政党关系的总体原则已成为主流意识形态的重要内容。[①]
两者关系的实质是执政党在中国社会不容置疑、不容更易的领导核心
地位（这是被普遍认同的中国社会发展的主要经验）与理想化的法治
国家中法律至上地位的相容性、协调性问题。在总的原则上，司法与
执政党的关系是明确的。"依法治国"被确定为执政党的基本方针，
这不仅是执政党对全体人民的社会理想的一种尊重，而且也是执政党
在处置司法关系上所作出的一种政治承诺。但是，在具体运作层面上
仍然需要讨论和解决一系列问题。（1）执政党如何在实施其政治领导
过程中维护司法的应有权威，尊重司法自身的运作规律。（2）司法在
具体实践中如何通过法律技术手段（尤其是不损伤法律基本原则）贯
彻执政党对社会治理的基本要求，体现执政党对社会过程的控制与领
导的愿望。（3）执政党通过什么样的形式对司法实施组织化的、制度
化的、常规性的领导。（4）在执政党的总体方针、政策体现于各级党
组织以及党的领导干部所实施的具体行为的情况下，司法如何既能做
到贯彻党的方针、政策，同时又能辨识进而排拒个别党组织特别是个
别党的领导干部对司法行为的不当干预。相关制度设计的重心似应集
中于两个基本方面：一方面，建立和巩固向司法机构灌输执政党的方
针政策，强化主流意识形态对司法渗透和影响的常规渠道；另一方面，
为司法机构排拒个别党组织特别是个别党的领导干部的不当干预，维

---

① 西方主流意识形态常常把司法描绘成不受政党任何影响的领域。然而事实上，即便在美
国这样的法治国家中，政党对司法的影响也是深刻的。美国法官的任命通常都带有一定
的党派背景。据统计，从克利夫兰到卡特共17位总统中，有13位总统任命本党成员为联
邦法官，本党成员的法官占他们任命的联邦法官总数的90%以上，其余4位所任命的本
党成员占任命总数的80%以上。在依照选举程序而选举法官的情况下，法官的产生仍然
有深刻的党派背景。美国学者曾揭露道：在"党派选举"的州，"法官是作为一个政党的
成员或候选人而选出的"；在"非党派选举"的州，"不管选举过程和政治如何，法官仍
然可以带着一个政党所主张的社会准则来到司法机构"。不仅如此，控制或制约司法机构
往往正是美国两党激烈竞争的目标。参见陈其人等《美国两党制剖析》，商务印书馆，
1984，第57页。

护法律基本原则（包括程序上的规则）提供必要的制度保障。

（二）司法与立法机构（包括各级人大）的权力关系

立法机构（包括各级人大，下同）是司法机构外部联系最为密切的主体，相互间权力关系的内容也最为丰富，因而在司法改革中，司法与立法机构之间的权力关系也最值得审视。调整、完善或重构两者之间权力关系所涉及的问题有以下 4 个。（1）立法权是否由人大独享，司法机构（特别是最高审判机构）在一定范围内的立法权应否被承认。这一问题具体又包括两个方面：一是司法解释与立法及立法解释的各自范围及地位如何界定；二是司法判例可否作为法律渊源之一。（2）中国应否建立违宪审查制度，亦即司法（当然仅指特别司法审判机构）能否获得评价某些立法合宪性的权力。（3）现行司法人员的任免制度是否需要完善。更进一步说，司法机构自身任免司法人员的权限可否相对扩大；而应由人大任免的，在方式上（如人大任免同级司法机构人员）是否应作一定改进。（4）如何改善人大对司法机构的监督；人大对个案监督是否正当和必要；如果个案监督正当和必要，个案监督的范围、方式以及程序应如何设定。

在处理前述问题中较难把握的是，如何既能防止司法权力失控，遏制司法专横及司法腐败的滋生与蔓延，保证立法的有效实施，同时又能避免立法机构的权力过于扩张进而影响司法机构独立地行使自己的司法权，尤其是审判权。权力配置的畸重畸轻，都会带来运作上的重大偏失。在此方面所需要考虑的一些实际情况如下。（1）人大成员代表着由其社会身份所限定的某种特殊利益。同时，人大自身对其成员的各种不同要求的筛选、识别机制尚不够完善，因此不同成员对司法所提出的要求可能不尽恰当。（2）人大对同级地方利益的偏重是不言而喻的，人大对司法的制约往往以地方利益为基点。在此背景下，对人大权力配置畸重容易导致司法地方保护主义甚而司法地方化的扩大。（3）由于司法的重要资源（人员任免）来自人大，同时，司法在体制内的主要评价来自人大（具体表现为一年一度的司法机构工作报告的通过以及不定期地对司法机构工作的评议），在司法与人大关系上，司法无疑处于弱势地位。这种格局下，如果不考虑监督与被监督、制约与被制约双方权力的相对平衡，司法所必要的独立性将逐步失却，司法对人大（包括对其部分成员）要求的无原则迁就，甚而曲意逢迎将不可避免。基于这样一些实际情况，我们认为，人大对司法影响的强化应立足于完善和改进具体的监督和制约方式，提高监督与制约的实际水平；而在两者权力关系的配置中则应更多地考虑对司法独立地位的保护。

（三）司法与政府的权力关系

在现行体制下，司法与政府的权力关系集中体现在三个不同层面。一是在一定范围内，政府行政权力的行使受制于司法评价。二是司法机构的物质资源来自同级政府；政府的财政状况以及对司法机构的态度决定着同级司法机构物质供给的丰寡。三是司法是政府实现其经济社会发展以及社会治理的重要保障或重要手段，尽管从理论上说政府不能直接支配司法行为。

在第一个层面的关系中，需要研究的问题是，司法对政府行政权力评价的范围的界定。从趋势上看，随着行政法制化水平的提高，司法对政府行政行为的评价范围，亦即适用行政诉讼的范围将会逐步增加。特别是不少抽象行政行为应纳入司法评价的范围，成为可诉诸行政诉讼的对象。这一问题表象上是行政诉讼的受案范围问题，但实质上涉及司法的地位。因此，相关范围的界定，尤其是这一范围扩大的进程应从属于政治体制改革的进程以及政治建构合理化的要求。

司法与政府权力关系的第二个层面，亦即政府权力决定司法机构的物质资源供给。这是目前弊端较为集中的层面。形成这种格局的直接原因是"分灶吃饭"的财政体制，但深层看，在这种格局中仍带有"政审合一"的传统遗风。司法机构主观上不愿接受这一供给体制的原因如下。（1）地方政府的财政实力普遍不能满足司法机构物质资源的要求。即使在财政实力较强的地区，司法机构物质资源的供给也是在与其他行政机构的平衡中确定的。换句话说，对司法机构物质资源的供给缺少应有的特殊性考虑。（2）由于资源供给决定于地方财政收入的实际能力以及地方政府对司法机构的态度，因此，司法机构难以建立稳定的收入预期。（3）在"一府两院"的制度下，作为与政府地位平等的司法机构不愿在物质上受制于地方政府。当然，在此问题上，更主要的矛盾是，政府决定司法资源供给的合理性必须建立于对政府和司法的双重道德假设之上，亦即政府不因资源供给上的优势而谋求司法给予特殊保护，包括在行政诉讼中不谋求司法机构予以偏袒，并且不直接或间接干预司法审判；同时，司法亦不"为稻粱谋"而在处置涉及政府事务时失之公正，且能排拒政府的任何直接或间接的干预。显然，这两种道德假设无论在理论上和实践中都是难以成立的。

司法与政府权力关系的第三个层面在运作中的实际问题是，司法如何既能够配合地方政府有效地实施对本地的社会治理，同时又不致落入"地方保护主义"的俗套，从而丧失司法机构应有的公正性和独立性。实践上这种"度"是难以把握的。在此，所能够提出的建议是：在制度设计的取向上，应偏重于对司法独立性、统一性、规范性的考虑，在更高层面、更广阔的视野中认识和发挥司法对地方治理的作用。

（四）司法机构之间的权力关系

中国现行司法机构之间的权力关系是根据"相互独立、互相制约、互相配合"这一富有理想化色彩的原则而设定和构造的。不仅如此，意识形态或主导政治理念还赋予每一司法机构某种特别的优势；同时，每一司法机构也在不断张扬和强调这种优势以谋求社会对自身的重视，特别是谋求在司法机构之间权力格局中的特殊地位。在此境况下，体现司法机构权力关系的具体制度，往往只是特定的意识形态或政治理念的一种演绎，而无论"独立"，还是"制约"，抑或"配合"，尤其是"独立"、"制约"以及"配合"三者之间的协调都未能很好地得到展示。

在重新配置司法机构权力的过程中，需要讨论的问题是：对各司法机构而言，究竟是先从意识形态上给予其定性评价，明确其地位，并依此界定权力，拟定制度，还是根据司法技术的一般性规律或规则，从提高司法效能这一总体目标出发，界定各自的权力范围，设计相互间的权力关系？就一个学者的认识而言，无疑倾向于作后一种选择。

纯粹从司法技术角度看，现行司法机构权力配置中的突出矛盾集中在检察机关的权力界定上。具体说，检察机关集部分侦查以及控诉和法律监督权力为一体，这一格局事实上已经瓦解了相互独立、相互制约以及相互配合原则所要求的平衡。此外，更值得深思的是，赋予检察机关的法律监督权力（特别是扩张性解释检察机关的法律监督权力）对审判权这一终极权力的权威性的维护是否真正有利？当然，这一问题的预设前提是对司法审判权在诸种司法权力中最高权威的认同。由此或许可以作出这样一种判断：中国司法机构之间权力重新配置的核心问题是重新审视检察机关的职能与功用；检讨并真正解决检察机关的职能与法治国家中司法技术的一般规则之间的协调性。

（五）各司法机构内部的权力关系

司法机构内部权力关系涉及两个基本方面：其一，各级司法机构之间的权力关系；其二，在各司法机构内部，不同职级之间的权力关系。由于司法机构内部权力调整的制度性障碍较少，因而当前司法改革的实际措施主要集中于这一方面。

我们注意到，在司法机构内部权力的调整过程中，较为明确的取向是权力下放，亦即上级司法机构将部分权力下放给下级司法机构（包括权力行使的部分范围划给下级）；① 在司法机构中，上一职级将

---

① 如法院系统逐级扩大下级法院的管辖范围。

部分权力下放给下一职级。^① 这一取向形成的主要理由和原因是：（1）司法行为的层次较多，会影响司法机构的整体效率；（2）社会各方面对司法行为受到的上级干预过多提出了不同程度的批评；（3）下放权力有助于明确和落实司法机构的内部责任；（4）法治国家的普遍实践是突出司法机构成员在作出司法行为时的作用。

应该说，支撑权力下放这一取向的现实理由是值得重视的。但必须提到的是，在下放权力的过程中，似乎普遍忽视了对一些前提及背景的考虑。其中，尤其应当予以重视的因素如下。（1）在司法地方化问题并未真正得到解决之前，下放权力可能会进一步扩张司法地方化的负面效果。例如，下级法院管辖范围的扩大，事实上增加了下级法院实施地方保护主义的能力。（2）在司法机构成员素质尚不够理想的情况下，且在对司法机构成员责任约束机制尚未形成的条件下，下放权力可能会进一步降低司法行为的水平与质量。^②（3）即使在有限的意义上，也不能肯定下级司法机构、低职级司法内部组织或成员比其上级能够更好地行使司法权；同时也不能肯定简单的层次比复杂的层次更能保证司法行为的质量。经验与直感间接提供的结论或许恰恰相反。实际上，司法机构内部面临的主要问题在于激励和约束机制未能有效形成（依我看，原因主要在外部），而仅仅通过下放权力显然不足以解决这一问题。不仅如此，如果把下放权力作为一种激励性措施的话，那么，逻辑上应当先行考虑的是约束手段的形成与完善。在约束手段不充分的情况下下放权力，其效果有可能违背下放权力的初衷。

三　中国司法改革的约束性条件

中国司法改革的约束条件是指中国特定社会环境所派生出的对司

---

① 如法院系统强化合议庭和主审法官的权力。

② 这方面的详细讨论，可参见李浩《法官素质与民事诉讼模式的选择》，《法学研究》1998年第 3 期。

法改革的推进形成实际影响的诸种因素。对这种约束条件的分析，不仅能够说明当前司法改革进程缓慢的深层缘由，更重要的是，有助于深化对中国司法改革复杂性的认识，同时也有益于选择和制定正确的改革策略。总体上看，中国司法改革的约束条件主要有以下几方面。

（一）现行法律的规制

中国司法改革是在立法体系已基本形成、法律覆盖面已较为广阔、司法体制的主要构架以及司法行为的主要过程已经由法律所规定的情况下进行的。这一点，与经济体制改革也显有不同。虽然经济体制改革也面临着一些制度性约束，但这些制度主要是政策、规章，而不是法律。具体地看，现行司法体制的制度基础既有人民法院组织法、人民检察院组织法、刑事诉讼法、民事诉讼法、行政诉讼法等法律，更有作为根本大法的宪法。不仅如此，基于司法体制内在联系的要求，各个法律涉及司法体制的内容也彼此关联。在一些基本问题上，如果某一个法律的内容发生变化，其他法律也将相应发生变化。

现行法律的规制所形成的约束使司法改革处于这样一种窘境：要么系统地修改法律，实行真正意义上的"变法"；要么只能在法律框架范围内进行局部性的调整。近年来，司法机构在倡导改革的同时，又不得不谨慎地把"在现行法律范围内进行改革"，或"不违反现行法律规定进行改革"作为改革的一项原则。对这一原则的遵从，一方面可以理解为司法机构的一种政治态度；另一方面也是为了避免改革过程中无序、失控局面的出现。但是，完全以现行法律为基础，司法改革的全面、深层次推进是不可想象的。事实上，司法机构目前所提出的一些改革设想和方案，已属"红杏出墙"，溢出了现行法律的规制范围。这些设想和方案的实施，无疑必须以修改法律为前提。否则，"违法改革"的现象不可避免。

现行法律规制对司法改革的真正约束还不在于修改法律所可能出现的程序上的难度，更重要在于，它使得"摸着石头过河"这一中国经济体制改革"经典性"的方式难以甚而无法适用于司法改革。因为从法制原则的基本要求看，任何局部性的"违法试验"都是不能被允许的，即便这种试验的主观倾向应得到充分肯定。这意味着中国司法改革在路径的选择上不可能依赖于"由点到面"的积累效应，而需要在充分的理性探讨基础上，系统地进行制度设计，进而对相关法律作出修改。这种方式在操作层面上并非不可能，但其难度则是不言而喻的。

（二）意识形态的影响

意识形态的影响首先体现在：中国现行司法制度作为中国政治建构的重要组成部分，不仅其主要内容已上升为主流意识形态，而且其权威性、优越性也在意识形态中得到了肯定和支撑。对中国司法制度优越性的认同已成为政治组织和社会公众的一种政治理念。中国的主流意识形态通过对司法制度的褒扬使这一制度获得了广泛的社会拥戴。与此同时，司法制度本身也承载着社会各阶层、各主体的某种社会理想。在这种意识形态氛围中，司法体制或制度上所实施的改革或多或少将触及人们既往所形成的理念；而对这种理念的信守又会影响到改革的实际进程。一方面，虽然对司法实践中所反映出的问题有广泛的共识，但人们对司法制度基本方面的信赖往往忽略或宽宥了这些问题的存在，这在一定程度上消解了司法改革的主观动因。另一方面，当司法体制或司法制度的主要内容上升为主流意识形态后，司法改革，即便是在技术层面上所进行的改革，也必然会遇到观念性的障碍。如果说经济体制改革曾经历过逾越观念障碍的阵痛的话，那么司法改革也不可避免这种相同的遭际；而如果说经济领域中的观念比较容易在经济实践的验证中得到改变的话，那么，在司法领域中所形成的一些观念则因司法行为效果的潜隐性（量上的不可测性）以及不同主体的感受上的差异而难以改变。

意识形态对司法改革的影响还体现于另一个层面。中国司法改革过程中不可避免需要借鉴西方发达国家的实践。这不仅是因为西方发达国家在实行法治中的先起性，更主要还在于作为一种社会统治实践，司法体制或司法制度有其普遍适用的规则和原则。在工具理性意义上，各国司法体制或司法制度彼此借鉴的可能性较大。然而，西方发达国家基于其政治统治的需求，也已将司法体制及制度上的基本内容意识形态化；司法体制及制度中具有普遍性、一般性的规则被西方国家主流意识形态认定为资本主义民主制度与生俱来，且仅仅与资本主义民主制度相联系的制度设计。不仅如此，西方国家主流意识形态还将这些制度作为与社会主义阵营相对垒的一种工具。近20年来，随着东西方文化阻隔的逐步消除，西方司法体制及制度的主要内容通过文化载体，甚而通过文艺传播途径在中国有了广泛的认知。但是，作为一种政治制度的建构，中国社会的决策者以及社会公众对这些内容仍保有相当程度的警惕和戒备。在国际上政治斗争尚未停息、民族主义情结忽隐忽现于各种社会事件过程的今天，这种警惕和戒备无疑是必不可少的，但这种状态又或多或少会影响到对西方司法制度的某些借鉴。

（三）权力调整中的位势失衡

如前所述，司法改革的基本内容在于合理化地重新界定和配置司法机构同其他权力机构之间的权力。在此过程中，虽然司法机构与其他不同主体之间权力关系调整的内容有所区别，但总体趋向上是适度扩大司法机构的权力，尤其是减少其他权力主体对司法机构实施司法行为过程的干预，以保持司法地位的相对独立。然而，依照现行制度及制度实践，司法机构所对应的权力主体主要是在政治构架中处于强势地位的主体，司法机构自身在权力关系调整中则处于一定的弱势，这就意味着需要扩张权力的机构缺少实现这种扩张的权力，而具有扩张权力能力的机构却需要相对减少权力，由此形成权力调整中的位势失衡。即便就司法机构彼此之间的权力调整而言，各司法机构都有抗衡其他机构权力扩张的条件或依据，同时也都不具备向其他司法机构延展其权力范围（尽管这种延展被认为是必要的）的能力和手段。

从近年来各司法机构所提出的改革方案可以看出，司法机构所拟定的改革措施基本都遵循了两个规则：一是不涉及本机构与执政党、人大以及政府之间的权力调整；二是不涉及本机构与其他司法机构之间的权力调整。这表面上可以视为对改革的阶段性的尊重，但深层上还在于司法机构自身不具有提出这种调整要求的权力和地位（甚而勇气）。

在一般意义上，对相关权力主体的政治胸襟应有足够的估量，但是，在涉及具体权力配置的过程中，各主体的特定利益立场必然会衍生出扩张自身权力范围（而不是减缩权力范围）的本能倾向。① 自然，揭示这种政治过程的一般特征并不在于由此给司法改革作出悲观的结论，对此问题分析的全部意义在于，司法改革必须以各主体广泛共识的形成以及社会各方面的广泛支持为前提，仅仅有司法机构的内在要求和积极性，或仅仅有司法机构自身的行为是远远不够的。

（四）改革成本的匮乏

司法改革不仅牵涉权力重新配置，而且也涉及利益关系的调整。无论是改革过程还是改革后所形成的新的利益格局，都需要支付一定的成本。这里所要讨论的仅是狭义上、最直接的成本——司法机构及其成员在司法改革中的利益问题。

司法机构及其成员在司法改革中的利益需求反映于三个方面。其一，改革将很大程度上消除司法腐败，杜绝司法机构及其成员利用司法权力的行使谋取不当利益。这意味着司法机构成员的"灰色收益"，

---

① 按照公共选择理论所揭示的原理，政党以及其他机构都具有"经济人"的一般特征，即追求自身利益（权力）的最大化。詹姆斯·M. 布坎南指出："既然政治和政治过程最终在交易范例中加以构造，那么简单的和直接的观察就可以使人们联想到，政治家和官僚是内在组成部分。这些人的行为同经济学家研究的其他人的行为没有任何不同。"参见布坎南《自由、市场与国家》，平新乔等译，上海三联书店，1989，第40页。

甚至"黑色收益"将被取消或减少。由此进一步提出的是对正当渠道物质供给增加的要求。如果没有正当渠道物质供给作为补偿，对"灰色"乃至"黑色"收益的追求无疑会抵销司法改革的成果。其二，司法改革，特别是司法机构内部的改革将强化对司法机构成员个别责任的约束；与此同时，提高司法行为效率的要求也会增加司法人员的智力和体力耗费。与此对应，司法机构成员对包括物质待遇在内的利益需求也应增加。其三，司法改革的应有措施之一就是对司法人员（尤其是审判人员）"隆其地位"、"厚其薪酬"，因此，增加对司法机构成员物质供给本身也是司法改革的题中之义。除此之外，司法现代化无法脱离司法机构及其成员的装备及其他物质条件的现代化。顺应现代化趋势的司法改革，也必须以相应的物质条件作为支撑。这也是司法改革成本支付的因素之一。

在经济体制改革中，改革成本最初是通过政府让利减税来解决的。随着企业改革的推进，改革的积极效应（反映为企业经济效益的提高）为企业自己支付改革成本提供了可能。总体上说，企业改革与改革成本支付两者能够形成一种积极的对应，由此形成良性循环。与此完全不同的是，司法改革本身并不能为司法机构直接带来任何物质利益。恰恰相反，在一定意义上看，这种改革还会导致司法机构物质利益的减少。这也是说，司法机构自身不具备克服改革成本的条件。当最高司法机构或司法机构的长官们对司法人员提出种种责任要求的同时，却无法回应司法人员直接或间接提出的合理的利益要求。于此境况下，德化教育和"精神鼓励"是司法机构长官们唯一可用的激励手段。① 从实际情况看，作为司法机构物质供给主渠道的各级财政并非完全忽视司法机构这种境状；由财政增加对司法机构的物质投入，解决司法改革成本支付问题本应是顺理成章的事情。但这一方式的实

---

① 一些法院或检察院，对获得"主审法官"或"主诉检察官"资格的人员，给予象征性的物质待遇，如每月增加 100～150 元。这种措施进一步凸现了司法机构改革成本的匮乏。

施除了受制于财政实力的局限外，更主要还在于，从财政角度看，处于公务员序列之中的司法机构成员尚不具备"厚其薪酬"的特殊理由。司法机构成员的"特殊待遇"或许只有当"高薪养廉"规则在政府公务员中普遍实施后才有可能。

近年来，一些地方司法机构利用其职业优势，通过一些渠道从体制外获取一定的收益，以此在一定程度上提高司法人员的物质待遇，弥补司法人员在改革中相对利益的减失，如提高或截留诉讼费用于发放奖金等。这种做法较之个别司法人员利用司法权力谋取私利在道德上的负面评价或许会少一些；同时，在体制性的矛盾未解决前，这种做法甚至有一定的合理性。但严肃地看，这种做法与司法改革的追求是相悖的；即便作为权宜性措施，亦乏善可陈。不仅如此，相关司法机构的负责者也可能会为此付出沉痛代价。①

四　中国司法改革几个策略问题的讨论

基于前述诸种约束性条件，中国司法改革必须从中国社会制度变迁或制度创新的一般规律出发，把握好司法改革的策略，以便卓有成效地推动改革的进程。这里就几个策略性问题进行讨论。

（一）关于司法改革的路径或时序

中国经济体制改革最初启动于基层，改革过程的主导作用也体现在农村基层单位和企业自身的作为。虽然，从宏观上看，农村基层单位和企业自身的改革与政府宏观管理的改革大体上是同步的，但从具体时序上看，这一改革是"由下而上"进行的。这一特点不仅反映在改革的整体过程中，也反映在改革的每一阶段上。目前进行的司法改革也有与经济体制改革相类似的情况：基层司法机构的改革较为活跃，至少改革的声势较大；另一方面，司法机构自身的主动性较强，而与此关涉的外部权力机构所采取的实质性措施尚不清晰。然而，这

---

①　云南省高级法院前院长被革职正是例证之一。

种情况的存在并不意味着司法改革可以仿效经济体制改革"由下而上"的路径。原因如下。(1) 在经济领域,作为基本经济主体的农户及企业在很大程度上可以不依赖政府的行为而运作(这种格局本身就是经济体制改革所追求的效果)。与此相异的是,司法体系中的任何主体都不可能脱离外部权力关系而独立运行;司法改革的任务不在于简单地减弱司法机构与外部其他权力关系的联系,而在于改善和调整这些关系的内容。在此情况下,没有外部权力关系的相应调整,司法改革不可能有实质性进展。(2) 经济体制改革的措施可以在局部地区、部分主体之中进行试验性推行。司法改革则不具备这种条件。司法的统一性以至法制的统一性是任何情况下都不能变通的原则。司法改革的进程可以是阶段性的,但改革措施的实行不可能是局部性的。"凤阳小岗现象"不可能也不应当出现在司法改革之中。由此可以认为,尽管司法改革需要各级司法机构的积极性,司法改革的着眼点也在司法机构本身,但司法改革的基本路径或时序应当是"由上而下",亦即从总体上设计和制定改革现行司法体制和司法制度的基本方案,并逐步推进与实施。

"由上而下"的司法改革路径或时序所派生出的要求如下。(1) 改革的主导者应当是与司法机构相关涉的其他权力机构,并且是最高权力机构。这不仅应体现于这些机构对司法改革的一般性倡导,而且应体现于这些机构的实际行为和步骤。(2) 与此相应,必须对法治在中国社会治理中的地位、司法在整个政治建构中的地位作出符合中国国情的界定;尤其应将"依法治国"作为司法定位的基础,并以此进一步确定司法权与其他政治权力、司法机构与其他权力机构之间相互关系的应有内容。唯有如此,才能保证司法改革的总体方案符合中国社会治理及社会发展的实际要求。(3) 在司法改革的总体方案形成过程中,相关的理论讨论以及经验分析是必不可少的。围绕司法改革所进行的讨论,不仅应超出法学理论研究范围,而且应有司法机构以至全社会各方面的参与。

（二）关于对西方制度及理论资源的态度

近几年，在有关中国实行法治及司法改革的讨论中，西方国家法律制度及西方国家法学家的理论被学者们大量引用。在法治处于初始状态、司法改革刚刚起步的特定背景下，在西方文化作为一种强势文化而存在的潮流中，这种现象有其必然甚而积极的一面。然而，蕴含在这种讨论中的一些情绪化的倾向是需要指出的。首先，在所引用的理论资源中，西方启蒙思想家有关法治以及法律制度建构的理论受到特别重视，这些理论常常被学者们用于佐证和说明中国实行法治的社会意义以及中国实行法治（从而也延伸于司法制度）的应有状态。然而，事实上，西方启蒙思想家所描述的法治状态即便在西方国家也只是一种未曾实现的理想。西方批判法学派和现实主义法学派所揭示出的西方国家法治现实足以击穿这种虚构。其次，西方国家司法制度被潜在地理解为中国司法制度的目标模式；西方司法制度中的具体规则被或明或暗地认定为"校正"中国司法制度的"基准"。即使在不赞成完全以西方制度作为范本，而强调考虑中国具体国情的主张中，也提出走"相对合理主义"的路子，① 其预设的前提仍然在于：西方的普遍实践是终极性的"合理"，而基于中国国情的实践只是"相对合理"。再次，在援用西方司法制度及其实践作为论证依据时，缺少对制度背景的具体分析，抽取了这些制度所依托的文化或物质内涵，偏执地张扬这些制度的积极效应；至少在引证这些制度的同时没有给予人们"南橘北枳"这样的必要警示。

对西方制度及理论资源的态度，不仅牵涉理论研究中的思维倾向以及这种研究的实践价值，更主要在于它关系到人们对于中国法治改革目标的期待以及改革措施的选择。因此，即使在纯粹文化讨论的意义上，我们也不能认同前面所提到的一些倾向。在此问题上，必须建

---

① 参见龙宗智《论司法改革中的相对合理主义》，《中国社会科学》1999 年第 2 期。

立的基本理念是：承认并坚持法治及司法制度的多样性。渊源于同样理论资源的以英、美为代表的普通法系和以法、德为代表的大陆法系在具体制度安排上的殊异，已经为此作出了最好的例证。深谙西方法治真谛的美国著名法学家劳伦斯·M. 弗里德曼的一段话或许值得中国学者们反复、认真品味："理性和法治可以采用不同的形式。没有特定的法律推理模式、特定的法律制度安排或特定概念体系可以被确定为我们定义的法治所必不可少的东西。"① 在承认法治及司法制度多样性的前提下，以中国社会的实际条件以及中国社会治理和社会发展的实际要求为依据，研究和探讨中国司法制度的具体建构，这应当成为我们的应有选择。当然，这丝毫不意味着对西方司法制度乃至西方法学理论资源借鉴意义的否认。

（三）关于德化教育、加强管理、完善程序与制度创新的关系

从目前司法机构所提出的改革方案看，其措施主要集中在以下三方面。（1）德化教育，亦即对司法机构成员进行思想品质方面的教育，以回应社会对司法腐败现象的批评。（2）加强管理，亦即落实内部各机构及其成员在司法过程各个环节的行为责任，强化责任约束，如建立主审法官或主诉、主办检察官制度。（3）完善程序，亦即从技术上完善司法程序，提高司法行为的总体水平。例如，最高法院明确把改革审判方式作为近期改革的重点。② 一方面，进一步强化公开审判等制度的实施；另一方面，在诉讼法确定的原则和程序框架中，吸收了国外司法实践中的一些技术性措施。

应该说，前述措施大体上覆盖了在现实条件下司法机构自身努力所能涉及的范围。各司法机构之间在实际举措上的差异，并不是对改革的信心或改革进展的不同，而是各自面临的约束条件不一。

毫无疑问，前述措施的积极意义是应当充分肯定的，但根据本文

---

① 宋冰编：《程序、正义与现代化》，中国政法大学出版社，1998，第 117 页。
② 参见最高人民法院《人民法院五年改革纲要》，1999。

前面对司法改革内容的分析，这些措施又远未能反映司法改革的主要方面。因为这些措施大体上还是在现行司法制度和现行司法体制下进行的，没有触及制度和体制本身。司法改革的真正展开还有赖于以司法体制变革为内容的制度创新。更需要看到的是，在制度创新与前述措施的关系中，制度创新具有本质性、基础性意义。如果没有制度创新作为前提，前述措施所能够形成的积极效应不仅是有限的，而且是不能持久的。这一点，也进一步印证了前面所讨论的中国司法改革"由上而下"的路径和时序的合理性。

中国司法改革需要有更为充分的理论准备，因此，法学理论工作者以至社会公众应更多地参与司法改革的讨论，尤其应将对司法腐败情绪化的义愤宣泄转向对司法改革的建设性的审慎思考，用民族整体的智慧创造出富有中国特色的司法制度与司法体制。

（本文原载于《法学研究》2000 年第 3 期）

法院组织制度改革

法官遴选委员会的五个关键词

　　中央全面深化改革领导小组第三次会议审议通过的《关于司法体制改革试点若干问题的框架意见》（以下简称《框架意见》），提出要在省一级设立法官遴选委员会，作为省以下法院人员省级统管之后的法官遴选机构。对于这一机构的人员组成与运作方式，中央司改办负责人的解读是："遴选委员会的组成，应当具有广泛代表性，既有经验丰富的法官代表，又有律师和法学学者等社会人士代表。"遴选委员会"从专业角度提出法官人选，由组织人事、纪检监察部门在政治素养、廉洁自律等方面考察把关，人大依照法律程序任免"。

　　伴随《框架意见》的发布，司改大幕已徐徐拉开。作为本轮司法改革的"重头戏"，法官遴选委员会的制度设计与运转效果，尚待各个试点省份去探索与检验。但其中不少问题，值得理论界与实务界重点研究，例如：法官遴选委员会是不是常设机构？委员相对固定、定期轮换，还是因事而设、一次一换？委员会是依附高级法院而设，还是依托省级人大设立？是否应当设立专门的办事机构？遴选委员会的职能包括哪些，是仅限于初任法官选任，还是包括法官等级晋升、上级法院遴选，乃至出任院长、庭长职务？遴选是以书面审查、个别谈话、民主考核方式封闭进行，还是以公开听证方式展开？遴选是等额还是差额，是否引入竞争机制？遴选名单由谁提出？下级法院党组及

---

* 何帆，最高人民法院司法改革领导小组办公室规划处处长、高级法官。

其组织人事部门的作用如何体现？遴选委员会的委员如何配备？法官
占多大比重？如何充分反映下级法院声音？如果有律师代表，如何防
止利益冲突，是否设置回避程序？

针对上述问题，笔者梳理了 50 个国家和地区的法官选任制度，试
图通过细致比较，了解域外法官遴选委员会的功能和机制。总体来看，
域外法官大致有五种选任模式，即行政首长选任制、立法机关选任制、
首席大法官选任制、司法委员会选任制和公民选举制。最后一种较罕
见，仅在瑞士、美国部分州法院适用。为防止法院过分受制于某一机
关，一些国家采取"混搭模式"选任法官，如美国的联邦法官，就是
"总统提名 + 参议院司法委员会听证 + 参议院批准 + 总统任命"模式。
但是，无论以何种方式选任，都不乏各种类别的法官遴选委员会助力，
只是其称谓、职能、组成有所不同，参与的环节、效力存在差异。

法官遴选委员会的设置，与各国政制密切相关，涉及法治、分权
与民主等多重因素，并没有放诸四海而皆准的通用模式，但总体上还
是有一定共性的，这里姑且以中立、权威、多元、专业、透明五大关
键词，概述上述共性。

一　中立

20 世纪 50 年代以来，欧洲各国纷纷设立司法委员会，执掌司法
政策、司法人事、司法预算、经费保障等司法行政事务。如法国的最
高司法会议（1946 年成立）、意大利的最高司法会议（1958 年成立）、
西班牙的司法会议（1978 年成立），这些尝试都取得了良好效果。

推动这项改革的动因在于：大陆法系法院的"科层制"色彩较
浓，下级法院法官的任命、选调和考核，常由上级法院把控，导致审
级关系异化，妨碍审级独立，若把司法人事权移交司法部等行政机关，
审判独立更难保障，若将司法人事权完全交给议会，又恐司法卷入政
党纷争，因此，设立一个相对独立、多方参与的委员会，负责司法选

任事宜，有利于确保法院依法独立行使审判权。

从 20 世纪末到 21 世纪初，在新一波司法改革浪潮的推动下，司法委员会选任模式逐步被各国接纳。如波兰的司法委员会（1992 年成立）、匈牙利的国家司法会议（1997 年成立）、葡萄牙的最高司法委员会（1997 年成立）、丹麦的司法委员会（1999 年成立）、比利时的最高司法会议（2000 年成立）、挪威的法官任命委员会（2002 年成立）、荷兰的司法委员会（2002 年成立）、俄罗斯的法官资格委员会（2002 年成立）、巴西的司法委员会（2004 年成立）等等。据统计，已有 60% 的国家设立了各种形式的司法委员会，98 个国家将司法委员会明确写入宪法。由于这一做法有利于彰显司法民主、确保审判独立，世界银行和部分国际组织已将是否设立相对独立的司法委员会，作为衡量一国法治水准和司改效果的重要指标。

横向设置模式上，上述组织大都相对独立于行政、立法或司法部门。之所以说是"相对独立"，是因为有些委员会虽然依托于某一机关设立，但委员来源多元、决议实行票决，可以避免受长官意志影响。如我国台湾地区，就依托"司法院"设立了法官遴选委员会，但"司法院"无法左右选任结果。

纵向设置模式上。单一制国家的司法权是中央事权，所以司法委员会大都设置在中央层面，有时也在地方设立下属委员会或办事机构，方便就近审核候选人资质，如泰国司法委员会就分地域设立了若干下属委员会。联邦制国家一般会在联邦、州两个层面分别设置法官遴选机构。如德国联邦法院法官统一由联邦司法遴选委员会选任，各州法院法官由州司法遴选委员会选任，极少数州由司法厅长任命。

职能设置上，各国司法委员会又主要分为"南欧模式"与"北欧模式"。"南欧模式"以审判独立为主要价值取向，侧重司法人事，只是主管范围有宽窄之分，有的只负责初任法官遴选，有的涵盖法官遴选、晋升、调任、惩戒和罢免各个方面。"北欧模式"以效率和效益为主要价值取向，更重视法院的战略规划、司法政务、流程管理、司法预算、司法统计、司法信息化等行政事务。

值得注意的是，进入 21 世纪，普通法系一些主要国家也引入了法官遴选委员会制度。英国 2005 年通过的《宪法改革法》，彻底改变了过去由司法大臣主导法官选任工作的机制。按照新法，英国正式设立法官任命委员会，负责法官遴选工作。为配合新设立的英国最高法院，英国还成立了最高法院委员会，具体负责最高法院法官的遴选。

二　权威

考虑到司法权的重要性，即使在以委员会形式遴选法官的国家，最终的批准和任命，还是交由国会、国家元首或首席大法官进行，由司法委员会直接任命法官的只有葡萄牙等少数国家。但是，如果法官遴选委员会的决定可以被轻易推翻，或者只是根据相关部门的提名"走过场"，并不符合设立这类委员会的初衷。因此，法官遴选委员会的决定，即使在性质上属于荐任或建议，大都具有一定的约束力和权威性。例如，按照英国《宪法改革法》，首席大法官原则上不得拒绝法官任命委员会确定的人选。只有在判定相关人选专业资质不合格，并且有确凿证据支持时，才能作出"拒绝"决定，或者建议委员会"重新考虑"。在法国，最高法院以下法院的法官可由司法部长提出人选，但最高司法会议的咨询意见具有约束力。在荷兰，司法会议提出的法官任命人选应当由司法部长批准，但除非具有极特殊的正当理由，司法部长必须批准，否则要向议会作出说明，并由议会决定。按照南非宪法，总统只能从司法从业委员会提供的名单中选任法官，如果他认为某人不符合要求，必须说明理由。

三　多元

如前所述，各国法官遴选委员会均为常设机构，委员相对固定，一般任期为二至四年，可连任一次。法官遴选委员会的人员配备，既要尊重法官自治，又要体现价值多元。价值多元主要表现在委员会成员的身份、来源的多元化上，除法官外，还应当包括其他法律人士或社会人士。如果委员会完全由法官组成，就成了法院的内设机构。例如，日本地方法院法官的提名权长期由最高法院垄断，被批评是"最高法院本位主义"，导致日本司法遴选制度一直被许多欧洲国家视为反面教材。

一般而言，在重视法官自治的国家和地区，法官代表在遴选委员会中所占比例较大。这其中，为体现最高司法机关的控制权，有的委员会安排了较多上级法院法官代表。如泰国司法委员会主席就由最高法院院长兼任，包括 12 名法官代表（最高法院 6 人，上诉法院 4 人，初审法院 2 人），2 名非法官代表。墨西哥联邦司法委员会的法官代表也多数来自最高法院。但是，为确保司法人事决策能够惠及整个法官群体，而非仅令上级法院法官受益，一些国家格外注重下级法院法官代表的制衡作用。如巴西司法委员会 15 名成员中有 9 名法官，全部来自不同层级、类别的法院。法国、意大利、西班牙的司法会议，也是下级法院法官代表占多数。

在倡导司法多元的国家和地区，法官代表虽然会占一定比重，但数量上不会形成多数，避免委员会内形成"法官利益集团"。如我国台湾地区的法官遴选委员会，就包括"考试院"代表 2 人、法官代表 6 人、检察官代表 1 人、律师代表 3 人、学者（包括法学、社会学和心理学专家）与社会公正人士 6 人。英国的法官任命委员会则包括法官代表 5 人（上诉法院法官、高等法院法官、巡回法官、地方法院法官至少各 1 人）、律师 2 人、非法律人士 6 人、行政审判所 1 人、地方治安法官 1 人。

设立法官遴选委员会的国家和地区，一般会制定专门的委员产生办法，确保能够选任出可以代表不同群体利益、反映社会各界声音的人士。如我国台湾地区除制定《法官遴选办法》外，还先后配套制定了《法官遴选委员会法官代表票选办法》、《法官遴选委员会检察官代表票选办法》和《法官遴选委员会与法官评鉴委员会及检察官评鉴委员会律师代表选举办法》。最终选出的代表，将受到同行、社会与其他委员的广泛监督，无法利用职权谋取私利。

法官遴选委员会的委员多数为兼职，不可能包揽所有选任事宜。所以，遴选委员会大都设有办事机构。绝大多数国家和地区的法官遴选委员会办事机构设在司法机关内部。如我国台湾地区法官遴选委员会的办事机构就设在"司法院"人事处，并成立法官遴选资格审查小组，负责审查候选人资格。有的国家设有专门办事机构，但注重吸收专业人士参与候选人的资质审查。如荷兰司法会议只有4名委员，但配备了105名工作人员，并定期从各级法院征调20名法官，任期2年，协助委员们制定司法政策、遴选优秀法官。

四　专业

法官被推定为法律专业人士中的佼佼者。对法官的遴选，专业能力、道德水准、职业操守、政治倾向、健康状况都会被纳入考察范围，但专业能力通常是首要考虑因素。对专业能力的审查与把关，可通过不同途径实现：首先，委员中本来就包括许多资深法官、检察官和律师，可以从专业角度进行评估；其次，许多国家的遴选方式包括笔试和口试，足以检验候选人的专业水准；再次，对候选人的资格审查，通常包括学术著作和法律文书类审查，可以充分评估其研究能力和法律说理能力；最后，依托公开的选任程序，候选人将受到社会各界监督，滥竽充数者很难蒙混过关。

这里要强调的是，考虑到最高法院职能的特殊性，许多国家针对最高法院法官的选任工作设立了专门的委员会，提出了更严格的选任标准和程序。法院层级越高、判决影响面越大，法官选任标准越贴近"政治选任模式"，注重意识形态的考察；法院层级越低，判决影响面越窄，选任标准越侧重"专业选任模式"，注重专业能力的考核。例如，英国最高法院法官就由最高法院委员会遴选，高等法院或上诉法院法官由法官任命委员会遴选。最高法院委员会主席由院长兼任，副院长、英格兰与威尔士、北爱尔兰和苏格兰三地的法官任命委员会主席担任委员。德国联邦司法遴选委员会注重吸收立法、行政部门代表，没有法官、律师代表，注重政治多元；而各州司法遴选委员会则包括法官、律师代表，注重专业多元。在美国，联邦法官任命的政治色彩更浓，候选人动辄被贴上"自由派"或"保守派"标签。政治上左右摇摆的联邦法官候选人，很难被参议院司法委员会通过。为防止州法官选任受到政治干扰，美国密苏里州设立了由专业人士组成的法官遴选委员会，更侧重从专业和业绩角度进行把关，这一做法又称"密苏里方案"，被视为美国州法官选任制度的改革方向。

五　透明

透明、公开的法官遴选程序，既能防止暗箱操作，选出足够优秀的法官，又方便社会各界了解法院、认识法官，推动对法官职业的尊重和保障。

在实行法官员额制的国家，法官岗位一旦出现空缺，都会向社会公示。法官候选人一旦被提名，个人信息就可通过互联网查询：如果是初任法官，公众可以查询到候选人的教育背景、职业经历和学术成果；如果是拟晋升的下级法院法官，公众可以查询到候选人撰写的裁判文书、经办案件的处理情况。

在法官遴选方面，最为公开的要属美国联邦法官的选任过程。参议院司法委员会通常会召开听证会，对候选人进行公开质询。听证会全程在互联网或电视台直播，社会公众或媒体记者都可前往旁听。经过这种严苛、公开程序选任出的法官，专业资质和职业操守会得到广泛认可。

域外法官遴选委员会各具特色，中立、权威、多元、专业、透明五大关键词，未必能概括其全部特点，但不妨作为我国设计法官遴选制度时的参考。例如，在组建法官遴选委员会时，应结合司法人事改革的大方向，综合考虑由委员会行使的职能，确保遴选工作能够与干部管理程序、法定任命程序有效衔接，避免遴选程序沦为新的形式主义；在确定法官遴选委员会人选时，应配套制定委员选任办法，合理确定委员的来源与比例，充分反映下级法院和基层法官的声音，防止人事统管变成某个部门的"一言堂"，进而影响并压迫到审级独立；在研究法官遴选方式时，应注重选任标准和选任程序的专业性、透明性，充分考虑候选人的司法业绩与专业资质，避免完全以考试成绩论高下；在司法伦理上，应强化对不同界别委员的监督，防止不规范、不公正的现象出现。最后，在确定法官遴选委员会的办事机构时，应充分考虑其了解、考察候选人职业操守与业务能力的便利性与专业性，更适宜设在司法机关内部。唯有如此，才能真正有利于探索出一条既立足中国国情，又符合司法规律的法官选任途径。

（本文原载于《法制资讯》2014 年第 8 期）

论我国职业法官培养机制之完善

吴泽勇*

马克斯·韦伯指出:"在经济交易活跃的社会中,用以调整有关利害当事人关系的法律日益增加和复杂化,因而对法律专业知识的需求也日益迫切。为此,能把当事人的主张准确无误地翻译成法庭标准用语的律师,能创造新的合同形式和法律概念并使之得到审判官承认的法律顾问是必不可少的。同时,职业法律家也是加强法的形式合理性的前提条件。"① 在我国的法治现代化进程中,社会对职业法律家的需求正日益凸显。自1979年至今,现代法制的主要法律体系在我国已经基本确立。但是,仅有一系列纸面上的法律,离真正的法治显然还有很远的距离;法律要成为现实生活中每个人的行为准则,离不开一套与现代市场经济相适应的司法程序和司法制度。高度完善的司法程序既是保证现代法律制度顺利运行的基础性条件,同时也为此种法律制度的演进、发展提供了内在驱动力。一方面出于对程序重要性的重新认识,更重要的是基于对"有法不依"现象的不满,近年来,对司法程序的关注成为我国法学研究和法制宣传的一个显著特征。人们看到程序的疲软乃我国法制建设中众多问题的症结,期望以一种全新的、符合现代法治理念的诉讼程序来重塑中国的审判制度,进而推动整个社会法制的发展。但制度的引进,显然不是修订一部法律,改变几种做法就能马上完成的:一种制度,有其赖以建立的历史文化传统,

---

*　吴泽勇,河南大学法学院院长。
①　季卫东:《法律职业的定位》,中国政法大学出版社,1999。

有维持其运作的职业群体，还有人民意识、观念和习惯的潜在支持，而这些是无法引进的。因此，中国现代化法制建设的重心，就沿着由立法到司法，再到司法人员的逻辑顺序，最后落到了职业法律家群体的培育上面。

在中国的特定国情中，法官队伍的改造可能是创建职业法律家群体的关键环节。这一方面因为，法官在现行司法制度中毋庸置疑的主导性地位，使其思考与行为的模式对其他法律职业具有直接的指导作用；另一方面因为，（在我们看来）现行法官队伍在整体上不能适应推行市场经济，建立法治国家的要求。从根本上改变我国法官队伍的结构，造就一批适应现代法治国家需要的"精英型"法官，这当然不是短期内可以实现的目标，而是需要一系列制度改革的共同推进。这当中，一种职业法官培养机制的逐步建立，可能是所有任务中最具基础性意义的一项。因为，只有培养出一批能够胜任现代司法工作的人，我们才有可能去考虑如何选拔他们，如何给予其相应的任职保障以及通过合适的渠道去监督他们，以保证其独立、公正地司法。鉴于此种考虑，本文主要从比较法的角度，对我国大学法律教育的改革以及司法研修制度的构建作些探讨，并以此求教于理论界、实务界同仁。

一　大学法律教育与职业法官的培养

英国近代著名法官柯克曾经说，法律上的案件"是由人为理性和法律判决来规定的，而不是由自然理性来决定的；法律是一门艺术，在一个人能够获得对它的认识之前，需要长期的学习和实践"。① 在现代，法律事务作为人为理性的特征越来越明显，柯克的上述论断在各国职业法官的培养中也得到了充分的验证。比如，在美国，法官多从知名律师中选任，而一个人在参加律师资格考试前起码已在大学学习

---

① 诺内特、塞尔兹尼克：《转变中的法律与社会——迈向回应型法》，张志铭译，中国政法大学出版社，1994。

了7年。在英国，职业法官必须有7年以上的律师经历，其中，巡回法官是初级律师可以申请到的最高职务，高等法院以上的法官都要从任职10年以上的高级律师中任命。无论是事务律师还是出庭律师，在取得执业资格前一般都经历了大学法学教育以及数年的职业培训和实习。在德国、法国、日本等大陆法系国家，无论法官、律师还是检察官，均要在完成4年左右的法学院教育后，通过专门的国家考试，再接受2年以上的司法研修，方有资格被任命为法官。可见，在这些国家，要成为职业法官无不需要漫长的学习和训练。这种现象，与上述国家普遍采行的对抗制诉讼模式有着直接的联系。① 对抗制诉讼所要求法官具备的消极性中立、熟练的诉讼驾驭能力和高超的法律推理能力，均不是短期内可以获得的。一个人只有经过了长期的专业学习和技能训练，同时具备了一定的社会阅历，才能适应对抗制审判的要求。

在成为职业法官的漫长历程中，大学法律教育是一个基础性的环节。虽然在中世纪的欧洲，法律职业教育曾经以行会式的师徒传授方式进行，但随着近代法律体系的建立以及法律教育的逐步体制化，大学法学院的专门教育在多数国家里成了取得法律职业资格的先决条件。为什么自学者一般不被允许参加法律职业资格的考试呢？除了现代大学对各类专门教育的垄断这一一般性原因以外，法律职业自身的特殊要求也可以提供部分的解释。季卫东先生认为，职业法律家之所以在现代国家享有举足轻重的地位，"不仅在于他们掌握了法律专业的知识技术，尤其重要的是他们通过法学教育和实践体验所形成的独特的思考方式适应了时代的需要"。这种思考方式首先表现为一切依法办事的"卫道精神"；其次，具有"兼听则明"的长处；再次，是

---

① 关于对抗制的内涵，有两种不同的理解，一种认为对抗制是英美国家特有的诉讼程序模式（此为我国法学界通说），另一种则认为对抗制是英美法系诉讼程序与大陆法系诉讼程序的共同特征（比如日本学者谷口安平、我国学者张卫平即持此观点）。笔者倾向于后一种观点。有关的辨析以及对抗制诉讼对法官的要求，笔者另有专文讨论。

以三段论推理为基础的。① 大学期间的系统学习和训练，对这种思考
方式的形成无疑是必要的。正如我国台湾地区学者蒋耀祖先生所言，
"大学教育除传授专门学科外，对于通才之训练及品德之熏陶，均有
所兼顾"②；尤其是符合法律逻辑的思维习惯、法律至上的职业精神，
离开了大学法学院期间的长期感悟和体认，是难以养成的。

但在我国，却是另一种情形。虽然长期以来国家一直倡导法官的
专业化，但大学法律教育与法官选任之间并无必然的联系。③ 法律专
业方面的学历并不是进入法院的必备条件，法科毕业生进法院并不比
机关干部、转业军人更容易，在晋升时，也没有明显的优势。相反，
无论是媒体报道还是法院内部人员的谈话，均显示出对大学生的某种
拒斥。④ 这种状况颇耐人回味。据我们的推测，说大学生不适应审判
工作，可能有三个方面的原因。首先是当前法学教育自身的问题。毋
庸置疑，现在的法学教育存在着严重的脱离实践的倾向；而高校毕业
生进入法院前又没有必要的研修和培训，不适应工作几乎是必然的。
其次是法院工作方式的大众化。大众化的司法方式需要社会阅历、处
事经验胜过需要专门的法律知识和技巧，在这种氛围中大学生难免失
宠。最后，法律毕业生与现行法官之间难以融合可能也是原因之一。
按说，既然专业化是国家一贯倡导的法官队伍建设的方向，大学生进
法院自应给予鼓励和支持。但在非专业化的法官已占据大多数位置的
情况下，大学生作为一种"异质"，要想进入法院并在其中谋求发展
就不是"水到渠成"了。说的直露一点，这其中未必没有既得利益的
因素。前两个因素是根本性的，后一个因素在一定程度上是前两个因
素的结果。由此出发，改造我国的法官队伍，也应从法律教育、法官

---

① 季卫东：《法律职业的定位》，中国政法大学出版社，1999。
② 蒋耀祖：《中美司法制度比较》，商务印书馆，1976。
③ 《法官法》对法官学历条件的规定为："高等院校法律专业毕业或者高等院校非法律专业
  毕业具有法律专业知识，工作满二年的；或者获得法律专业学士学位，工作满一年的；
  获得法律专业硕士学位、法律专业博士学位的，可以不受上述工作年限的限制。"
④ 贺卫方：《通过司法实现社会主义》，中国政法大学出版社，1995。

选任和审判方式三个方面的改革入手。

二　大学法律教育的定位

尽管各法治国家一般均把大学教育作为从事法律职业的必要条件，但对大学法律教育的定位却有所不同。这种不同进一步导致了各国法律职业教育的不同模式。

在英美两国，法律教育的目的是培养律师，而不是法官。这是理所当然的，因为法官本来就是从有经验的律师中选任。但是，两国法学院教育的功能又不尽相同。在英国，虽然大多数律师都拥有大学学位，但法学院的学士学位并不是取得律师资格必不可少的条件；获有法律学位的好处是可以免除职业培训阶段的某些考试。已经在大学里学习了法律的人，如果想要成为事务律师，必须在律师协会办的"法律学院"（College of Law）或伦敦及各地的专科学校学习9个月，通过规定的考试，并要在律师事务所当两年的学徒或"受雇秘书"（Articled Clerk），从事约定的工作。即使这样，律师在单独或合伙开业前，还必须担任3年的助理事务律师。出庭律师的培训方式大体与此类似，比如要在"律师公会法学院"（Inns of Court School of Caw）学习一年，通过考试，并在一个或几个出庭律师事务室中做一年的"实习助手"①。不同的是，出庭律师均要在四大律师学院②中的一个注册为学员，并参加规定次数的晚餐会（晚餐会过去曾是出庭律师与学员接触、探讨法律问题和讨论假设案件的机会，但随着学员数量的增多，已经沦为一种无实质意义的仪式③）。由此可见，在英国，法律人员的职业教育并不主要由大学法学院承担，而是根据个人选择的职业

---

① K. 茨葳格特、H. 克茨：《比较法总论》，贵州人民出版社，1992。
② 在我国，律师学院有时被译作"律师公会"，包括林肯律师学院、格雷律师学院、内殿律师学院和中殿律师学院。"它们是法律学校、职业组织以及关系紧密的社交俱乐部的合一"，在某些方面仍保留着中世纪同业行会的特征。参见埃尔曼《比较法律文化》，贺卫方、高鸿钧译，三联书店，1990，第121~122页。
③ K. 茨葳格特、H. 克茨：《比较法总论》，贵州人民出版社，1992。

类型，由相应的律师行业组织负责。美国的法学院教育是典型的职业教育。学员进入法学院之前，必须持有学士学位；法学院毕业的学生即可参加律师资格考试，考试通过者经过品行委员会审查合格后便可从事律师职业；在执业前没有见习期的要求。[①] 由于只有律师协会核准的法学院培养的毕业生才可能成为律师，所以在律师行业组织负责律师职业教育这一点上，美国与英国是相通的。但英国的法律职业教育分散在法学院教育、律师行业组织的训练和就业实习的一系列过程中，而美国的法律职业教育则集中在法学院的学习中。这意味着，美国的法学院必须在 3~4 年的时间里完成在英国要5~6年甚至更长时间的职业教育和培训。从其实践效果上看，美国的法学院做到了这一点。其原因可能有：其一，法学院学员均持有其他专业学士学位，一般已具备了必要的人文科学知识，在理解、接受能力上也高于普通大学生；[②] 其二，美国的法学院主要为学生提供分析和解决法律实务问题的各种技术性训练，为此，案例教学法被广泛采用，这使学生得以马上进入职业训练的实质性阶段，省去了花费在一般理论上的时间。美国的这种法律教育模式，除了加拿大的普通法领域与其相同外，别无二例。[③]

德国、日本、法国等大陆法系国家的法学院教育与其他学科的大学教育并无实质性区别，基本被定位为普通学识教育，而不是技能教育。比如，在德国，大学法学教育的最低期限为 3 年，但一般为 5 年。大学教育结束时，每个人都要接受一次考试，即第一次国家考试，如果通过了该考试，就被任命为"经过了第一次国家考试的合格文官"（Peferendar），并开始接受 2 年的实习训练。在实习期间，学员要在民事法院、刑事法院或检察院办公室、某种行政部门、私人律师事务所

---

① 宋冰：《读本：美国与德国的司法制度和司法程序》，中国政法大学出版社，1998。
② 苏力：《美国的法学教育和研究对我们的启示》，《南京大学法律评论》1996 年春季刊。
③ 王健：《中国的 J. D》，《比较法研究》1996 年第 2 期。

以及在法律机构或政府机构中选择的另一机构共 5 个单位中实习。其中每个单位的实习期为 3 ~ 9 个月。实习结束后，实习生需接受第二次国家考试，通过者即具有被任命为法官、检察官、律师的资格。① 日本的法律家考试、研修制度主要借鉴于德国，但又有其自身的特色。在日本，进入司法研修所的考试难度极大，通过率通常只有 2% ~ 3%。学员入所以后，首先是 4 个月的初期训练；然后是 16 个月的实务研修，其中在地区法院 8 个月，在地区检察厅和地区律师协会分别 4 个月；实务研修之后，学员再回到研修所进行 4 个月的后期训练。最后，由最高法院安排严格的考试（包括笔试与面试两部分），合格者即可从事法律事务工作。② 由于入所的考试极其严格，结业考试一般均能过关，但最后被任命为法官的人只有 10% 左右，另有更小比例的人被任命为检察官，其余的全部做律师。③ 在法国，法官、检察官与律师的培训是分开的。通过大学毕业考试的人，如果想成为未来的法官，就要通过由政府主办的另一次较难的考试，成功者进入设在波尔多的国家司法学院，接受由政府提供费用的为期 2 年的培训。培训期间，他们要在不同的法院和检察官署接受细致的指导以深化专业的法律知识。经过再一次考试，这个培训期便告结束，那些成功者们（通常不超过 27 岁）便就任法官或检察官，他们可以选择的管辖区范围取决于其毕业考试中的成绩。④

　　反观我国的情形，我们发现，大学法律教育的定位是模糊的。从其课程设置、教学方法等方面看，我国的大学法律教育显然不能称作职业教育。课程设置并没有体现对培养学生实务能力的偏重；而以课本讲授为主的教学方法，也不足以培养学生运用法律思考问题的能

① 丹尼尔·J. 米多：《联邦德国上诉审法官的教育、训练、晋升制度》，《法学译丛》1984 年第 1 期。
② 贺卫方：《培养高素质的法律家》，《南京大学法律评论》1995 年春季刊。
③ 据贺卫方先生介绍，日本的司法研修所每年招收学员 700 名，其中 50 ~ 100 名被任命为候补法官，40 ~ 70 名被任命为检察官。
④ 贺卫方：《通过司法实现社会主义》，中国政法大学出版社，1995。

力。但如果把我国的大学法律教育看作类似大陆法系的普通教育，那我们则遗漏了这类国家通行的研修制度。4 年大学毕业后，学生可以直接进入法院工作，或者通过律师资格考试后做律师。这样的法官和律师，不能马上适应工作是很正常的。

如何改革现行大学法律教育，使之真正胜任培养现代职业法律家的职责，是当前我国司法改革中无法回避的一个问题。在对我国法学教育作过专门研究的学者中，存在两种倾向性的观点。苏力先生认为："法学本科教育的方向应是为改革中的中国培养有现代意识的、具有一定学术背景的合格律师，同时注意为法律高级人才的培养打下良好的基础。"[1] 这种观点似乎隐含着在本科期间强化技能教育的倾向。[2] 贺卫方先生代表了另一种倾向，他认为："不应当把那些非常技术化的训练放到本科阶段进行，而是在明确划分法律教育与司法研修的基础上，将教育课程与训练项目加以通盘考虑和合理安排，从而形成我们稳定的课程体系和教学与训练方法，找到职业教育与通才教育之间的平衡点。"[3] 这大致表明了应在我国选择大陆法系法律教育模式的观点。

笔者赞成贺卫方先生的观点，即把大学法律教育定位为培养通才的素质教育（或学识教育），而把职业教育的任务放在司法研修期进行。这样选择，有以下几点理由。其一，正如贺卫方先生和苏力先生都注意到的，在国外，取得法律职业执业资格至少需要 6 年的学习和训练。要求中国学生在 4 年里完成外国学生 6 年所完成的任务，是不切实际的。其二，由于上一个原因，如果将我国的大学法律教育改造成职业教育的话，就免不了要大幅度调整现有法律教育体制——比如

---

[1]   苏力：《法学本科教育的研究和思考》，《比较法研究》1996 年第 2 期。

[2]   但考虑到我国的大学法学院教育与美国的不同——同时承担着素质教育与技能教育两种任务，苏力先生又指出："如果不变更法学教育规格，就必须重新确定中国法学本科基本培养目标。"

[3]   贺卫方：《法律教育散论》，《湘江法律评论》第 1 卷，湖南出版社，1996。

延长学制为 6 年，或者仿效美国，把法学院教育定位为本科后教育。但这样一来，进入法学院即意味着选择了法律职业，而国家需要的法律职业人员的数量有限，因此无论选择了哪一种方案，都可能伴随着法科学生的大幅度减少和法律院校（系）的大幅度削减，其难度可想而知。其三，法律教育中的学识教育与技能教育是可以分离的。在两种教育分离的国家，大学法律教育的任务是培养学生对一般法律原则的清晰把握，训练学生运用法律思考问题的初步习惯以及树立学生志于法治的现代意识。以此为基础，在未来的职业教育中，法学院的毕业生就可以很快进入专业化培训阶段，并在较短时间内全面掌握法律职业所必需的能力和技巧。法国的情形为这种分离体制提供了一个范例。比较法学家茨威格特和克茨在评价法国的法律教育时写道："在法国的大学中，许多年轻人学习法律，却并不打算从事法律职业；法律并不是一种专业训练的对象，而是人们可以从中学习清晰的思维、透彻的表达以及练习修辞技巧的一个领域。这枚硬币的另一面则是法国法律教育内容常常只是净化了的原则，它无须为寻找社会现实问题的解决手段而困扰。但是，以这种一般化、非实践的，甚至是'书本的'方式学习法律却是深化那些将来准备成为法律家的年轻人知识的一种有效方式。"[1]

将大学法律教育从职业教育中分离出来，定位为学识教育，有一系列的好处。比如，可以保持制度变迁的稳定性，可以发挥大学法律教育的多元功能，等等。前者无须多言，后者则有必要加以强调。建设法治国家，当然需要一批职业化的法官、律师，但国家公务人员法律素质的整体性提高同样重要。司法权如果没有行政权的支持，将寸

---

[1]　这种情形在大陆法系国家是比较普遍的。另一位比较法学者指出，"在欧洲和拉丁美洲，进入法律系时并不报有从事法律职业的明确目的的学生为数不少。他们选择法律作为学习的专业是因为它具有足够的广泛性，它并不要求专门技术与特殊兴趣，而是提供一种他们赖以进入社会中许多令人称羡地位的一般训练和文凭。"K. 茨葳格特、H. 克茨：《比较法总论》，贵州人民出版社，1992。

步难行；司法的重要性，也只有在法律成为一种价值被社会接受的情形下，才能充分地体现出来。将法律教育中的学识教育与职业教育分离，可以在实现法律职业精英化的同时，维持法律知识的大范围传授，而这对我国法制建设的推进无疑意义重大。在这方面，日本的法制化经验尤其值得借鉴。根据 1985 年对日本统治集团的一项调查，高级官僚中毕业于法律学科的占压倒多数（达 67.3%）；而这正是日本在一个行政官僚掌握实权的政体下实现法制化目标的重要原因。① 这种结果的出现，与法律职业的崇高地位和优厚待遇，法律院校的大量设立和司法考试的极度严格有很大的关系。职业法律家的"孤高"地位，使其具有极大的职业吸引力，纵然考试过关率极低，众多法律学员依然乐此不疲；而法律学员众多，国家对法律职业的数量限制却很严，其中的绝大部分人不得不转入其他部门、行业，从而使法律的影响力深入社会的各个角落。这种状况的存在，又在国民中提升了法律至上的理念，从而进一步促进了"法科万能"的思想。从日本的经验中，我们可以看到法律教育模式选择所可能产生的巨大积极功效。在我国，国民的心理结构与日本人相仿，对考试的信仰也同样浓重，因此，借鉴一衣带水的日本的经验，可能更为可行也更容易奏效。

三　我国大学法律教育的改革

上面的讨论只表明了笔者对于大学法律教育定位的见解，并不意味着现行教育体制不用作任何变动。现行大学法律教育自身的诸多问题，使它在很大程度上连学识教育的任务也没有完成。对此，已有学者作过详尽的研究，这里只想强调或者说重申以下两点。

首先，调整课程设置。作为大学普通教育的一种，法学教育应满

---

① 季卫东先生在《法律职业的定位》一文中，对日本人利用传统的科举信仰，通过司法考试的技术性操作，树立起社会对职业法律家的崇尚和信赖，进而逐步实现国家权力合理化的过程作了精辟的分析。其中有许多观点对当下中国的司法改革具有启发意义。

足大多数学生的要求。大多数学生的要求是什么？无非是掌握基本的法律理论，熟悉重要的部门法知识和具备初步的法律思维能力。因此，在课程安排上，应突出这种要求。同时，大学教育又是培养学生广泛学术兴趣，为更高层次的研究生教育输送合格人才的基地，所以应有一些专业性和理论性较强的课程设置。按照这样的思路，在大学本科教育中进行必修课和选修课的划分，无疑具有合理性。已有学者就此提出了详细的课程设置方案，[①]　此处不赘。

其次，改进教学方法。尽管笔者认为应将大学法律教育定位为学识教育而不是职业教育，但现在法学教育中重书本、轻操作的教学方式还是应加以改进。归根结底，法学还是一门应用性的社会科学，其实践性比一般的文史学科更强。现在的大学法律教育，一方面是真正的、有创新的、与实际工作有沟通的理论太少；另一方面，又常在"理论联系实际"的口号下助长了非理论化的倾向。[②] 这两种现象都不利于理论的发展，也不利于激发学生对理论的兴趣。理论的更新自然非一日之功，但在教学的层面，教学方法的改进应对改变上述状况有一定的推动作用。比如，案例教学的方法即应予以提倡。案例教学不仅可以培养学生运用法律分析问题、思考问题的能力，而且使法学理论与现实社会直接发生关系，从而有助于理论自身的发展。此外，讨论式教学、模拟法庭的教学，都应加以尝试，并在逐步的摸索中走向规范化。

四　我国司法研修制度的构建

鉴于我国法律教育与法律职业的严重脱节，以及法官就业前培训严重不足的状况，建立系统、完整的司法研修制度可能是我国法官培训和选任制度中的关键环节。仿效大陆法系的经验，同时结合我国的

---

① 苏力：《法学本科教育的研究和思考》，《比较法研究》1996 年第 2 期。
② 苏力：《法学本科教育的研究和思考》，《比较法研究》1996 年第 2 期。

国情，可对我国的司法研修制度提出以下初步的构想。

1. 制度构建的总体思路

笔者主张在我国建立德国、日本式的一元化法律家培训制度。许多学者都曾指出法律家的"解释共同体"对一个国家司法系统自治的重要意义。而一元化的培训模式对这种"解释共同体"的形成极为有利。贺卫方在谈到日本的司法研修制度时说："这种一体化的研修模式的优点，一是能够集中培训法律家所需的师资、图书资料和财力。更重要的一个优点是这些未来法官、检察官和律师在这两年的时间里，研修在一起，生活在一起，相互之间不断地切磋交流，有利于形成共同语言和法律职业一体化的意识。正是这种共同的语言和意识才可能造就一个所谓'解释共同体'（Interpretive Community）。"[1] 这种解释共同体一旦形成，就会对一个国家的法制化进程产生深远的影响。也是从日本的经验出发，季卫东先生对此作了概括："按照统一的理念和思维方式建立的法解释共同体，主要有两种功效：第一，通过集体的力量抵制外界的非正当干扰，通过职业化机制使新的法律体系得以维持、改善并在异质的文化风土中扎根，从而实现法律系统的独立性和自治；第二，在法律界内部形成一种互相约束的局面，以规章制度中固有的认识论模式去抑制个别人的恣意。"[2]

与我国的现实作一对比，可以对法律解释共同体的价值有更直观的认识。在我国，一方面，法律职业者并未形成自己独特的交流方式和专业语言体系，法律系统的内在凝聚力极为缺乏，司法排除行政干扰的能力很弱；另一方面，由于司法系统内部没有一套行之有效的自律机制，面对日益严重的司法权滥用问题，人们又不得不寻求各种各样的外部监督，从而进一步阻碍了司法自治的进程。走出这一"怪圈"的根本途径，一方面是提高进入司法机关的门槛，改善司法人员

---

[1]　贺卫方：《培养高素质的法律家》，《南京大学法律评论》1995 年春季刊。

[2]　季卫东：《法律职业的定位》，中国政法大学出版社，1999。

的待遇，以提高其社会地位；另一方面，则更应在各种法律职业中增进交流，强化法律职业内部的共同体意识，以法律系统的自治来对抗外界的干预。对于后一个方面，组织一些研讨会，使法官、检察官和律师消除隔阂、增进了解固然有一定好处；① 但如果将三种职业的培训放到同一个机构进行，或许会从更根本的层面解决问题。

2. 司法研修机构的设置

在我国，一般法科毕业生可以通过考试取得的法律职业资格主要是律师资格。但仅此一项，每年就有 10 万人以上报考，并有 10% 左右的人通过考试。② 如果将法官、检察官和律师的资格考试合而为一，可能有更多的人报考。假如这种考试每年举行一次，有 15 万人报考，录取率仍为 10% 左右，那么每年通过考试的人将有约 1.5 万人。正如贺卫方先生指出的，把这么多的人全部集中到一个研修机构里是不现实的，③ 而且考虑到我国面积比德国、日本都大得多，这样的统一培训也有许多不便。按照我们在其他地方提出的在全国划分 10 个司法区的设想，可在每个大司法区设一个研修所，具体负责本区的法律家培训；同时在司法部设司法研修中心，负责考试的命题、组织，教材编写，教官的挑选以及其他管理、协调工作。

3. 培训计划的安排

进入司法研修机构，首先应通过一项全国统一的考试。鉴于律师资格考试在我国推行时间较长，积累了一些经验，可以此为原型，经过适当的改造后作为进入司法研修机构的过关考试。考试主要考查学生对有关法律知识的掌握和分析、解决实际问题的初步能力。进入司法研修所后的培训，大致可以仿照日本的做法，分为前期培训、实务

---

① 比如，《中国律师》杂志在 1999 年第 7、9 期的"每月聚焦"栏目中，就对律师与检察官、律师与法官的关系展开了广泛的讨论。这种讨论对于增进不同法律职业之间的沟通和理解，无疑是有益的。

② 这是一个大致的平均数。1988～1998 年，共举行了 10 次律师资格考试，有 100 多万人参加考试，11 万人取得了律师资格。

③ 贺卫方：《培养高素质的法律家》，《南京大学法律评论》1995 年春季刊。

训练和后期培训。前期培训主要以课堂教学为主，但在教学内容和教学方法上均应比大学本科教育更贴近司法实务，更注重研修生运用法律解决实际问题的能力的培养；同时针对将要开始的实习，对各类司法工作的一般程序作一些了解和介绍。实习可考虑在法院、检察院和律师事务所三类机构中进行。各大区可供实习的机构由本区高级法院确定，研修生可在研修所提供的名单中挑选自己将要实习的具体单位。三种部门的实习均要有一定期限，比如 4 个月以上。各实习单位在司法研修所的统一管理下安排研修生实习。实习应是实质性的，真正使研修生接触到实际问题，熟悉司法工作的程序和技巧。为此，可建立规范的实习档案制度，并由实习单位对研修生的表现作出鉴定。实习结束后，研修生回到司法研修所，接受最后几个月的后期培训。后期培训应以巩固学员的知识和技能，解决实习中遇到的问题为主要目的；教学方法应更灵活，讨论式教学、模拟法庭式的教学应占较大比重。最后，在研修期结束时再进行一次考试，按这次考试成绩和研修生实习过程中的表现决定录用法官、检察官的人选。由于这次考试直接关系到哪些人能够成为法官和检察官，因此，考试的命题值得仔细研究。考试可分为笔试和口试两个阶段，以全面、真实地检验学生运用法律分析、解决实际问题的能力。既然这次考试是为了选拔法官和检察官——未进入预定名次的将获得律师资格，自谋职业，因此，考试的命题也应主要以对法官的要求为标准。

本文原载于《河南大学学报》（社会科学版）2000 年第 2 期

诉讼程序改革

论以审判为中心的诉讼制度改革

党的十八届四中全会通过的《中共中央关于全面推进依法治国若干重大问题的决定》（以下简称《决定》）明确提出要"推进以审判为中心的诉讼制度改革"，这为完善诉讼制度、保证司法公正指明了方向。一般来说，诉讼要不要以审判为中心，主要是刑事公诉领域的问题。因为在民事诉讼和刑事自诉中，法院的中心地位是毋庸置疑的，而只有在刑事公诉中才分立案、侦查、审查起诉、审判、执行等诉讼阶段，才存在以哪个阶段为中心的问题。[①] 就我国目前的刑事公诉而言，从立法到实践，都不是按照以审判为中心进行设计和操作的。贯彻落实《决定》提出的"推进以审判为中心的诉讼制度改革"，一方面，必须正确认识诉讼制度以审判为中心的实质；另一方面，应当探索在现有刑事司法体制和环境下推行以审判为中心进行诉讼制度改革的有效途径。

一　诉讼制度以审判为中心的实质

以审判为中心是法治国家诉讼制度的基本特征，[②] 也是近现代国

---

* 樊崇义，国家司法文明协同创新中心研究人员，中国政法大学诉讼法学研究院名誉院长，教授，博士生导师；张中，国家司法文明协同创新中心研究人员，中国政法大学证据科学研究院副院长，副教授。

① 张建伟：《审判中心主义的实质与表象》，《人民法院报》2014 年 6 月 20 日。
② 张保生：《审判中心与证据裁判》，《光明日报》2014 年 11 月 5 日。

家普遍认同的一项刑事诉讼原则。① 通常认为，以审判为中心有三个层面的含义。第一，审判是整个刑事诉讼程序的中心。因为相对于立案、侦查、起诉、执行等程序而言，只有在审判阶段，才能最终确定被告人的刑事责任。第二，一审是整个审判体系的中心。法庭审判所要解决的根本问题是案件的事实认定和证据的采纳与排除，这类问题的解决并不因审级提高而变得更为容易，相反，会因审级越高，所需时间越长，离事实真相越远而更加棘手。因此，"理想的中心主义应当是一审中心主义"。② 第三，法庭审判是整个审判程序的中心。因为定罪权是刑事审判权的核心，相对于庭前准备、判决书送达等程序而言，法庭审判是决定被告人罪之有无的关键环节。刑事案件的定罪权由法院统一行使已成为世界各国的立法通例。③ 我国 2012 年修订的《刑事诉讼法》第 12 条也明确了审判是决定被告人是否有罪的关键阶段，即规定"未经人民法院依法判决，对任何人都不得确定有罪"。在某种意义上可以说，我国在立法上已经确立了审判在刑事诉讼中的中心地位。

1. 诉讼阶段论与审判中心论之争

理论界对刑事诉讼的概念有广义和狭义两种理解。广义的刑事诉讼是指国家实现刑罚权的全部诉讼行为，包括立案、侦查、起诉、审判、执行等；狭义的刑事诉讼则仅指起诉至审判之间的诉讼程序，该程序以审判为中心。④ 西方国家的诉讼法学理论对刑事诉讼一般持狭义说，即主张"审判中心论"，认为诉讼就是审判。如颇具权威性的《布莱克法律辞典》就把刑事诉讼解释为，"规定在法院可能会被行使权利和履行责任的方法"。⑤ 我国学者对刑事诉讼多作广义理解，形成

---

① 孙长永：《审判中心主义及其对刑事程序的影响》，《现代法学》1999 年第 4 期。
② 沈德咏：《论疑罪从无》，《中国法学》2013 年第 5 期。
③ 樊崇义主编《刑事诉讼法学》，中国政法大学出版社，2002，第 84、257 页。
④ 陈光中主编《〈刑事诉讼法学〉新编》，中国政法大学出版社，1996，第 2 页。
⑤ 周士敏：《刑事诉讼法学发展的必由之路——由审判中心说到诉讼阶段说》，《中央检察官管理学院学报》1993 年第 2 期。

了"诉讼阶段论",认为刑事诉讼是一种按照法定程序对犯罪嫌疑人、被告人的刑事责任进行认定的过程,这一过程包含若干相对独立又相互联系的环节,侦查、审查起诉和审判是处于平行地位的"三道工序",它们对刑事诉讼目的的实现起着同等重要的作用,它们在刑事诉讼过程中的地位并无位阶之分。[①]

从立法上看,我国《宪法》和《刑事诉讼法》确立了公、检、法三机关"分工负责、互相配合、互相制约"的刑事诉讼原则。按照这一原则,公安机关、检察院和法院分享侦查、起诉和审判权,各自独立地实施诉讼行为,整个刑事诉讼程序也相应地分为侦查、起诉、审判三个主要阶段,这三个阶段相互独立、互不隶属。从实际情况来看,我国公安机关、检察院和法院就像刑事诉讼流水线上的三个主要操作员。[②] 三者处理刑事案件的程序呈现出明显的"分段包干"式流水作业格局,三者只有具体权限上的分工,而不存在司法权对侦查权、起诉权的严格制约。[③] 这种诉讼模式的优势是追究犯罪的效率很高,能够保障国家刑罚权的顺利实现,但这种"流水作业"模式容易导致法庭审判被虚化和空洞化。[④]

审判中心论的实质是强调审判阶段在整个刑事诉讼程序中的中心地位。作为一种传统的诉讼理论,审判中心论是资产阶级法学家在总结人类社会诉讼历史的基础上,概括资本主义国家初建时的实际情况创建的。[⑤] 以审判中心论为指导,很多国家的刑事诉讼立法都以审判为中心构筑了法典体系,甚至将侦查和起诉纳入了一审程序。审判中心论认为:刑事诉讼的目的是实现国家刑罚权;审判是决定被告人有

---

① 樊崇义主编《刑事诉讼法学》第 3 版,法律出版社,2013,第 54 页。
② 陈瑞华:《刑事诉讼的前沿问题》,中国人民大学出版社,2000,第 231~232 页。
③ 孙长永:《审判中心主义及其对刑事程序的影响》,《现代法学》1999 年第 4 期。
④ 熊秋红:《刑事证据制度发展中的阶段性进步》,《证据科学》2010 年第 5 期。
⑤ 周士敏:《刑事诉讼法学发展的必由之路——由审判中心说到诉讼阶段说》,《中央检察官管理学院学报》1993 年第 2 期。

罪与否及其刑事责任轻重的最后和关键的阶段,① 是刑罚权得以实现的重要标志。审判中心论者将审判视为刑事诉讼的中心或者重心,认为侦查和起诉只不过是为审判做准备,二者本身未能形成控、辩、审三方格局,因而很难称得上诉讼活动,有人甚至直接将侦查和起诉称为"诉讼外程序"或"非诉程序"。②

　　审判中心论在我国诉讼法学界和司法实务界早已有人提出。在20世纪围绕刑事司法改革及1996年《刑事诉讼法》修改的研究中,该理论备受关注。不少人主张我国应当建立审判中心主义的司法理念,以此指导刑事司法改革和《刑事诉讼法》修改。③ 当前,推进以审判为中心的诉讼制度改革,被认为是"重张审判中心主义","重新检讨诉讼阶段论甚至将其舍弃"。④ 我们认为,完全改变现有的刑事诉讼法典结构是不现实的。就像有学者所言,做好刑事司法工作,靠法院系统单打独斗是不行的,公、检、法三机关必须在依法履职的基础上加强配合,形成工作合力,发挥制度优势,提高刑事司法的整体水平。⑤ 当前要紧的是,探索如何在现有体制下提高法院的权威,把事实认定和证据采信限制在审判阶段,并通过制度保证判决的终局性。

2. 从"侦查中心主义"到"审判中心主义"

　　"侦查中心主义"是探讨审判中心主义时经常提到的一个概念。事实上,没有任何一个国家把刑事诉讼程序定位为以侦查为中心,也没有任何一位学者坚持刑事诉讼程序以侦查为中心。"侦查中心主义"作为一个概念被提出,在很大程度上是反思我国刑事诉讼构造的结果。如有人把我国刑事诉讼的结构比喻成"葫芦型":侦查活动构成

---

① 徐静村主编《刑事诉讼法学》(上),法律出版社,1997,第247页。
② 周士敏:《刑事诉讼法学发展的必由之路——由审判中心说到诉讼阶段说》,《中央检察官管理学院学报》1993年第2期。
③ 顾永忠:《"庭审中心主义"之我见》,《人民法院报》2014年5月16日。
④ 张建伟:《审判中心主义的实质与表象》,《人民法院报》2014年6月20日。
⑤ 沈德咏:《论疑罪从无》,《中国法学》2013年第5期。

了"葫芦"的庞大底端；审判活动虽然构成"葫芦"的一个部分，但其实无论是从法定期限还是从权力运用的独断性上看，该活动都无法与侦查活动相比；介于侦查与审判之间的检察机关审查起诉活动，也许只是"葫芦"的"细腰"。我国民间对这样的刑事诉讼结构有一个形象的说法："大公安，小法院，可有可无检察院。"[1]"葫芦型"构造意味着侦查活动是我国刑事诉讼程序的重心，"大公安"也表明了侦查活动在刑事诉讼程序中的重要地位。"分工负责、互相配合、互相制约"，这本是我国正确处理刑事诉讼中公、检、法三机关关系的一项原则，但这一原则在执行中出现了偏差，实践中逐步形成了刑事诉讼以侦查活动为中心的格局。[2]

从诉讼制度的演进来看，专制国家的诉讼制度都是以侦查为中心的，警察在诉讼中居支配地位，拥有不经法院审判就对犯罪嫌疑人进行惩处的权力；法治国家的诉讼制度则以审判为中心，法官可以对侦查权的行使进行必要的司法控制。[3]我国不是专制国家，不存在不经法院审判就对犯罪嫌疑人定罪判刑的问题，但是必须承认，侦查活动在我国当前的刑事诉讼中发挥着切实的、重要的作用，有时甚至是决定性作用。打造以审判为中心的诉讼结构，就要想办法弱化警察对犯罪嫌疑人命运的控制作用，同时，要保证法院对刑事诉讼实体性问题乃至程序性问题的解决享有最终决定权。

二　刑事审前程序的诉讼化改造

以审判为中心并不否定审前程序的重要性。[4] 审前程序这一概念的提出，恰恰是将以审判为中心作为前提的，是我国刑事诉讼制度发

---

① 张建伟：《刑事司法：多元价值与制度配置》，人民法院出版社，2003，第157页。
② 参见汪红《法学家读四中全会公报（九） 提出以审判为中心有其背景》，《法制晚报》2014年10月24日。
③ 张保生：《审判中心与证据裁判》，《光明日报》2014年11月5日。
④ 王守安：《以审判为中心的诉讼制度改革带来深刻影响》，《人民检察》2014年11月10日。

展的产物。① 打造以审判为中心的刑事诉讼格局，需要对审前程序进行诉讼化改造，以确保侦查、审查起诉的案件事实和证据经得起法律的检验。刑事审前程序的诉讼化改造，具体可采取以下四方面举措。

1. 实行司法令状原则

刑事审前程序诉讼化的关键是让法院介入审前程序，通过司法权的介入，实现权力制约权力，形成司法权对侦查权的有效控制。这样既能解决侦查权行政化的问题，又可以防止侦查权被滥用。

侦查权作为一种带有明显行政性质的国家权力，具有单方面自行启动的功能和强烈的强制性，其运行往往带有行政化色彩，如果不予以适当控制，就可能引发非法取证、暴力取证现象的发生，造成对公民基本权利的侵犯。因此，很多国家都实行令状原则，要求侦查部门在采取强制措施时，必须由检察官或警察向法官提出附有理由的申请，法院或法官审查后签发令状，侦查部门只有依据该令状，方可限制或者剥夺犯罪嫌疑人的自由和财产。如在美国，警察实施搜查、扣押措施时，必须以持令状进行为原则。警察要获得令状，就必须提出正式申请。令状申请须以警察宣誓或确认的方式进行，警察必须将拟采取措施对被搜查、扣押的对象进行明确而具体的描述，否则令状不得签发。②

在我国，虽然立法上要求侦查机关在采取搜查、扣押等强制性措施时应当依据有关证件进行，但实践中除逮捕以外的其他强制性措施均由侦查机关自己决定、自己签发执行令、自己执行，未能形成令状原则所要求的司法控制机制和程序制约机制。从强化刑事追究的正当性，防止强制性措施被滥用的角度看，对强制性侦查实行令状原则应当成为我国侦查制度改革的趋势。具体做法是：确立对强制性侦查措施的司法审查机制。凡公安机关、人民检察院实施的涉及对犯罪嫌疑

---

① 樊崇义主编《刑事审前程序改革实证研究》，中国人民公安大学出版社，2006，第2～3、22、29～30页。

② 樊崇义主编《刑事审前程序改革实证研究》，中国人民公安大学出版社，2006，第2～3、22、29～30页。

人的人身自由或财产权利进行限制或剥夺的行为，侦查人员都需向法官提出附理由的申请，由法官进行审查并决定是否准许。除法定的紧急情况外，只有持法官签发的有效令状者，才能实施强制性侦查措施。

2. 强化检察机关对侦查机关工作的引导和监督

要打造以审判为中心的刑事诉讼格局，警检关系也需要重新设定。[①] 按照我国《刑事诉讼法》的规定，我国警检关系是建立在分工负责、互相配合、互相制约的基础上的。一方面，公安机关和检察机关在诉讼职能上有明确的分工，二者在职权行使过程中形成了一种相互独立、相互平行的关系；另一方面，检察机关有权对公安机关的侦查活动是否合法进行审查，尤其是有权审查侦查人员在取证过程中是否有刑讯逼供和以威胁、引诱、欺骗以及其他非法的方法收集证据的情况。不过，我国实践中已经形成了以侦查为中心的刑事诉讼格局，并确立了警主检辅的警检关系。由于公诉职能的行使在一定程度上依赖于侦查职能的行使，致使检察机关对侦查活动监督乏力，检察权对侦查权的控制相当微弱，这直接影响了侦查和起诉的质量。[②]

鉴于我国警检关系方面存在的问题，有学者提出了"侦检一体化"的设想，主张确立检察官在侦查阶段的主导、核心地位，突出检察机关在刑事诉讼中对公安机关侦查行为的领导、指挥、监督权。[③]也有学者主张对公安机关的刑事侦查活动实行公安机关与检察机关双重领导的体制，这不仅有利于形成侦查合力，还有利于强化和落实检察监督。[④]

我们认为，在警检关系的改革上，要从我国实际情况出发，立足于人民检察院的宪法地位及其与公安机关的现有关系，变互相牵制的

① 张建伟：《审判中心主义的实质与表象》，《人民法院报》2014年6月20日。
② 樊崇义主编《刑事审前程序改革实证研究》，中国人民公安大学出版社，2006，第2~3、22、29~30页。
③ 陈卫东、郝银钟：《侦检一体化模式研究》，《法学研究》1999年第1期。
④ 龙宗智：《评"检警一体化"——兼论我国的检警关系》，《法学研究》2000年第3期。

侦诉模式为侦方与诉方互相协作及检察机关引导侦查活动的侦诉模式。具体而言，一方面，要调整检察机关与公安机关的关系，改变目前检察机关与公安机关的侦查活动相脱离的局面，使检察机关在刑事追诉启动伊始就能参与到侦查机关的调查取证活动中，为支持公诉做必要的准备。另一方面，要加强检察机关对公安机关侦查工作的引导或指导，保留并健全检察机关对公安机关侦查活动的法律监督机制。

3. 保障犯罪嫌疑人的诉讼权利

刑事诉讼以审判为中心，需要控辩平衡的诉讼结构作支撑，需要改善犯罪嫌疑人的诉讼地位，赋予其足以对抗追诉机关的诉讼权利，增强其防御力量，实现以权利制约权力的目的。[①] 鉴于控辩双方在刑事诉讼中的地位天然地不平等，维持诉讼结构平衡的途径只能是加强犯罪嫌疑人和被告人的权利保障，包括在立法上赋予其一些特权，如无罪推定权、不被强迫自证其罪权、沉默权、不受任意逮捕或拘禁的权利、获得保释权等。

需要强调的是，在我国，绝大部分犯罪嫌疑人都处于被羁押状态，[②] 有很多诉讼权利他们自身是无法行使的，这决定了获得有效的律师帮助权对保障犯罪嫌疑人的诉讼主体地位具有极大的重要性。刑事诉讼以审判为中心，需要充分保障犯罪嫌疑人获得律师帮助的权利。值得肯定的是，我国2012年修订的《刑事诉讼法》扩大了辩护律师参与刑事诉讼的范围和力度，使律师辩护从审判阶段延伸到了侦查阶段。该法规定犯罪嫌疑人自被侦查机关第一次讯问或采取强制措施之日起有权委托律师担任其辩护人，但遗憾的是，这并不意味着犯罪嫌疑人享有律师在场权。并且，不是所有的犯罪嫌疑人都有能力聘请律师，政府部门也无力保障每个犯罪嫌疑人都能获得律师帮助。此外，辩护律师在行

[①] 樊崇义、张中：《论刑事司法体制改革与诉讼结构之调整》，《环球法律评论》2006年第5期。

[②] 陈光中主编《〈中华人民共和国刑事诉讼法〉修改条文释义与点评》，人民法院出版社，2012，第18、249、250、73页。

使辩护权方面还面临一系列立法和人为的障碍，取证难、阅卷难、会见难等问题以及涉嫌作伪证的问题仍然困扰着广大辩护律师。

4. 建立有效的司法救济机制

对刑事审前程序进行诉讼化改造，必须建立有效的司法救济机制。从我国现行立法来看，可行的救济途径是对《刑事诉讼法》的相关条文进行修正。我国《刑事诉讼法》第 115 条列举了五种行为类型，规定刑事诉讼中当事人和辩护人、诉讼代理人、利害关系人对于司法机关及其工作人员有此五种行为之一的，有权向该机关申诉或者控告；受理申诉或者控告的机关应当及时处理；申诉人对处理不服的，可以向同级人民检察院申诉，对于人民检察院直接受理的案件，可以向上一级人民检察院申诉；人民检察院对申诉应当及时进行审查，情况属实的，通知有关机关予以纠正。该条规定被安排在《刑事诉讼法》第二章"侦查"的第一节"一般规定"中，这里的"司法机关及其工作人员"应当理解为公安司法机关及其工作人员，包括侦查机关和侦查人员。该条规定将侦查机关和检察机关确定为诉讼权利的救济机关是不妥当的。因为指望侵权人自行审查纠错等于与虎谋皮，而"检察机关本身又是侦查和控诉机关，并不符合司法审查的中立性要求"[①]。此外，"通知有关机关予以纠正"缺乏强制执行力，难以充分发挥实际效用。

加强对犯罪嫌疑人诉讼权利的保障，需要针对违法侦查行为设置程序性裁判和制裁机制。犯罪嫌疑人认为侦查机关侵犯其合法权益或者侦查行为不合法、不适当的，可以请求法官进行司法审查。法官经审查确定犯罪嫌疑人的申请理由成立的，应当作出书面裁判，除解除违法侦查措施、排除相关证据外，还应当依法追究违法者的法律责任。必须强调的是，司法救济是一种强制救济权，立法必须保障法官针对违法侦查所作出的裁判具有强制执行力。

---

① 　陈光中、龙宗智：《关于深化司法改革问题的思考》，《中国法学》2013 年第 4 期。

三　法庭审判的实质化改革

刑事诉讼以审判为中心，是以建立与现代民主政治相适应的独立、公正的法院制度为前提的。[①] 它追求法庭审判的实质化而力戒形式化。[②] 如果审判只是走过场或者流为审判秀，其就无法确立自己的诉讼中心地位，以审判为中心也就沦为一句空话。[③] 法庭审判的实质化改革可从以下四个方面进行。

1. 建立刑事证据开示制度

证据开示具有整理证据、确定争点的功能。证据作为一种事实性争点，表明当事人双方所具有的不同事实主张。其实，诉讼中当事人双方互相攻击和防御的焦点，也是裁判者对案件事实进行判断以消除当事人双方的对抗的裁判点。[④] 通过证据开示，当事人双方可以在庭审前提出争点并予以梳理、归纳，甚至可以就某些案件事实和证据达成共识，在法庭上可以就未达成共识的争点进行质证和辩论。对于那些存在分歧的案件事实，当事人双方由于已在开庭前做了充分准备，所以能够在庭审中进行集中质证和辩论。法官结合当事人双方都认可的证据，就能够对案件形成明确而清晰的认识。特别是在证据开示中，当事人双方对已达成共识的事实和争点进行宣读，可以强化法官对案件事实的认识，避免出现"盲人摸象"式的审判游戏。[⑤] 如果当事人双方在庭审前互不了解对方的证据情况及所争议的问题，对于对方在法庭上所要进行的活动一无所知，法庭审判中就有可能出现"你说你的，我辩我的"这种互不配合的状况。[⑥]

---

① 孙长永：《审判中心主义及其对刑事程序的影响》，《现代法学》1999 年第 4 期。
② 沈德咏：《论疑罪从无》，《中国法学》2013 年第 5 期。
③ 张建伟：《审判中心主义的实质与表象》，《人民法院报》2014 年 6 月 20 日。
④ 韩象乾主编《民事证据理论新探》，中国人民公安大学出版社，2006，第 428 页。
⑤ Brennan, The Criminal Prosecution: Sporting Event or Quest for Truth?, Wash U. L. Q., 1963, p. 279.
⑥ 张保生主编《证据法学》第 2 版，中国政法大学出版社，2014，第 153 页。

2. 完善庭前会议制度

庭前会议是法院在决定开庭后、审判前为开庭审判做准备的一个程序，是庭前准备程序的核心和关键。我国《刑事诉讼法》第182条第2款规定："在开庭以前，审判人员可以召集公诉人、当事人和辩护人、诉讼代理人，对回避、出庭证人名单、非法证据排除等与审判相关的问题，了解情况，听取意见。"作此规定有利于明确庭审重点，也便于法官把握庭审重点，促进庭审实质化，提高审判质量。① 但是，《刑事诉讼法》确立的庭前会议制度只是对一些程序性问题"了解情况，听取意见"，并且只是要求"上述活动情形应当写入笔录"，而没有明确赋予法官就庭前会议涉及的问题作出裁断的权力。按照这一制度，刑事诉讼中当事人双方即使就某些问题达成了合意，这种合意也没有法律上的约束力，无法发挥应有的作用。② 我们认为，我国应在立法上进一步完善庭前会议制度，明确庭前会议的功能，确定庭前会议的法律效力。庭前会议的功能包括：便于当事人双方在庭审前整理案件争点，固定证据。其效力表现在：对于程序性争议问题，当事人双方在庭前会议上达成合意后，应当制作合意书，合意书一经签名或者盖章，即具有法律效力。审判人员应当在庭前会议上作出决定，明确该合意书可以在以后的庭审程序中作为证据使用。

3. 改革全案卷宗移送制度

按照我国《刑事诉讼法》第172条的规定，人民检察院提起公诉时，"应当将案卷材料、证据移送人民法院"。这里的"案卷材料、证据"应当理解为作为公安司法机关内部案卷以外的供诉讼使用的全部案卷材料和证据。③ 这一修改废止了1996年《刑事诉讼法》确定的

---

① 闵春雷、贾志强：《刑事庭前会议制度探析》，《中国刑事法杂志》2013年第3期。
② 朱孝清：《庭前会议的定位、权限和效力》，《检察日报》2014年8月13日。
③ 陈光中主编《〈中华人民共和国刑事诉讼法〉修改条文释义与点评》，人民法院出版社，2012，第18、249、250、73页。

"复印件主义"①，恢复了 1979 年《刑事诉讼法》确立的全案卷宗移送制度。立法者之所以作这样的修改，主要是考虑到"复印件主义"的实践效果不佳：法官在庭审前对大部分案卷材料并不熟悉，也不了解当事人围绕案件所产生的主要争议问题，因而难以很好地主持和调控庭审活动。并且，检察机关不在庭审前移送全部案卷材料，致使辩护律师无法通过到法院阅卷而了解全案的证据，特别是无法了解对被告人有利的证据。② 不过，恢复全案卷宗移送制度后，可能还会产生1979 年《刑事诉讼法》实施过程中出现的"先定后审""先入为主""庭审流于形式"等问题。尽管目前我国法官的素质、司法能力等较之十多年前有了很大提高，但在全案卷宗移送制度下，由于法官在庭前阅卷中已经预先了解了案情和诉讼证据，所以其容易形成预断而在庭审中过于重视控方的证据和理由，从而影响公正裁判。③ 可见，在《刑事诉讼法》恢复全案卷宗移送制度后，如何推进法庭审判的实质化改革，已经成为我国诉讼制度改革面临的重要现实问题。

为了推进法庭审判的实质化改革，有学者重提实行起诉状一本主义。④ 有学者认为要彻底解决法庭审判流于形式的问题，就必须废止案卷移送制度，避免法官在开庭前接触、查阅任何案卷笔录和证据材料，从而彻底割断侦查程序与法庭审判程序之间的联系。⑤ 我们认为，如果证据开示制度和庭前会议制度能够按照前文所述得以确立和完善，则实行起诉状一本主义是完全可行的。

4. 贯彻直接言词原则

直接言词原则包括两项具体的原则，即直接原则和言词原则。其

---

① 陈卫东、郝银钟：《我国公诉方式的结构性缺陷及其矫正》，《法学研究》2000 年第 4 期。
② 王尚新、李寿伟主编《〈关于修改刑事诉讼法的决定〉释解与适用》，人民法院出版社，2012，第 175 页。
③ 陈光中主编《〈中华人民共和国刑事诉讼法〉修改条文释义与点评》，人民法院出版社，2012，第 18、249、250、73 页。
④ 张建伟：《审判中心主义的实质与表象》，《人民法院报》2014 年 6 月 20 日。
⑤ 陈瑞华：《案卷移送制度的演变与反思》，《政法论坛》2012 年第 5 期。

基本含义是：法官必须在法庭上亲自听取被告人、证人及其他诉讼参与人的陈述，案件事实和证据必须以口头形式向法庭提出，调查须以控辩双方口头辩论、质证的方式进行。① 我国《刑事诉讼法》虽然没有明确规定直接言词原则，但从其中一些条文的规定来看，还是肯定这一原则的。如该法的一些条文坚持被告人在场原则，规定在审判过程中，被告人患有严重疾病而无法出庭或被告人脱逃的，将成为中止审理的理由；一些条文引入了交叉询问规则，规定证人有作证的义务，并明确了强制证人出庭的规则。不过，我国立法中的直接言词原则并不完善，这一原则在实践中贯彻得也不彻底。例如，我国《刑事诉讼法》第 180 条规定，"合议庭开庭审理并且评议后，应当作出判决"，同时又规定，"对于疑难、复杂、重大的案件，合议庭认为难以作出决定的，由合议庭提请院长决定提交审判委员会讨论决定。审判委员会的决定，合议庭应当执行"。这就造成了"审者不判""判者不审"的问题。再如，关于证人证言的使用，我国《刑事诉讼法》在规定证人出庭作证的同时，又规定了证言笔录的可采性。立法上的这种模棱两可导致了司法实践中法官的擅断。如在杜培武案、佘祥林案、赵作海案等案件的审判中，法庭普遍奉行了案卷笔录中心主义，对于案件事实的调查都采取了宣读、出示案卷笔录的方式，法庭上几乎没有证人、鉴定人、被害人出庭作证。②

直接言词原则已得到许多国家的认可，它有助于审判人员正确审查证据、认定案情，有助于实现刑事审判的公正性等价值目标。③ 要全面贯彻这一原则，首先要保障合议庭有作出判决的权力，要改革审判委员会讨论决定案件的方式。从我国目前的情况来看，去除审判委员会讨论决定案件的功能尚不现实，不过，可以考虑借鉴历史上的

---

① 樊崇义主编《刑事诉讼法学》，中国政法大学出版社，2002，第 84、257 页。
② 陈瑞华：《留有余地的判决——一种值得反思的司法裁判方式》，《法学论坛》2010 年第 4 期。
③ 卞建林：《直接言词原则和庭审方式改革》，《中国法学》1995 年第 6 期。

"会审"制度，设立审判委员会开庭审理案件的程序。其次，要强化证人、鉴定人出庭作证的义务。关键证人出庭是审判程序公正的重要标志①，也是保证法庭查明事实、认定证据的基础性措施。最后，要严格限制证言笔录的使用，摒弃卷宗依赖主义。因为在案卷笔录中心主义的作用下，侦查程序将通过案卷笔录对法庭审判产生绝对影响，成为整个刑事诉讼的中心。②

四 全面贯彻证据裁判原则

以审判为中心进行诉讼制度改革，必须树立"打官司就是打证据"的理念。③ 在现代诉讼中，法官对事实的认定应当依据有关证据作出，没有证据不得认定事实，此乃证据裁判原则之要义。④ 确立证据裁判原则，能有效限制法官的恣意擅断，为法官心证的形成提供证据基础，保障法官自由心证的合理性，解决法官"拍脑袋"断案的问题。坚持证据裁判原则要做到两点：一是作为认定案件事实根据的证据必须是经过法庭举证、质证等程序后被确定为具有真实性，在形式上还必须具有相关性与合法性的证据；⑤ 二是案件事实的认定必须建立在证据基础之上，正所谓"无证据，不事实"。⑥

1. 落实非法证据排除规则

确立非法证据排除规则，旨在通过剥夺侦查人员"劳动成果"的方式，遏制他们实施非法取证行为。⑦ 非法证据排除规则能够从根本

---

① 陈光中：《经得起法律和历史检验的正义审判》，《法制日报》2013 年 9 月 27 日。

② 陈瑞华：《案卷笔录中心主义——对中国刑事审判方式的重新考察》，《法学研究》2006 年第 4 期。

③ 张保生：《审判中心与证据裁判》，《光明日报》2014 年 11 月 5 日。

④ 沈德咏：《论疑罪从无》，《中国法学》2013 年第 5 期。

⑤ 常林、张中主编《证据理论与科学——第四届国际研讨会论文集》，中国政法大学出版社，2014，第 112～122 页。

⑥ 常林、张中主编《证据理论与科学——第三届国际研讨会论文集》，中国政法大学出版社，2012，第 60～70 页。

⑦ 熊秋红：《刑事证据制度发展中的阶段性进步》，《证据科学》2010 年第 5 期。

上消除刑讯逼供的动力源,① "迄今为止,这是解决程序违法问题的唯一有效途径"。② 有一项调查表明,我国 2012 年《刑事诉讼法》生效后的第一年,全国刑讯逼供案件数量与上一年相比下降了 87%。③ 但是,2013 年 3 月哈尔滨市发生的一起刑讯逼供事件表明,非法取证问题在实践中还是相当严重的。④ 当前落实非法证据排除规则,具有重要性和迫切性。

与非法证据排除规则的"原产地"美国不同,我国的非法证据排除规则主要适用于非法取得的犯罪嫌疑人或被告人供述、证人证言和被害人陈述的排除。我国《刑事诉讼法》对非法实物证据(物证、书证等)的排除,要求同时具备三个条件:收集证据的程序违法;这种程序违法非常严重,以至于可能严重影响司法公正;这种程序违法不能被补正或不能被合理解释。也就是说,实物证据虽然是非法取得的,但如果不影响司法公正,则不予排除;即使影响了司法公正,如果没有达到严重影响的程度,也不予排除;即使达到了严重影响的程度,如果能予以补正或者合理解释,也可以被采纳。这里有一个问题:补正的结果将会使所有非法取得的物证、书证等都能获得合法性,⑤ 因而实践中非法实物证据往往难以被排除,以至于非法证据排除规则将沦为"非法实物证据不排除规则"。⑥ 此外,非法证据排除程序的启动也十分困难。我们曾做过调查,当被告人申请排除非法证据时,有 49.6% 的法官要求其必须提供确实、充分的证据来证明存在刑讯逼供。

---

① 参见《刑讯逼供,如何不再重演?——关于修改刑事诉讼法的对话》,《光明日报》2011 年 8 月 25 日。
② 陈瑞华:《非法证据排除规则的理论解读》,《证据科学》2010 年第 5 期。
③ 参见《刑讯逼供案件去年下降 87%》,《新京报》2013 年 6 月 27 日。
④ 据报道,2013 年 3 月,哈尔滨市道外区人民法院一审审理并认定了 7 起刑讯逼供案件。参见《电击灌芥末油,哈市曝刑讯逼供大案》,《新华每日电讯》2014 年 9 月 22 日。
⑤ 张保生、常林主编《中国证据法治发展报告(2012)》,中国政法大学出版社,2014,第 5 页。
⑥ 陈光中主编《〈中华人民共和国刑事诉讼法〉修改条文释义与点评》,人民法院出版社,2012,第 18、249、250、73 页。

即使被告人提供了证据，也不意味着法官就会启动非法证据排除程序。我们在调研中假设了这样一个问题：某人被检察机关以故意杀人罪提起诉讼，其辩护律师在法庭上提出其曾被刑讯逼供，并向法庭展示了其手腕上有绳索勒痕的照片，对此，法官会否启动非法证据排除程序？调查结果是，只有15.7%的法官表示非常可能启动非法证据排除程序。可见，我国不但应在立法上确立严格的非法证据排除规则，而且应注重在司法实践中落实这一规则。

2. 贯彻疑罪从无原则

证据裁判原则是现代证据法的一项基本原则，它除了要求法官认定事实须以证据为根据之外，还有另一层含义，即法官虽掌握了一定的证据，但证据不够充分，没有达到法定证明程度的，不能对事实进行认定。[①] 从这个意义上讲，疑罪从无是证据裁判原则的内在要求。[②] 疑罪从无也是程序法治原则的重要体现，是使刑事诉讼尊重客观规律、体现司法文明、落实人权保障的一项重要原则。[③] 目前，疑罪从无原则已经成了现代刑事审判中的一项"铁则"。[④]

从立法上看，我国《刑事诉讼法》已确认了疑罪从无原则，如规定从审查起诉到一审、二审、审判监督程序，对于证据不足的案件，应当由人民检察院作出证据不足不起诉的决定，或者由人民法院作出证据不足的无罪判决。但是，我国司法实践中对疑罪从无原则贯彻得很不彻底。如根据最高人民检察院2012年11月发布的《人民检察院刑事诉讼规则（试行）》第405条的规定，人民检察院对于证据不足决定不起诉的案件，在发现新的证据，符合起诉条件时，可以提起公诉。与此相呼应，最高人民法院2012年12月发布的《关于适用〈中

---

① 樊崇义、吴宏耀：《论证据裁判原则》，《法律应用研究》2001年第6期。
② 张军主编《刑事证据规则理解与适用》，法律出版社，2010，第40页。
③ 沈德咏：《论疑罪从无》，《中国法学》2013年第5期。
④ 〔日〕田口守一：《刑事诉讼法》第5版，张凌、于秀峰译，中国政法大学出版社，2010，第272页。

华人民共和国刑事诉讼法〉的解释》第 181 条第 1 款第 4 项规定，对因证据不足而宣告被告人无罪的案件，人民检察院依据新的证据材料重新起诉的，人民法院应当依法受理。据此，如果查证属实，人民法院就可以对已被判决无罪的被告人再行定罪，从而使原来已经作出的"合法、正确、有效"的无罪判决失去效力。"念斌案"中被告人历时 8 年，经过 10 次开庭、4 次被判死刑，最终被宣告无罪，就充分表明了疑罪从无原则在实践中的虚弱性。① 为了维护司法权威和尊重法院判决的既判力，我国可以考虑在《刑事诉讼法》中引入一事不再理原则，促使刑事追诉程序和审判程序及时终结，实现法律实施的确定性、安定性与和平性。② 同时，一事不再理原则还可以抑制国家机关任意行使追诉权，从而避免被告人陷入无休止的不利和危险境地。

（本文原载于《中州法学》2015 年第 1 期）

---

① 参见曹晶晶《福建警方再将念斌列为嫌犯 未公布决定依据》，《南方都市报》2014 年 11 月 25 日。

② 陈瑞华：《刑事审判原理论》，北京大学出版社，2003，第 176 页。

审判中心与相关诉讼制度改革初探

陈光中　步洋洋*

十八届四中全会通过的《中共中央关于全面推进依法治国若干重大问题的决定》（以下简称《决定》）提出："公正是法治的生命线。司法公正对社会公正具有重要引领作用，司法不公对社会公正具有致命破坏作用。"将司法公正提升到了前所未有的重要地位。为了实现司法公正，《决定》提出了一系列新举措，其中以推进以审判为中心的诉讼制度改革最为引人注目。但是，何为审判中心，法律界的认识和解读未必一致；如何以审判为中心推进相关诉讼制度的改革更是一个有待于我们深入探究的新课题。基于此，本文拟对审判中心的内涵、意义以及如何推进诉讼制度的改革作初步探讨，以期有助于贯彻《决定》的相关精神，努力让人民群众在每一个司法案件中感受到公平正义。

一　审判中心的内涵和意义

（一）审判中心的内涵

"审判中心"这一概念并非舶来品，我们在西方法治国家的法律规范中无处可寻，英文表述中也没有审判中心的专门术语。[①] 究其原

* 陈光中，国家 2011 计划司法文明协同创新中心首席科学家，中国政法大学诉讼法学研究院终身教授、博士生导师；步洋洋，司法文明协同创新中心，中国政法大学刑事司法学院博士研究生。

① 我国媒体和期刊多将审判中心翻译为 trial-centered；将审判中心主义翻译为 trial-centralism，这是一种直译的方法，并非来源于西方的专有术语，《元照英美法词典》中没有这一词汇。

因在于在西方法治国家的刑事诉讼中，追究犯罪嫌疑人、被告人刑事责任的诉讼活动本身就是围绕着审判这个中心展开的，审判前阶段只是为审判阶段作准备，法院对侦查、起诉有权实行司法审查，审判前阶段权力主体的诉讼行为对审判阶段没有预决的法律效力，审判在刑事立法和司法现实中是毫无争议的核心阶段，因此没有必要提出这样的一个概念。大陆法系国家都围绕审判建构自己的刑事诉讼法典的篇章结构，如德国刑事诉讼法典在分则程序部分没有单列侦查、起诉程序，而是将其包含在第一审程序中。① 英美法系国家如美国，其联邦刑事诉讼规则和联邦证据规则则明确只适用于审判阶段。②

　　审判中心是我国法律界针对司法实践状况所提出来的术语，是对应侦查中心而使用的，③ 但是过去没有任何党内、中央政法机关的文件或法律解释采用过审判中心的提法。《决定》首次以党中央权威文件的形式提出"以审判为中心"，这必然引起社会和法律界对此术语内涵的关注。

　　显而易见，审判中心属于刑事诉讼的范畴。在民事诉讼和行政诉讼中，诉讼即审判，不存在审判中心的问题。但刑事诉讼则有所不同，刑事诉讼是实现国家刑罚权的活动，刑事公诉案件情况复杂，需要有专门机关在审前阶段搜集、审查证据，以期为审判阶段作充分准备。正因为如此，我国刑事诉讼法在审判之前规定了独立的侦查和起诉阶段，同时我国宪法和刑事诉讼法又明确规定了公、检、法三机关关系为"分工负责、互相配合、互相制约"。审判中心正是基于公、检、法三机关关系在立法和司法运行上的不足而提出的，是对三机关关系

①　李昌珂译《德国刑事诉讼法典》，中国政法大学出版社，1995。
②　卞建林译《美国联邦刑事诉讼规则和证据规则》，中国政法大学出版社，1998。
③　提以审判为中心的代表作品有：陈光中等所著的《中国司法制度的基础理论研究》，经济科学出版社，2010，第 9 页；陈光中、龙宗智：《关于深化司法改革若干问题的思考》，《中国法学》2013 年第 4 期。提审判中心主义的代表作品有：孙长永：《审判中心主义及其对刑事程序的影响》，《现代法学》1999 年第 4 期。

的完善和发展。由于历史和现实的原因，[①] 公安机关在三机关的关系中处于"龙头老大"地位，侦查阶段的结论往往决定了审查起诉甚至审判的结果。三机关的关系在实践中产生了一定程度的分工混淆，制约不足，配合有余的现象，导致刑事诉讼的重心前移至侦查阶段，审判虚化，一定程度上流于形式。这种现象被通俗地表达为："公安机关是做饭的，检察机关是端饭的，审判机关是吃饭的。"正如有些学者说的那样："在一定意义上来说，真正决定中国犯罪嫌疑人和被告人命运的程序不是审判程序，而是侦查程序。"在这样的现实背景下，《决定》提出推进以审判为中心的诉讼制度改革，以期对这种分段包干的流水作业式的线性关系进行重新审视和重新定位。

我们认为，审判中心的内涵应当从如下三个维度来解读。

首先，审判中心是从最终认定被告人是否有罪这一权力由人民法院行使的角度来讲的。在由侦查、起诉、审判等阶段组成的整个刑事程序中，虽然各种诉讼活动都是围绕被追诉人的刑事责任问题而展开的，但是侦查和起诉程序属于预备程序，在侦查、起诉程序中，办案机关对于犯罪嫌疑人罪责的认定仅具有初步意义，不产生有罪的法律效果，[②] 只有在审判阶段才能最终决定被告人的刑事责任问题。我国刑事诉讼法第12条亦明确规定："未经人民法院依法判决，对任何人都不能确定有罪。"诚然，有些案件可能通过侦查、起诉程序实现审前的分流，如公安机关可以撤销案件，检察机关可以作出不起诉决定，但唯有进入审判阶段才可对被告人进行定罪量刑。

---

① 早在"文化大革命"之前，根据中央1960年发出的《关于中央政法机关精简机构和改变管理体制的批复》决定，我国的司法体制实际是公安领导法院、检察院，党组甚至设在公安。"文化大革命"时期，社会主义法制和司法体制破坏殆尽，在宪法中公开取消了人民检察院，此时的法院也只是一块牌子，实际上依然是公安机关主导的侦查中心。"文化大革命"之后，党中央总结经验教训，进行拨乱反正，意识到三机关的关系要正常化，因此1979年刑事诉讼法和1982年宪法中均规定三机关的关系为"分工负责、互相配合、互相制约"。

② 孙长永：《审判中心主义及其对刑事程序的影响》，《现代法学》1999年第4期。

　　其次，审判中心要求庭审实质化并起决定性作用。审判阶段本身是一个复杂的过程，其活动是多样的，既包括庭前的准备，法庭的审判，还包括各种庭下的审判活动。审判中心强调把开庭审判（庭审）作为审判流程中的决定性环节，实现庭审对于审前、审后程序的统领作用，我们可以说，庭审是审判中心的中心，也可以表述为庭审中心。

　　庭审中心是进一步落实审判中心的关键性环节，审判中心是通过庭审中心加以实现的。庭审中心要求与定罪量刑相关的各类证据，无论是言词证据还是实物证据，都要在庭审的聚光灯下充分展现，保证诉讼双方在法庭上充分举证、质证、互相辩驳、发表意见，进而使法官辨明证据真伪，独立地形成心证，作出事实认定准确，法律适用正确的公正裁判。正如《决定》指出的："保证庭审在查明事实、认定证据、保护诉权、公正裁判中发挥决定性作用。"

　　再次，审判中心意味着侦查、起诉阶段为审判作准备，其对于事实认定和法律适用的标准应当参照适用审判阶段的标准。

　　尽管整个诉讼活动以审判为中心，但审前程序不可或缺，它既为后面的审判程序做准备，又有相对独立的阶段性，是诉讼活动的有机组成部分。在司法实践中，侦查程序的质量对整个刑事诉讼程序的功能发挥起着十分重要的作用。这是因为：侦查程序是整个刑事诉讼活动的起点，只有经过侦查程序收集、运用证据的活动认为犯罪嫌疑人的行为构成犯罪的，才会有以后的审查起诉和审判程序。而审查起诉阶段则是连接侦查和审判程序的纽带，一方面对侦查工作成果进行质量检验和把关，另一方面则实现了审前程序的分流，在保障公民合法权益的同时节约了诉讼资源。

　　然而，在我国的刑事司法实践中，由于侦查、起诉阶段的某些办案人员对法庭审判的重视不够，为法庭审判服务的意识不强，常常会出现这样的一种现象，即刑事审判所需的一些重要证据没有收集或者没有依法收集，进入庭审的案件没有达到"案件事实清楚、证据确实充分"的证明标准，使得审判无法顺利进行。以审判为中心的诉讼制度改革，不仅要求增强侦查、起诉阶段办案人员的责任意识，同时要求侦查、起诉阶段对于事实认定和法律适用的标准应当参照适用审判阶段的标准，满足高质量审判的要求，确保侦查、审查起诉的案件在事实证据层面经得起法律的检验，即经得起法庭上质证、认证的检验，经得起非法证据排除规则的检验，从源头上防范冤假错案。

（二）审判中心的意义

为何要提出以审判为中心？质言之，就在于其是保证司法公正的需要；是提升司法公信力的必由之路；也是对司法规律的尊重和体现。

首先，审判所具有的三方组合的诉讼构造是司法公正的最佳程序保证。在民主法治国家的刑事诉讼中，控审分离，控辩对抗，法庭中立裁判的三角形构造是诉讼程序的典型样态。正是这种最科学、最合理的三角形诉讼构造使得审判在刑事司法中处于确认控辩争议事实并作出案件裁决的中心地位。我国 1996 年《刑事诉讼法》修改时也适当引入了对抗制的审判方式，加强了控辩双方的平等对抗和法官的居中裁判，使审判程序具有了"三方组合"的诉讼化格局，在一定程度上打破了原有的"流水作业式"的诉讼结构，摆脱了线性结构的局限。然而，受"重打击，轻保障"的惯性思维影响，司法实践中的案卷笔录中心或侦查中心的阴影依然挥之不去。2012 年的《刑事诉讼法》修改尽管取得了相当大的进步，但是在这一问题上并未有所推进，全案移送的卷宗移送方式反而加重了案卷笔录中心的阴霾。因此，越来越多的学者提出应当以审判中心代替侦查中心，《决定》亦是在这样的背景下提出了以审判为中心的诉讼制度改革的要求。

其次，刑事诉讼中的民主原则和重要制度在庭审中体现得最为集中、充分，为增强司法公信力提供了保障。我国的刑事诉讼法规定了一系列体现司法民主性的原则和重要制度，如一切公民在适用法律上一律平等、保障辩护权原则、公开原则和陪审制度等。这些原则和制度在侦查、审查起诉阶段有些也得到贯彻，然而只有在庭审中才得以最为集中、充分的体现和贯彻。例如，在侦查、审查起诉阶段同样应当贯彻阳光司法的精神，如警务公开，检务公开制度等。然而受侦查、起诉阶段的任务和特点所制约，这两个阶段的公开不可能是完全的，只能限于一定的范围之内。只有审判阶段的公开才是全方位的，不仅对当事人公开，也对媒体公开，对社会公开，从而将裁判作出的过程和结果置于广泛的民众参与和监督之下，避免了"暗箱操作"，保证了裁判结果的公正性，提高了裁判结果的可接受性。可见，只有实行审判为中心，才能真正地实现司法民主和司法人权保障，才能有效地保证司法公正，提高司法公信力并增强司法权威。

再次，审判中心是尊重司法规律，革除传统运作机制弊端的现实需要。在我国的刑事审判中实际存在着一种以侦查为中心的传统运作机制，即侦查机关在侦查程序中所取得的证据和侦查阶段形成的结论，通常会成为审判的依据和结论。[①]　正如德国的舒乃曼教授所描绘的那样："侦查程序成为刑事诉讼的核心和顶点阶段。""公开审理早已不是刑事程序真正的判断中枢了，它无非指望花了费用走个过场，对侦查程序中产生的结果再加渲染而已。"[②]　以侦查为中心不仅容易导致庭审的虚化，造成对于犯罪嫌疑人合法权利之侵犯，更使得侦查程序中出现的违法行为和错误结论无法弥补和纠正，从而引发诸多弊端，甚至铸成冤假错案。审判中心强调法庭不能简单地接受侦查、起诉机关所移送来的证据材料及其作出的结论，而是用更加民主、公正的程序对审前阶段所取得的成果作出独立的审查和自己的判断，从而有效防止审前程序权力的滥用，使审判真正成为维护社会公平正义的最后一道防线。

---

① 鲶越等译《日本刑事法律援助的现状和问题点》，《外国法译评》1998 年第 2 期。

② 〔德〕勃朗特·舒乃曼：《警察机关在现代刑事程序中的地位》，《研究生法学》2000 年第 2 期。

二　如何推进以审判为中心的诉讼制度改革

以审判为中心的诉讼制度改革虽然是对我国现行三机关关系的完善和发展，但绝不是技术层面的小修小补，而是要对我国现行刑事诉讼制度作一系列的重大改革。我国目前的诉讼制度在诸多方面还不符合审判中心的要求，如影响审判独立性的内外因素依然存在，庭审中书面证言被广泛使用，庭审流于形式，辩护率偏低，控辩力量失衡，侦查、起诉质量不高等问题，都极大地制约着审判中心的推行。因此，要真正实现审判中心，从我国当前司法实践的问题出发，我们认为至少有如下几个问题要认真加以考量。

（一）保证司法机关依法独立行使职权，特别是要保障审判权的独立行使

审判独立是一项为现代法治国家普遍承认和确立的基本法律原则，其核心精神在于法官在进行司法裁判过程中，只服从法律的要求和良心的驱使，客观判断证据、事实，公正裁决案件而不受来自法院内部和外部的干预和控制，即马克思所讲的"法官除了法律就没有别的上司"。[①] 可见，审判独立是实现审判中心的前提，没有审判独立，就没有审判中心。我国《宪法》第 126 条规定："人民法院依照法律规定独立行使审判权，不受行政机关、社会团体和个人的干涉。"这是审判独立的宪法性依据，并在党的文件中一再得以强调和重申。为保证司法机关独立行使职权，《决定》又推出了如下举措。

1. 建立严防党政机关和领导干部违法干预司法活动的制度

《决定》总结过去由党政机关和领导干部协调、过问具体案件的经验教训，明确提出："各级党政机关和领导干部要支持法院、检察院依法独立公正行使职权。建立领导干部干预司法活动、插手具体案件处理的记录、通报和责任追究制度。任何党政机关和领导干部

---

① 《马克思恩格斯选集》第 1 卷，人民出版社，1972。

都不得让司法机关做违反法定职责、有碍司法公正的事情，任何司法机关都不得执行党政机关和领导干部违法干预司法活动的要求。对干预司法机关办案的，给予党纪政纪处分；造成冤假错案或者其他严重后果的，依法追究刑事责任。"我们对上述决定内容的理解和体会如下。

首先，根据我国《宪法》和有关法律的规定，行政机关不得干预审判活动，对于政府机关及其领导干部而言，其以任何方式干预具体案件都是没有法律根据的违法行为。其次，对于党委、政法委及其领导干部而言，其对具体案件的干预是否违法取决于这种干预是否违反司法机关法定职责、有碍司法公正。对此如何界定是一个难题。我们认为，党对司法机关的领导主要是方针、政策的领导和组织上的保证；对于各级党委、政法委及其领导干部如何过问具体案件，如何承担相应的责任，应当根据司法特点和规律制定具体的规则加以规范，以利于落实决定的上述内容。具体而言，制定的规则应当体现如下精神：一是各级党委、政法委及其领导干部原则上不应当对具体的案件进行协调、干预，省以下党委、政法委不宜进行个案协调；二是协调案件范围只限于个别的全国性大案要案或有重大社会影响的案件；三是协调内容只限于法律层面，对于事实、证据问题不应当加以协调；四是因党委、政法委及其领导干部的协调、干预而造成司法不公甚至冤假错案的，协调、干预案件的领导干部应当承担相应的责任，情节严重的，依法追究其刑事责任。为此，协调案件的会议应当制作书面记录，由与会人员签名并归档保存。

2. 完善主审法官、合议庭相对独立办案制度

我国《法官法》第 6 条规定："院长、副院长、审判委员会委员、庭长、副庭长除履行审判职责外，还应当履行与其职务相适应的职责。"即法院院长、各业务庭庭长除了参与对具体案件的审理，其作为法院内的领导还履行一定的行政管理职责。然而在现实中，庭长、院长对审判工作的组织、协调、指导、监督的职责常常被异化为对案件的把关权和对裁判文书的审核签发权。这就是所谓的院长、庭长审批案件制度。这种做法，削弱乃至架空了合议庭的审判职权，严重违背了审判中心对于"让审判者裁判，由审判者负责"的要求。在审判中心的理念之下，"法官负有对公民的生命、自由、权利、义务和财产作出最后判决的责任"，因此必须保证法官站在中立、独立的立场上处理案件，这样才能使得作为"法律帝国王侯"的法官在司法中真正发挥保障实现社会正义的重大作用。① 为此，我们认为，应当逐步废除这种没有法律依据的院长、庭长审批案件制度并改革审判委员会的运行机制。目前我国各级法院都在积极探索扩大主审法官和合议庭的独立审判权，取得了较好的改革成效。如重庆市第四中级人民法院在实行审判权力运行机制的改革中就明确要求：院长、庭长不得审批、签发未参加审理案件的裁判文书，推行院长、庭长参加合议庭审理案件制度，大幅度限缩审判委员会讨论案件的范围，实现从会议制向审理制过渡。②

3. 探索设立跨行政区划的人民法院和人民检察院

随着社会主义市场经济的深入发展，跨行政区划乃至跨境案件逐渐增多，涉案金额也逐渐增大，由此产生了司法地方化的现象，即审理法院所在地的相关部门和相关领导不仅关注案件处理进程，甚至利用职权和关系插手案件处理，进而造成审判出现"主客场"的现象，这不仅不利于平等保护本区域外的当事人合法权益，更不利于人民法院审判权的独立行使，损害了司法的公正性和权威性。

---

① 陈光中：《比较法视野下的中国特色司法独立原则》，《比较法研究》2013 年第 2 期。
② 根据审判权力运行机制改革的重庆实践统计的结果显示，今年 1 月至 10 月，重庆市第四中级人民法院副院长办理案件 40 余件，庭长、副庭长承办案件 436 件，院长、庭长担任审判长参加合议庭审理案件 939 件，占已结案件总数的 91.6%，审委会讨论决定案件数量同比下降 80%。同时根据实践调查问卷的结果，86.5% 的当事人对院长、庭长不再过问案件，不再审签裁判文书，案件处理结果由合议庭说了算表示放心。详见《审判权力运行机制改革的重庆实践》《法制日报》2014 年 11 月 20 日，第 5 版。

为了解决司法地方化的问题，使地方司法机关在人事、财政方面摆脱同级政府人事编制和财政预算的束缚，《决定》一方面重申了三中全会关于改革司法机关人财物管理体制的决定内容，另一方面又提出探索设立跨行政区划的人民法院和人民检察院的新举措，构建普通案件在行政区划法院审理、特殊案件在跨行政区划法院审理的新诉讼格局。

（二）完善辩护制度，特别是法律援助制度

刑事诉讼被视为一场国家与个人之间的斗争。由于追诉犯罪的权力掌握在国家的手中，公诉方较之被追诉方具有天然的强势地位，因此在限制和规范控方权力的同时，必须有效地强化和保障被追诉方的诉讼权利，特别是起关键作用的辩护权，从而保证处于弱势的被追诉方与处于强势的控诉方实现实质意义上的控辩平等。孟德斯鸠在《论法的精神》一书中就曾指出："一个人，即使最卑微的人的生命也应受到尊重，国家在控诉他的时候，也必定要给他一切可能的手段为自己辩护。"[①] 然而在刑事诉讼中，由于被追诉人往往不具备法律相关的知识和素养，加之其本身身陷囹圄，人身自由受限，不便或难以进行为辩护所需的相关工作，减损甚至丧失了辩护的基础，因此辩护权的有效行使就只能依靠律师辩护制度。可以说，审判中心只有在有律师辩护的刑事案件中才能真正地得以实现。

2012 年《刑事诉讼法》对辩护制度作了较大范围的修改，充实了辩护权的内容，强化了辩护权的保障体系。然而，当前的问题在于，制约辩护权有效展开的因素依然存在，如辩护质量不高，侦查阶段律师是否享有调查取证权界定不明等，最为突出的问题则表现在刑事辩护率不高，特别是法律援助辩护的范围太窄。

法律援助制度确保了公民在司法程序中平等地行使权利，有力地维护了诉讼参与人特别是被追诉犯罪人的合法权益，彰显了良法中的

---

① 孟德斯鸠：《论法的精神》（上册），商务印书馆，1982。

"善"的本质，体现了社会的文明进步，正因为如此，有人将法律援助视为"自第二次世界大战以来法律方面最重要的革命"。^①然而，我国现行法律援助的适用案件范围有限，根据刑事诉讼法第 34 条的规定，对犯罪嫌疑人、被告人必须提供法律援助辩护的只限于其是盲、聋、哑人，或者是尚未完全丧失辨认或者控制自己行为能力的精神病人以及可能判处无期徒刑、死刑的人。为落实《决定》中"完善法律援助制度，扩大援助范围"的要求，我们可以考虑将援助范围扩大至可能判处 3 年以上有期徒刑的案件。实际上浙江省高级人民法院三年前已经发函要求：在可能判处 3 年以上有期徒刑的刑事案件或者可能判处 3 年以下有期徒刑，但被告人不认罪的案件，被告人没有委托辩护人的，均应当为其无偿提供法律援助辩护。特别要指出的是，鉴于死刑判决后果的严重性乃至不可逆转性，立法上应当明确对于死刑案件的法律援助，从侦查阶段一直到死刑复核阶段都应当有律师参与。从以往的司法实践来看，在死刑（死缓）复核阶段甚至是二审程序，如果被告人没有委托辩护人的，法院并不指定律师为其提供法律帮助，这种做法显然有违人权保障的思想，更不符合联合国《关于保护面对死刑的人的权利保障措施》中关于"任何被怀疑或被控告犯了可判死刑罪的人"无一例外地都应得到法律援助的规定。

（三）完善证人出庭制度，探索贯彻直接言词原则

证人是否出庭是审判能否成为中心的决定性因素之一。证人不出庭，举证质证在法庭，事实调查在法庭、控辩争论在法庭就无法得到落实。因此，推进以审判为中心的诉讼制度改革，必须着力解决当前证人不出庭的困境问题，探索贯彻直接言词原则。

证人出庭在我国的刑事司法实践中经历了一个变化的过程。1979年《刑事诉讼法》由于规定庭前实质审查的程序，先定后审是常态的

---

① 〔英〕丹宁勋爵：《法律的未来》，刘庸安、张文镇译，法律出版社，1999。

运作机制，证人出庭与否已经不再重要；1996 年《刑事诉讼法》修改时，将卷宗材料的全案移送改为部分移送，适当引入了对抗制的审判方式，一定程度上提高了审理当中的证人出庭比率，然而随着"严打"的进行，侦查中心重新抬头，证人出庭率明显降低，长期徘徊在1% 左右；[1] 2012 年《刑事诉讼法》修改时将提高证人出庭率视为亟待解决的核心议题之一，并采取了多种措施，如证人出庭作证的经济补助、证人及其近亲属的人身特别保护以及证人的强制出庭制度等。遗憾的是，此次修改未能达到预期目标，我们认为，其根本原因就在于立法上的缺陷。

其一，修改后的《刑事诉讼法》第 187 条第 1 款规定："公诉人、当事人或者辩护人、诉讼代理人对证人证言有异议，且该证人证言对案件定罪量刑有重大影响，人民法院认为证人有必要出庭作证的，证人应当出庭作证。"即必须在有异议、有重大影响、法院认为有必要这三个条件同时具备的情形下证人才应当出庭。实际上就是证人是否应当出庭由法院说了算。立法上的此种规定不可能使得实践中证人出庭率低的司法困境有所改观。

其二，《刑事诉讼法》第 190 条又对证人不出庭作出了相应规定："公诉人、辩护人应当向法庭出示物证，让当事人辨认，对未到庭的证人的证言笔录、鉴定人的鉴定意见、勘验笔录和其他作为证据的文书，应当当庭宣读。"这使得法庭审理中证人不出庭是常态，而证人出庭成为例外。

之所以这样规定，就是因为立法迁就了法院、检察院的不适当要求：一方面，检察院不愿意证人出庭是出于巩固证言、防止当庭翻证，争取庭审顺利的效果考虑；另一方面，人民法院出于与检察机关的互相配合及诉讼效率的考虑，也不愿意证人出庭作证。如此立法规定与

---

[1]　关于刑事证人出庭率，可参见左卫民、马静华《刑事证人出庭率：一种基于实证研究的理论阐述》，《中国法学》2005 年第 6 期。

司法现实做法不仅不利于被告人辩护权的行使，更不利于查明事实真相，甚至可能导致冤假错案的发生。2013 年举世瞩目的薄熙来案之所以能够取得良好的法律效果和社会效果，显然得益于关键证人徐明、王立军、王正刚等人的出庭作证。

针对上述问题，四中全会《决定》提出"完善证人、鉴定人出庭制度"，最高人民法院第六次全国刑事审判工作会议及相关领导也提出贯彻直接言词原则。① 直接言词原则是大陆法系国家普遍奉行的一项证据规则，在英美法系国家被表述为传闻证据规则。直接言词原则由两部分构成：第一是直接，即法官要亲自接触和审查证据，强调法官的亲历性，同时法官应当尽可能接触原始证据，不得假借证据的代用品代替原始证据，强调证据的原始性；第二是言词，即法庭审理当中的全部言词证据都要以口头的方式提出，庭前形成的各种书面笔录原则上不具有证据能力。直接言词原则要求法官的心证建立在其亲自审理、建立在以口头的方式进行的证据调查之上，目的在于限制侦查卷宗等书面证据材料的大量使用，提高证人在审判阶段的出庭比率，切实地保障被告人的对质权和辩护权。我们认为，要真正实现审判中心，就必须贯彻直接言词原则。然而，立足于我国的司法实际，全面落实直接言词原则存在困难，因此只能逐步推进，在当下贯彻相对的直接言词原则，即在保证关键证人出庭作证的同时，允许法庭在一定情形下采用经过当庭质证的书面证言。为此，我们认为，法律应当明确在以下几种情形下证人必须出庭：（1）公诉人、当事人或者辩护人、诉讼代理人对证人证言有异议，且该证人证言对案件定罪量刑有重大影响，辩方申请证人出庭的，法院就应当通知证人出庭，并在必要时采取强制措施保证证人及时到庭；（2）可能判处死刑，即使辩方

---

① 2013 年 10 月，第六次全国刑事审判工作会议文件提出："审判案件以庭审为中心，事实证据调查在法庭，定罪量刑辩论在法庭，裁判结果形成于法庭，全面落实直接言词原则，严格执行非法证据排除制度。"最高人民法院院长周强在"推进严格司法"一文中也明确提出"确保直接言词原则体现在法庭。"

并未对控方提出的书面证言提出异议，法院也应当通知证人到庭，以有利于辨别证人证言的真伪；（3）法院认为证人有必要出庭的其他案件，如社会影响重大或涉外案件等。只有真正完善证人出庭制度，贯彻直接言词原则，才能达到《决定》提出的"事实认定符合客观真相、办案结果符合实体公正、办案过程符合程序公正"的要求。

（四）保证侦查、审查起诉质量，为公正审判奠定坚实基础

侦查、审查起诉是为审判做准备的，审前阶段的质量直接影响审判的质量。审前程序收集的证据合法且确实充分，就可以保证审判工作的顺利进行；如果审前程序的工作有疏漏或偏差，就会给审判工作带来困难。有些案件不得不退回补充侦查或审查起诉，有些案件不得不作出无罪处理，有些案件可能由于把关不严，造成冤假错案的严重后果。因此，必须采取切实有效的措施保证侦查和审查起诉的质量，从而为高质量的审判提供前提和保障。我们认为，为了确保侦查、审查起诉的案件事实证据认定和法律适用经得起审判的检验，应当在如下几个方面着力进行改革和完善。

首先，严防刑讯逼供，完善严格实行非法证据排除的诉讼制度。刑讯逼供（包括变相刑讯），严重践踏被追诉人的人权，是程序上的最大不公，是造成冤假错案的最重要原因。司法实践证明，绝大多数冤错案件是由于侦查阶段的刑讯造成的。为规范司法行为，有效遏制刑讯逼供，2012 年《刑事诉讼法》在原有制度基础上，用多个条文构成"组合拳"来加以防范。如增加"不得强迫任何人证实自己有罪"的规定；规定公安机关执行拘留后，应当立即将被拘留人送看守所羁押；犯罪嫌疑人被送交看守所羁押后，侦查人员对其进行讯问，应当在看守所内进行；并规定对讯问过程实行录音录像的制度。同时，用5 个条文着力规定了非法证据排除规则的新内容。上述规定的制定实施在一定程度上减少了司法实践中刑讯逼供的发生，提高了侦查活动的文明水平。然而，我们认为，为切实保证审前程序证据收集的真实性和合法性，应当进一步采取措施严格防范刑讯逼供现象的发生，特别是要完善严格实行非法证据排除的诉讼制度。

为此，一方面应当努力转变司法人员的传统观念，打破固有的"重惩罚犯罪，轻保障人权"、"重证据真实性、轻证据合法性"等观念的藩篱，使办案人员在思想上时刻保持高度警惕，自觉规范取证行为，从而从源头上预防非法证据的产生；另一方面，当务之急是需要通过司法解释规范非法证据排除的范围，特别是言词证据的范围。例如，应当将常见的烤、晒、冻、饿、使用药物、疲劳讯问等造成肉体剧烈痛苦的手段纳入"刑讯逼供等非法方法"的范围，并排除以这些方法取得的供述。又如，鉴于威胁一般会引起恐惧，而恐惧本身就是一种精神痛苦，法律亦应当明确以威胁方法取得的供述应当予以排除。

与此同时，为保障犯罪嫌疑人在侦查程序中的合法权益，应当着力解决侦查阶段法律援助的比率过低的问题。根据关于刑事法律援助实施情况的调查结果显示，16 个被调查地区 2013 年在侦查阶段、审查起诉阶段和审判阶段的办理案件数量及其所占比例分别是 523 件、17.53%，553 件、18.54%，和 1907 件、63.93%，其中侦查阶段最低，审查起诉阶段次之，审判阶段最高。[①] 我们认为，应当考虑在法律援助制度中创建程序性制裁制度，即对于那些符合法律援助条件，而侦查、起诉机关未予实现法律援助的案件，规定其所进行的诉讼活动及其结果无效。还应当探索建立看守所内的值班律师制度和讯问犯罪嫌疑人时的律师在场制度。西方谚语云："有律师的地方最安全。"此两项制度的建立，可以更有效地监督侦查人员的讯问行为，保证文明取证，杜绝刑讯逼供等现象的发生，保障嫌疑人口供的自愿性和真实性。

其次，恢复侦查程序中移送检察院审查起诉前的预审审查制度。1997 年 6 月，在石家庄召开的全国刑侦工作会议决定对侦查、预审分

---

① 参见顾永忠《刑事法律援助实施情况总结研讨会——会议文件》，第 23 页。

设的工作体制进行改革，实行侦审一体化。随后，公安机关的专门预审机构在全国范围内基本被取消，原预审职能划入刑侦、法制或监管部门。应该说，侦审合一的改革无疑提高了侦查效率，是对当时刑事案件高发态势的应对措施。然而，也带来了侦查工作粗糙、把关不严、质量下滑等明显弊端。

侦查作为整个刑事诉讼活动的起点，最接近案件发生的时间，是查明案件事实，发现、收集、固定、补充证据的黄金阶段。同时，侦查阶段也是最容易和最集中发生程序违法、侵害诉讼参与人权利的时间段。因此，抓紧抓实侦查阶段的取证把关、程序审查和人权保障工作，无疑能为后续的起诉、审判工作奠定坚实的证据基础。当前，对于侦查工作的把关主要来自于人民检察院的外部监督（包括检察院的提前介入），这种注重外部监督的运行机制本身就存在弊端，一旦检察监督不及时、不到位，绝大多数的案件瑕疵和缺陷就要延续到审查起诉乃至审判阶段，从而给起诉和审判埋下先天的质量缺陷和程序瑕疵。

我们认为，为了切实地保障侦查质量，应当恢复预审部门，恢复侦查程序中移送检察院审查起诉前的预审审查制度，尤其是那些案情重大、复杂且侦查机关内部对证据合法性、真实性有争议的案件，侦查机关在移送检察院审查起诉前，应当由预审部门对证据的真实性和合法性进行审查把关。《刑事诉讼法》第 114 条规定："公安机关经过侦查，对有证据证明有犯罪事实的案件，应当进行预审，对收集、调取的证据材料予以核实。"这表明恢复预审制度有法律根据。不仅如此，即便目前大多数省市已经取消了预审部门，但北京依然对专门的预审部门予以保留，广西在取消后于 2006 年又全面恢复。预审工作旨在为审查起诉质量以及人民法院的正确审判提供制度性的机制保障，如果说检察机关对于侦查活动的监督是一种外部监督，那么，预审则是侦查机关内部的一种自我监督纠偏机制。正是这种内外部相结合的监督制约机制，为侦查质量提供了双重保证，为侦查中种种瑕疵的纠正提供了双重补救机会，从而在制度层面上人为缩小了案件质量风险和程序救济代价。

再次，加强审查起诉阶段的公开和社会监督。对于侦查机关移送审查起诉的案件，检察机关往往通过审阅案卷材料的方式作出决定，只在必要的时候询问侦查人员、鉴定人员及相关证人。审查程序的相对封闭，不仅使得犯罪嫌疑人及其辩护人无法有效地参与到程序进程当中，在其权利受到侵害时无法得到有效的救济，而且导致审查起诉的质量难以经受审判的检验。阳光是最好的防腐剂，解决这一问题的有效途径就在于增强审查起诉阶段的公开性，加强对于审查起诉程序的社会监督。

一方面，应当加强审查起诉阶段的公开性，积极推进决定所要求的检务公开制度。根据最高人民检察院关于检务公开的要求，结合当前的司法实践，我们认为，加强审查起诉阶段的公开性应当从如下两方面入手。其一，利用网络平台，最大限度地公开审查起诉几个关键节点的有关信息，如侦查机关移送审查起诉的信息、退回补充侦查的信息及审查后的处理决定信息等。其二，探索创建审查起诉的听证程序。对于事实和证据问题，在辩方提出意见，检察院认为有必要时，可以在主诉检察官的主持、侦查人员、犯罪嫌疑人及其辩护人的参与下，必要时被害人、证人和鉴定人也可以参加，依法进行对外不公开的听证程序。在实践中，有些地方的检察院在实施非法证据排除规则时，已经开始探索建立听证制度[1]。此种听证程序不仅是对事实、证据的严格审查，同时也大大提高了审查起诉的透明性，使利益相关人真正地参与到决定程序当中，进而实现对其知情权、陈述权、辩护辩论权等权利的保障。

---

[1] 陈光中、郭志媛：《非法证据排除规则实施若干问题研究——以实证调查为视角》，《法学杂志》2014 年第 9 期。

　　另一方面，应当加强对审查起诉程序的社会监督，完善人民监督员制度。任何权力都存在滥用的可能，单纯依靠检察机关内部的自我监督显然是不够的。为此，十八届三中全会《决定》要求"广泛实行人民监督员制度"，四中全会《决定》提出"完善人民监督员制度"。作为一项我国独创的，旨在实现检察机关办理案件接受外部监督的重要改革举措，人民监督员制度体现了人民群众参与司法、监督司法的要求，有利于实现司法民主和司法公正。然而，这一制度在实际运行中依然存在着不少问题。如在人民监督员选任程序上，"被监督者挑选监督者"的做法难以确保人民监督员的中立性；现行的"报告式"监督方式使得人民监督员仅依靠承办检察官单方提交的材料作出监督结论，无法与当事人和其他诉讼参与人直接接触；检察委员会对人民监督员评议和表决意见的最终决定权，削弱了该项制度的有效性。为此，我们认为，首先应当将人民监督员制度纳入即将修改的人民检察院组织法当中，实现人民监督员制度法治化；其次，把人民监督员的选任权从检察机关剥离出来，改为由其他机关，如司法行政机关进行选任管理；再次，应当赋予人民监督员主动性监督权，即人民监督员在必要的情况下，可以主动询问犯罪嫌疑人及其委托人或相关证人；同时，应当赋予人民监督员在检察委员会不同意其监督意见时，依法向上一级检察院申请复议的权利。

　　总之，推进以审判为中心的诉讼制度改革，是破除侦查中心、实现庭审实质化、重振司法权威的需要，也是保障司法公正，促进社会公平正义的必由之路。我们应当转变观念，统一思想，切实贯彻《决定》提出的此项重大改革的要求，把我国的司法制度推向进一步现代化的新台阶。

　　　　　　　　　　　　　（本文原载于《政法论坛》2015 年第 2 期）

司法改革应当以人为本[*]

——以民事诉讼为中心而展开的论述

汤维建　陈　巍[**]

司法改革是项宏大的工程，包括审判程序的改革、司法体制的改革以及司法观念的改革。其中司法体制的改革是司法改革的核心，是司法改革体系中具有决定性意义的因素，包含了审判独立、法官任免、法院管理体制等一系列重大问题，但由于司法体制改革关涉国家基本权力关系的配置，本质上是一个政治问题，受制于方方面面的现实因素，需要大量其他领域的制度改革相配套，不可能一蹴而就。而与民众关系最为密切的改革是审判程序的改革，即当事人寻求司法救济，将经历怎样的司法程序获得预期的结果。对民众而言，司法改革的最终目的是服务于民众的司法救济需求，如果审判程序无法实现这一目的，其他所有的改革都是没有意义的。司法改革至今，体制改革由于其特殊的难度和背景，短期内很难有所突破，而且，操之过急只会带来难以预料的负面效果。务实的做法是将司法改革的重点放在阻力相对较小的审判程序改革上来，通过构建科学完善的审判程序，保障司法公正和效率，维护当事人的合法权利，妥善解决纠纷。本文所要探讨的是如何完善我国的民事审判程序，并以此为突破口推动司法改革的进程。

* 本文为教育部人文社会科学重点研究基地 2004 年重大研究项目"民事诉讼制度的修改和完善"（项目批准号 05JJD820007）的中期成果。

** 汤维建，中国人民大学法学院教授、博士生导师；陈巍，北京航空航天大学法学院副教授。

一　我国司法改革的法院本位主义倾向

审判程序的改革，首先要确立一个基本目标。我国司法改革的目标是"公正和效率"。对此目标，当今各国的司法改革莫不概然，而对于如何实现这一目标，则有着不同的路径选择。我国二十余年来的司法改革有着鲜明的法院主导色彩，主要从法院的角度切入，诉讼程序改革关注的是"如何让法院公正而有效率的审理案件"。由法院主导实现司法公正和效率的观念，可以称为法院本位主义的司法改革观，以此指导下的改革则必然形成法院本位的诉讼程序。

关于司法公正，在法院本位主义的司法改革观念中，一种潜在的心理和逻辑是：当事人来法院，要的就是一个公正的实体结果，所以，只要法院最终能提供给当事人想要的公正结果，当事人就会满意，就能实现"司法为民"的使命，而能提供公正结果的审判程序就是优秀的。因此，诉讼程序应当是解决法院如何实现公正审理案件的，至于这个过程具体如何运作，其间当事人地位和表现如何，并非决定性问题。在法院本位主义司法观念下，法院可以穷尽手段去探求事实真相，而所谓的超职权主义诉讼模式，恰恰就是法院实现结果公正的必要途径。法院本位的程序观与程序工具主义价值观密切联系，即司法程序的首要（即使不是唯一）目的是实现诉讼结果的公正，只要司法程序能产生公正的实体结果，就是正当的。在程序工具主义看来，公正的实体结果客观存在，法院如果能准确认定事实，正确适用法律，就是对当事人权利的保护，即使当事人在诉讼程序中没有发挥什么实际作用，只要有了公正结果，程序也是正当的。超职权主义诉讼模式、法院本位的诉讼程序与程序工具主义存在内在的逻辑一致性。

法院本位的司法改革观中，当事人始终处于协助法官"公正审理"的附属地位。公正结果是客观的，有赖于法院的积极探求，只要法院尽职尽责，就可以给当事人一个公正结果。法院仅对公正结果，也即对客观事实和法律负责，当事人的意志和诉讼行为对案件结果没有实质性影响，是一种仅供参考的意见，并不构成现实的压力或制约，法官不会因为当事人的行为而改变事实认定或者法律适用。诉讼必须朝向"客观公正"这个外在结果逐步推进，而控制这个进程的只能是法官，当事人可以协助法官，但不能干预法官对公正的探求，即使当事人努力举证和辩论，也不一定会得到有利结果；而即便当事人消极无为，怠于举证和辩论，法院也会出于对实体公正的追求而主动收集证据，支持消极当事人的主张。

法院本位主义的程序观也具有鲜明的"司法为民"导向，从逻辑上讲，公正审判最终还是要让当事人满意，但在产生公正结果的诉讼过程中，当事人并没有独立的主体地位，也没有多少意志发挥空间，有意无意地被置于一个被动接受审判结果的"无声者"角色，当事人能否获得"满意结果"，完全取决于法院的审判行为，这种司法改革观下，法院对寻求权利救济的当事人扮演着权威者的角色，为民做主，精心呵护着"襁褓中的当事人"。

客观地说，这种建立在程序工具主义价值观之上的法院本位主义司法改革观，具有相当的理论诱惑力。对法院而言，这是一种最能接受的观点，可以维系甚至强化其在诉讼中的家长式权威，法院也可以关起门来研究如何更加公正地审判，将当事人排除在司法改革决策之外，司法改革也演变成法院的内部工作方式改革。从我国司法改革的实践看，几乎所有的改革措施都会冠以"保护当事人合法权利"、"实现司法公正"的名义，无论实际效果如何，这种宣传方式起码表明法院扩充自身权力的正当性理由是"实现实体公正"。

值得注意的是，法院本位主义对我国的民众而言，也是一种可以接受甚至根深蒂固的观念。当事人参与诉讼的最大动机就是追求有利的结果，基于理性经济人的理论预设，如果能坐等法院判决，以最低成本获得法院胜诉判决，无疑是最划算的。可以理解，对绝大多数中国民众而言，最理想的司法应当是：当事人到法院提出诉讼请求，然后法院积极地收集证据、查明事实，最后通知当事人领取胜诉判决，或者主动帮助其执行，直至权利得到彻底实现，这才是最"亲民便民"的司法。一般而言，当事人只要能获得预期的结果，就会对司法满意，并不会太在意这个过程自己是不是得到了尊重。

当前，许多公正廉洁的法官被民众赞誉为现代"包青天"，而"青天"这种中国封建社会特有的称谓屡屡施加于当今的法官头上，折射出的传统政治文化内涵耐人寻味。在一些经济不发达地区的基层法院，当事人出于乞求或者感激而向法官"下跪"现象，也是屡见不鲜。在中国数千年的"官本位"文化的浸淫和熏陶下，法院积极扮演一个家长和权威角色，是情理之中的选择。如果法官能在寻求公正结果的同时，时时展示出亲民、爱民的一面，悉心"关心"、"体恤"和"照顾"有困难的当事人，甚至帮其解决与诉讼无关的生活问题，那就更是一个中国当代法官，特别是基层法官的完美形象。从媒体介绍的模范法官的事迹观察，几乎没有现代意义上的当事人自主意志的发挥空间。

在司法效率方面，超职权主义诉讼模式下的法院无法承担因案件激增带来的巨大工作量，为缓解压力而进行了各种改革。最先启动的是 20 世纪 90 年代初的举证责任改革，由当事人负责收集和提出证据，这一改革极大缓解了法院的工作压力。对于我国的举证责任改革，学界一般认为是我国诉讼模式转变的重要标志。由当事人承担举证责任，在举证不力时承担不利后果，固然带有鲜明的当事人主义诉讼模式印记，但不容回避的是，这一改革无论是最初的动因还是坚持下去的理由，都有法院减轻工作负担的现实考虑。除举证责任外，最高人民法院随后又进行了一系列的规范简易程序、强化调解与和解等改革措施，这其中无不渗透了法院减轻工作负担的动机。法院的负担减轻，审判效率会提高，但同时当事人的负担并没有减轻，而且部分成本被司法改革转移到了当事人身上。一个不争的事实是，目前我国民众打官司的成本更高了，打不起官司的现象日益普遍。最贴近民众需求的司法救助等改革措施基本上是雷声大雨点小。有学者分析，我国的司法改革在实现效率方面，实际上是把法院负担的成本转移到当事人身上，同时并没有赋予当事人相应的平衡方式，从总体上看，司法效率实际上是降低了。①

　　以上分析试图表明，我国历经二十余年的司法改革，基本上沿着法院本位主义的改革路径前行。即使是把"司法为民"提升到相当的高度，也不过是延续了"给当事人公正裁判"的传统思路。一个印证是，我国司法改革的主角是最高人民法院，尚不存在一个类似西方的主体多元的司法改革委员会。如日本的第三次司法改革中，它的领导机构"司法改革审议会"包括了诸多主体，但排除了现任法官和检察官的参加，就是鉴于在此之前的两次司法改革中，由于法官和检察官的加入使其始终未见显著效果而采取的方式。在司法改革的具体内容上，也没有能施加实质性影响的法院外参与主体，特别是能真正代表当事人利益的参与决策者。2005 年 10 月 27 日，《人民法院第二个五年改革纲要（2004—2008）》（以下简称《二五纲要》）正式出台。《二五纲要》是继 1999 年《人民法院五年改革纲要》之后，最高人民法院发布的又一个综合性改革文件。从《二五纲要》的产生过程看，我国司法改革的民众参与度不高，社会反响也不强烈。

　　我国司法改革到今天，似乎陷入了动力衰竭的困境，尽管各地改革措施种类繁多，"典型"频现，令人眼花缭乱，但真正能产生示范效应的改革举措却屈指可数。其中一个核心原因是，我国司法改革本质上是以法院的视角切入，是以法院为本的改革路径，改革的方向始终是不断强化法院的优势地位，其中很难听到当事人的声音，尽管所

---

① 吴杰：《民事诉讼机制改革与完善的法律经济分析》，第二次全国民事诉讼法学研讨会论文。

有的改革名义上都不同程度地体现了"司法为民"的目标。

二　人本主义的司法改革观

在比较法视野下，与法院本位诉讼程序相对立的是当事人本位主义的诉讼程序，在英美法系，由抗辩制原则和当事人对审制度体现，而在大陆法系则由辩论主义和处分权主义决定。① 两大法系尽管存在具体制度的差异，但在保障当事人的诉讼主体地位方面却是一致的。在诉讼程序中，当事人有权决定案件的审理范围，法院所认定的事实受到当事人提出的事实主张和证据资料的限制。当事人在诉讼中的主体性地位体现在三个方面：第一，不告不理，当事人有权决定诉讼程序是否启动，也有权决定是否终结诉讼；第二，处分实体权利，当事人有权决定法院裁判的实体权利的范围；第三，当事人有权决定法院认定的主要事实的内容和作为事实认定依据的证据资料。当事人在以上三个方面都可凭自身独立意志约束法院的裁判行为。具备了以上三个方面特点的诉讼程序，也被称为当事人主义诉讼模式。②

当事人主义诉讼模式是当事人本位诉讼程序的必要内容，但不仅限于此，当事人本位主义的诉讼程序还必然包含程序保障原则的内容。③ 当事人主义诉讼模式划分了当事人和法院的权限范围，保障当事人足够的权利意志空间，但并没有关注并解决当事人所必须承担的责任和风险。当事人作为诉讼主体所享有的能够约束法院的权利，同时也是一种现实的责任。负有主张责任和举证责任的当事人如果没有提出能够让法院支持其诉讼请求的事实主张和证据，就要承担败诉后果，这对当事人而言是一种风险，而避免这一风险的途径就是赋予当事人充分的诉讼权利，使其有足够的机会和方式争取到理想结果。也

---

① 关于处分主义和辩论主义的详细阐述，参见骆永家《辩论主义与处分权主义》，载《既判力之研究》，台大法学论丛，1994。
② 张卫平：《民事诉讼基本模式：转换与选择之根据》，《现代法学》1996 年第 6 期。
③ 刘荣军：《程序保障的理论视角》，法律出版社，1999，第 186 页。

正是如此，两大法系民事诉讼都确立了程序保障原则，保障当事人在诉讼中的各项诉讼权利，其中一些基本的程序权利还上升到宪法保护的高度。因此，当事人本位主义诉讼程序不仅表明当事人在诉讼中的意志效力，还必须以充分的诉讼权利保障作为基础。以处分权主义和辩论主义为核心的当事人主义诉讼模式，如果缺乏程序保障原则的支撑，将会把当事人置于一个严重不利的地位，是对当事人本位主义精神的悖反。我国近年来开展的以举证责任制度为核心的诉讼模式改革，之所以受到诟病和抨击，正是因为缺乏必要的程序保障。

本文认为，我国的司法改革要走出困境，应当转变法院本位主义倾向，树立当事人本位主义司法理念的指导思想地位，构建当事人本位的人本主义诉讼程序。

在法院本位主义的司法程序中，由于当事人在诉讼程序中的无为，不仅让法院疲于应付，也使得法院陷入民怨频起的窘境之中。一方面，司法资源有限，法院承担着巨大的工作量，法官疲于奔命，"连日加班加点"，审判效率低下；另一方面，诉讼固有的局限性让当事人总是怀疑法官没有尽力，一旦没有达到预期目的便质疑法官的能力甚至操守。而且，由于法院主导诉讼程序，缺乏当事人的参与和监督，客观上滋生了暗箱操作和司法腐败的土壤。

为什么我们要奉行当事人本位的司法观？法院本位的司法程序为何不能作为我国司法改革的方向？这个问题实际上也是对为何要采纳辩论主义和处分权主义的追问。对此问题，存在以私法自治原则为基础的"本质说"和以发现真实为基础的"手段说"以及"多元说"等等。市场经济体制奉行私权自治原则，法院本位主义司法观与私法自治原则相背离，也不利于诉讼效率，是一种应当被摒除的司法观念。我国当前的司法改革应当奉行以当事人为本位的人本主义司法改革观念，努力构建当事人本位主义的诉讼程序。

人本主义的司法改革具有深刻的哲学基础。人本主义表明一种把人从真理的奴役中解放出来，重新认识人的主体性，人本身即是目的的人文关怀，是当今哲学的一大发展趋势。理性主义哲学有过光荣的历史和不可磨灭的功绩。但是由于传统哲学片面夸大理性的作用，到了黑格尔那里，把理性加以绝对化、客观化，变成独立"无人身的主体"，在"理性狡计"中，人成为理性的附庸与工具，人失去了个性、自由与创造性，失去了人之为人的现实本性，从而出现了人的危机。在当代高速发展和高度发达的物质社会，日趋强大的科学技术能量面前，个人的力量被极大地削弱。呼唤找回失去的人性、自我，把人从抽象的思辨的"理性王国"，重新拉回到现实的人间，成为现代人本主义哲学的共同主题。如果把人文精神作为出发点，我们会看到人文精神、技术与科学的否定之否定的运动图景：古代蒙昧的人文精神——中世纪的技术发明——近代文艺复兴和启蒙运动——现代科技与工业化——现代人文思想的复兴——当代失范的技术行为——重新彰显科学理性和人文精神。[1]

　　人本主义的兴起昭示着对人的自身尊严的渴求形成了潮流，而诉讼作为人们重要的权利空间，不可避免地要受这种思潮的影响。西方兴起的程序正义理论，正是反映了人本主义者的诉求。程序正义价值所张扬的是人作为独立的主体在程序中的解放和自由，无论是为了尊严还是为了参与感，都是为捍卫当事人自身作为程序利用主体的地位。当事人不能沦为程序的客体，用牺牲尊严换取结果的公正，当事人不能在维护一种私权的同时，另一种更核心的权利却丧失了，这与人本主义司法观格格不入。

三　我国人本主义司法改革的若干理论评析

　　在我国理论研究中，司法制度和司法改革以当事人为本，并非一

---

[1]　蔡曙山：《论技术行为、科学理性与人文精神——哈贝马斯的意识形态理论批判》，《中国社会科学》2002 年第 2 期。

个新话题，事实上，推崇当事人在诉讼程序中的主体地位，是贯穿当今我国民事诉讼理论研究的一条主线。笔者认为，关于当事人在民事诉讼中的主体地位，我国学界经历了三个发展阶段。

（一）民事诉讼模式理论

民事诉讼模式的改革是我国人本主义司法改革观的开端。20 世纪90 年代初期，我国学界掀起了诉讼模式的研究热潮，一个普遍性的共识是摒弃我国传统的超职权主义诉讼模式，逐渐向当事人主义诉讼模式靠拢。与此相照应，民事诉讼法律关系理论也突破出传统的一元关系说，批判了法官居于主导地位的观点，彰显了当事人主体地位。①

当事人主义一定程度上强化了当事人意志对法院审判权的制约，但这种制约主要体现在对实体权利义务的处分上，也即处分权主义的内容。对于辩论主义，有三点基本要求，其中第一点和第三点分别要求法院在当事人主张的范围内裁判、法院应当认可直接当事人的自认。从形式上看，这的确是当事人主体地位的强化，法院不能违背当事人的意志，案件的结果也一定程度上由当事人的意志决定，如当事人不主张，法院就不能以此判决其胜诉。但关键在于，当事人寻求法院的权利救济，最为关注的是主张能否得到法院支持，至于裁判是否超越了主张范围，则是第二位的问题。比如当事人主张对方赔偿损失，主张能不能得到法院的支持，赔不赔是最重要的，而是否限定在自己的主张范围之内，赔多少则是次要问题。对当事人而言，法院只要能支持其正当的权利主张，即使超越诉讼请求裁判，也并不是什么严重的问题，但如果法院因为种种原因不能支持主张，就是致命的不利结果。同样的道理，较之于是否支持诉讼请求，法院能否超越事实主张和提供的证据资料进行裁判，并不是一个重要问题。因此，判断当事人在诉讼模式的改革中是否真正具备了主体地位，不能仅看"实体处

① 刘荣军：《程序保障论的理论视角》，法律出版社，1999，第 188～221 页；蔡彦敏：《对民事诉讼法律关系若干问题的再思考》，《政法论坛》2000 年第 2 期。

分权和事实主张是否得到尊重"，而应考察其获得公正结果的能力是否增强。如果改革后的当事人比改革前更能充分地实现实体权利，那么就意味着当事人主体地位的强化。

考察辩论主义的第二点要求，即当事人自行收集提供证据，我们可以发现，当事人主义理论指引下的审判方式改革实际上演化为"减轻法院的工作负担和查明事实责任"，同时"加重了当事人的诉讼义务和风险"。较之于我国传统的超职权主义诉讼模式，当事人尽管不再是被动地接受判决，有权表达自身的意志，却被附加了诸多诉讼义务，要承担更大的风险，总体上处于更不利的地位。对于证据的收集和提出，在超职权主义模式下，当事人可以提出事实主张，法院为了查明事实，应当积极收集那些可能影响事实认定的证据，无论这些证据由谁掌握，法院都有责任查明。这固然会造成"当事人动动嘴、法官跑断腿"的现象，但对当事人而言却是一种举证权利的有力保障，当事人可以坐享其成，免除了收集证据的负担和因举证不利承担不利后果的风险。

改革以后，当事人必须对自己主张的事实承担举证责任，法院原则上不再主动收集证据，如果当事人的证据不足，自己就不得不承担败诉后果。当然，我国司法解释也规定了如果当事人确实有举证困难，可以申请法院调查取证。当事人申请法院调取证据是一种非常重要的诉讼权利，可以视为对增加当事人义务的一种补偿，但问题是，这种补偿是严重不对价的。司法解释并没有规定当事人申请调取证据的范围，也没有规定具体的申请程序，更没有规定申请被法院拒绝后的救济措施。也就是说，当事人的申请取证权是否得到满足，完全受制于法院的意愿。从比较法的角度，我国的当事人申请法院收集，总体上类似于大陆法系的证据收集制度，迥异于美国的证据开示制度，这对当事人收集有利于己的证据的基本程序权利更为不利。① 我国司法实

---

① 对两大法系当事人取证制度和诉讼权利保障的关系，参见黄国昌《比较民事诉讼法下的当事人图像》，载《民事诉讼理论之新开展》，元照出版公司，2005，第42～62页。

践中，法院作为利益主体，并没有多少动力去收集证据，倾向于"依据双方提供的证据居中裁判"，本能上会排斥收集证据的责任。在规则不明确而又由法院掌握决定权的情况下，当事人的不利处境可想而知。

从一定角度来而言，超职权主义诉讼模式由于转移了当事人的责任和风险，对当事人利益的实现反而更加有利。司法实践中，法院推行的举证责任制度屡屡被民众所不理解，被视为推卸责任，而当事人也很容易为举证不力招致败诉而不满，认为是法院没有认真履行查明事实的职能，极端者甚至以死抗议。[①]

以上说明，仅有当事人主义诉讼模式转换理论还不足以保障当事人的主体地位，甚至可能与人本主义司法观背道而驰。

（二）程序正义理论

法院本位主义的司法改革立足于程序工具主义立场，即只要当事人能获得公正的诉讼结果，就表明程序的优秀。这种观念遭到了程序本位主义理论的严厉批判。程序本位主义作为一种理论学说，主要体现在程序正义理论之中。程序正义理论在我国的兴起，可谓我国司法人本主义理论的第二阶段。程序正义理论与程序的独立价值相勾连，强调一个优秀的程序除了促进结果公正的实现之外，自身还应具有独立的价值。程序正义理论以人性尊严理论为基础，[②] 在前所未有的高度上彰显了当事人的主体资格。程序正义理论最大的意义在于，当事人在诉讼程序中作为独立的主体被尊重，与程序的实体结果没有关系，无论结果如何，当事人都要受到法院的尊重，满足其尊严感和认同感。当事人作为现代社会的公民，享有宪法赋予的基本人权。当事

---

① 最典型的案例是广东四会法官莫兆军涉嫌玩忽职守一案。莫兆军因其主审的一宗民事纠纷的被告败诉后自杀身亡，其后公安机关介入，发现原审判决与事实不符，该法官涉嫌玩忽职守，被检察院提起公诉。该案的法官实际上严格按照证据规则判决，没有调查取证，核实被告的观点。

② 陈瑞华：《程序正义论纲》，载陈光中、江伟主编《诉讼法论丛》第 1 卷，法律出版社，1997。

人在诉讼程序当中的尊严和人格要受到尊重。

但是，我国的程序正义理论经过了若干年的研究热潮，目前基本上处于停滞的状况。这是因为，程序正义理论将程序的价值和实体结果剥离开去，变成一个完全自足的理论体系，在司法实践中，得不到当事人的积极回应。对当事人而言，追求公正结果始终是参加诉讼的第一位目标，对于这种与结果没有必然关系的程序利益，并不那么热衷，在公正裁判和被法官呵斥之间选择的话，绝大多数当事人会选择忍受不快。反之，如果当事人得到了法官的"热情相待"，但最终得到不公正的结果，无疑是一种嘲弄。

需要强调，笔者并非否认程序正义的理论价值，关键在于，程序正义是否真的是一种与实体结果无关的程序价值？笔者认为，程序正义尽管价值渊源上是独立的，但客观上能够起到促进实体公正实现和将裁判结果正当化的效果，也就是，程序正义与结果公正依然有着不可分割的密切关联，在此基础上，程序正义才能被法院和当事人所接受，转化成现实的制度设计和诉讼权利。这个问题非本文的研究范围①，这里仅说明，我国当前通行的程序正义理论，并不能成为司法改革人本主义的理论基础。当事人应当对诉讼具有参与性和对结果的影响性，应当有公正的听审请求权，应当具有对司法的监督权、控制权和引导权，为司法者行使司法权划定范围，有权对司法行为进行跟踪监督，这些都不是单纯的程序正义理论所能涵盖的。

（三）程序主体性原则与程序保障理论

程序主体性原则以及与此相关联的程序保障理念和当事人基本权利宪法化，是我国关于当事人主体地位的第三个阶段。② 程序主体性原则将当事人视为具有独立人格的诉讼主体，集中体现了当事人本位

---

① 参见汤维建《关于程序正义的若干思考》，《法学家》2000 年第 6 期。

② 左卫民、朱桐辉：《谁为主体　如何正义——对司法之主体性理念的论证》，《法学》2002年第 7 期。

主义司法的立场。程序主体性原则与程序保障理论紧密联系，不可分割。实现程序主体性原则的根本途径是在诉讼的全过程赋予当事人各种诉讼权利，并保障这些权利得到充分的实现。程序主体性原则最终立足于当事人诉讼权利的保障。为了保证当事人诉讼权利的权威性，又将当事人享有的重要的诉讼权利上升到宪法性权利的高度，从而为程序主体性原则提供宪法支持。

程序主体性原则与当事人最重要的实体权利保护需求紧密联系。体现当事人主体地位的根本方法是强化当事人的各种诉讼权利，而当事人积极行使诉讼权利的最终目的在于维护实体权利，保障诉讼权利会落实到保障实体权利和公正结果上来。与法院本位的司法改革观不同，程序主体性原则虽然也强调当事人获得公正的实体裁判结果，但实现的方式却是赋予当事人充分的诉讼权利，当事人得以凭借法律赋予的各种诉讼武器，积极而有效地争取有利于己的结果，不再是被动地等待法院施与。程序主体性原则贯穿于诉讼程序始终，成败之间当事人享有高度的决定权，即当事人如果确实享有实体权利，只要存在胜诉的可能性，当事人一旦充分行使法律赋予的各种诉讼权利，就一定会得到胜诉的结果。在已经贯彻程序主体性原则的诉讼程序中，实际享有权利但遭遇败诉的当事人，有两种可能：第一种是因为证据灭失等不可挽回的原因而不可能胜诉，这是诉讼作为一种认识活动不可避免的局限性，即便是当事人也不得不承认这一现实；第二种是存在胜诉可能，并且当事人本可以行使诉讼权利获得胜诉，但出于懈怠、疏忽等归因于自身的理由而败诉，则应当由当事人自己承担不利后果。

在程序主体性原则下，当事人通过行使诉讼权利，能自主决定诉讼结果，不必完全受制于具体的审判法官的意志。相对于单纯的当事人主义诉讼模式理论，程序主体性原则强调了当事人享有的诉讼权利，弥补了因承担诉讼义务带来的风险。相对于程序正义理论，这种以程序保障为内容的程序主体性原则，更能切合当事人追求公正结果的实际需求，也能建立相应的配套制度。

不过，程序主体性原则虽然能从理论上为司法改革指明方向，但终究还是一种抽象理论。程序主体性原则和程序保障理论具有高度抽象化的特征，把当事人作为一个抽象的诉讼主体，享有的诉讼权利也是抽象的权利。要真正在司法改革中贯彻以当事人为本，必须将抽象的原则转化为现实的制度设计。要使当事人的程序性基本权利变成现实的利益，首先要将当事人享有的基本诉讼权利具体化，关注当事人要胜诉究竟需要行使哪些权利；其次，当事人的程序主体性地位还应当得到法院的支持，应当从保障当事人诉讼权利的角度，强化法官的辅助性职权，并规定当事人的救济性权利；再次，应充分考虑当事人的具体情况，规定多元化的诉讼程序，便于当事人根据自己的实际情况选择适用诉讼程序，满足其对公正和效率的不同需求；最后，健全司法救助制度和诉讼费用分担等配套制度，调整当事人在诉讼中的利益分配格局，保障当事人的诉讼权利，实现诉讼成本的公平分担。以上也是我国人本主义司法改革的基本思路。

四　人本主义司法改革的基本思路

（一）当事人对实体结果的控制权

从当事人对诉讼结果的决定作用角度看，当事人应当具备对诉讼结果足够的影响力，不能被动地等待法院给予一个判决，这是当事人本位司法程序的核心内容。要实现这一要求，包括三个方面的内容。

第一，奉行当事人主义，将法院裁判的范围限定在当事人主张范围之内。在国家干预主义模式下，当事人在诉讼中不具有主体地位，甚至沦为了诉讼的客体，形成了程序主体的异化现象。这种职权膨胀主义的模式显然不适应市场经济的发展需要，显然不适应当事人权利保护的需要。权利主体是市场经济的主体，公民的各种权利神圣不可侵犯受法律保护。在审判权和诉权这一对矛盾概念中，诉权应当处于矛盾的主要方面，审判权服从于诉权。审判权来之于民，用之于民。抽象的审判权，是人民通过立法赋予法院的；具体的审判权，是纠纷主体通过诉权的行使赋予法院的。法官应服务于当事人，法官要走下"神坛"，为当事人服务。这就叫司法的服务化，也是法官的公仆化和司法的温暖化、人性化。

第二，赋予当事人充分的诉讼权利。当事人的各项诉讼权利中，寻求司法救济的起诉权是一个前提性权利。当事人应当有充分的机会和条件接近法院、利用法院、使用法院，保证当事人享有充分的司法救济权。当前很多当事人徘徊在法院门口，而更多的当事人求助于申诉或上访。为此，当事人的起诉权应当首先得到保护，改变目前所实施的立案受理制度，当事人的起诉只要履行了起诉手续，法院就应当立案，而不得以诉讼成立要件缺乏为由拒绝受理案件，更不得以诉讼缺乏权力保护要件为理由拒绝受理案件。当事人进入诉讼程序中后，应当享有广泛而深入的程序参与权。当事人对诉讼程序的参与程度是程序公正的一个重要表现，在当事人本位的诉讼模式下，当事人应当充分地参与到程序的全过程。法院应当在当事人的阴影下实行审判权，而不是当事人在法院的阴影下行使诉权。当事人还要能够富有影响地参与程序之中，充分地进行程序对话，诉讼程序的每个结果都应该是当事人可以理解的结果。当事人的程序参与权反对诉讼裁判中的任何突袭行为。突袭裁判结果出来后，当事人会感觉很陌生。法院作出裁判前，应当与当事人进行充分的、公开的法律对话，并公开心证，应当将裁判结果事先告知当事人及其代理人，使当事人就裁判结果能够和法院进行有效的沟通和交流。

第三，强化调解与和解。调解与和解建立在当事人合意的基础之上，是最能体现当事人意思自治的结案方式。在一个强调当事人和解的诉讼程序中，当事人的意志起着决定性作用，整个诉讼程序都围绕着合意的形成而展开，这使得诉讼程序较之于正统的两造对抗、法官居中裁判模式发生了根本性变化，具备了合意型审判模式的特点。棚瀬孝雄将强调当事人参与判决的形成过程的程序模式称为"参加模式"，指出："参加模式由于把诉讼当事者的程序主体性提到了一个明确的高度，从而能够充分体现在原有的模式中很难找到自己位置的民主主义观念。要求法官的判断作用对当事者的辩论作出回答和呼应的参加模式，不是仅仅把当事者的程序主体性作用限定在为了帮助法官作出正确判断而提供足够的资料这一狭窄的范围内，而是允许当事者以双方的辩论内容来拘束法官判断的同时，把法官这个第三者的存在和决定权能纳入自己努力解决自己的问题这样一种主体性相互作用的过程。承认当事者具有这种更高层次的主体性，才有可能从根本上支持现代型司法所具有的灵活性，获得根据具体情况调整程度来追求更合乎实际的解决所需要的正当性。"① 可以说，参加模式是当事人本位主义司法的更高层次。

（二）强化法官的保障性职权

强化当事人的权利的同时，并不一定是"削弱"法官职权。换言之，当事人权利和法官的职权并不仅仅是此消彼长关系，还存在一种相辅相成的共存关系。

我们可以大致把法官在诉讼中的职权分为两大类，一是决策性职权，二是辅助性职权，前者主要解决诉讼过程中可以独立自主决策的权力，如确定举证的期限、决定是否采纳某证据、认定事实等，后者主要是协助当事人行使诉讼权利的职权，典型如法官的阐明权和依当事人申请调查取证权。决策性职权是法官为最终解决纠纷而决断的权力，是司法权的核心，和当事人的权利总体上是对立关系，即法官可以否定当事人的意见独立裁断。而辅助性职权则是诉讼中为协助当事人更好地行使权利而对法官赋予的权能，与当事人权利总体上方向一

---

① 〔日〕棚瀬孝雄：《纠纷的解决与审判制度》，中国政法大学出版社，1994，第258～259页。

致。在诉讼日益复杂的今天，法官辅助性职权不能被削弱，反而应当被强化和保障。

强化当事人的诉讼主体地位，不同性质的法官职权有不同的对应思路和策略。对于决策性职权，有两种途径加以制约。一是取代机制，即把原本由法官决策的事项转移到当事人手中行使，如关于程序的选择适用，由当事人自行决定。其二是健全参与机制，即法官在行使决策权的过程中，当事人得以参与进来并对法官的决策形成制约，尽管法官最终还是要独立决断，但作出决断的过程对当事人而言是公开的、透明的，并施加了当事人的积极影响。对于辅助性职权，也有两种路径加以完善。一是回应性机制，即对法院辅助性职权的行使，当事人有权监督全过程，不服法院决定的，有权要求法院说明理由。如法院对当事人取证申请予以驳回的，当事人有权要求法院书面说明驳回的理由。二是救济性机制，对法院怠于行使辅助性职权的，当事人有权上诉或要求法院纠正，造成当事人实际损失的，还应当有相应利益补偿机制。以上机制中，法官职权和当事人权利呈现出复杂的共生关系，不能简单地说削弱哪一方、强化哪一方，限制法官权力的方法也有很多种，不一定是剥夺法官某方面的职权。当事人权利与法官职权共同运作，增强法官和当事人之间的互动与沟通，也是各国诉讼变革的潮流和方向之一。

民事诉讼中的当事人权利和法院职权需要一种富有智慧和技巧的配置，特别是在传统的法官权限中如何有效地渗入当事人的意志并对法官的决策产生实际影响，更是需要制度设计的精妙。这就需要完善当事人异议制度、申请重新审查制度、说明理由制度和中间上诉制度，使当事人的权利在程序运动中能够鲜明地发挥作用。具体包括 3 点。

第一，规范法官的依申请调查取证职权。举证责任负担下，收集提供证据是当事人实现其权利主张的前提。当前当事人申请法院取证的程序机制极不健全，最高人民法院《关于民事诉讼证据的若干规定》确立了法院依申请调查取证的制度。问题在于该司法解释并没有在这个原本可以有所作为的地方详加规定，如没有规定法官调取证据的范围、保密范围、当事人申请程序以及对法官拒绝申请的救济，这便使得实践中当事人的权利很难得到真正的保障。

第二，强化法官的阐明权。当事人主义模式下，提出具体的权利主张、事实主张和收集提供证据主要是当事人的任务，法官一般不主动干预，但法官有必要对当事人的这些诉讼行为进行指导，这就是法官的阐明职权。在现代诉讼理念上，法官的职权并非简单的弱化，而是在调整：法官应当在能动的过程中保持中立，在中立的立场上实现能动。因此，现在的法官不能像当时的法官仅仅充当"守夜人"的角色、"竞技裁判者"的角色。法官的角色呈现出多元化：既要积极，又要消极，既有近代的中立性，又有现代的能动性，这种能动性能够促进社会公益的形成，推动社会的发展。法官的阐明权在民事诉讼中并不陌生，如法官在受理案件时，如果不受理，要告知当事人怎么办。这就是阐明权。这种阐明权过去并不十分强调，也没有必要强调。因为法官的职权是全面性的，几乎无所不包，因而单纯强调阐明权就无必要。但现在不同了，法官的职权有所弱化，但是有一种权力或职责不能弱化，反而还要强化。这就是阐明权。因为这一职权是为了帮助当事人更好地行使诉讼权利，履行诉讼义务，是对当事人主体地位的保障和支持。

第三，建立健全法院的诉讼救助制度和诉讼费用制度。通过法律援助使那些打不起官司的当事人能打得起官司；同时要切实实行诉讼费用的缓交、减交、免交制度。另外，还要反思我国诉讼费用的合理性问题。诉讼费用制度是当事人接近法院的一个"瓶颈"问题，应当加以彻底改革。要发挥当事人主义诉讼模式的作用，要充分尊重当事人的诉讼权利，就必须消除各种影响当事人行使诉权的因素和障碍，降低法院的门槛。

（三）诉讼程序的多元化与当事人的选择权

当事人进入司法程序，一方面希望获得有利结果，另一方面也希望得到这种结果的过程是有效率的。实现诉讼效率的最重要方式是诉讼机制的多元化。所谓程序机制的多元化，是指针对不同的案件适用不同的程序，案件和程序应当始终相适应。我们既要反对程序的不足，也要反对程序的浪费，强调程序利益的保障。程序设置得不恰当，是对实体利益的浪费或消耗，同时也是对程序利益的直接牺牲。程序设置的科学性，是程序公正的基础。诉讼机制的多元化是程序的科学化、合理化的一个重要表现。所以我们在程序上，不管是民事诉讼还是刑事诉讼，都强调程序的多元化：普通程序、简易程序、非诉讼程序、人事诉讼程序、小额诉讼程序、特殊诉讼程序、诉讼外解决纠纷程序等等，都是应当加以配置的程序类型。法院诉讼程序在 ADR 观念的影响下已经发生了改变，审判权的概念已经发生了裂变，法院可以运用诉讼外程序解决纠纷，这在英美法系国家表现更为突出。因此，除了法庭审判以外，还有大量的 ADR 解决方式，实现程序分流，这也是程序适应性的一个体现。我们可以考虑在法院设置除法庭以外的各种 ADR 庭，如和解庭、调解庭、模拟陪审团审判庭、司法性仲裁庭、退休法官审判庭、业余法官审判庭、律师审判庭、小额审判庭、交通审判庭等等。

与诉讼机制多元化密不可分的是当事人的程序选择权。程序的可选择性是现代诉讼制度的基本特性。所谓程序的可选择性，指的是诉讼程序应当具有多种方案，采用"或者"式的立法方式，而不是单一性的、无选择余地的。程序选择性的强化在增强程序的合理性和妥当性的同时，也增强了当事人的诉讼责任，当事人必须对其所选择的行为负责。除特殊情形外，任何一种程序行为都是可以由当事人选择的，如当事人可以选择管辖、审级、是否上诉、合议制与独任制、是否公开审判、选择鉴定人、选择普通程序或者简易程序、选择人民陪审员甚至选择法官等等。

　　人本主义司法改革是对我国法院与当事人传统关系的重构，也是我国民事司法走向现代化的必由之路。笔者主张，应当尽快建立一个具有广泛代表性的司法改革委员会①，广泛听取和征求社会民众的意见，提高司法改革的社会影响度，从立法程序上保证当事人本位主义的司法改革得以落到实处。

（本文原载于《中国司法》2007 年第 2 期）

---

① 谭世贵：《中国司法改革研究》，法律出版社，2000，第 58 页。

司法管理制度改革

中国司法管理制度的两个问题[*]

贺卫方^{**}

　　"依法治国"已经成为目前举国上下的共识。为了实现这个目标，一个重要的方面即构建一个合理的司法体系，使司法管理既富于效率，又有助于实现个案的公平和整个社会的正义。^① 这也是本文所关心的问题。

　　我国近代型的司法机构是西方影响的产物，它的建立距今尚不足一个世纪。在此期间，若干不同的因素影响了我们司法制度的形态和运作。举其荦荦大端，这类因素包括西方制度模式的传播和国人对这

*　　本文是作者就中国司法制度及其改革这一课题所作研究的一部分。这项研究得到若干机构和个人的帮助。美国人文学会理事会（American Council of Learned Societies）、美中学术交流委员会（Committee on Scholarly Communication with China）和哈佛法学院（Harvard Law School）的资助便利了作者搜集资料、观察不同的司法制度的运作以及与美国法律界人士的交流。安守廉（William P. Alford）教授、张乐伦（Phyllis L. Chang）女士、张志铭先生以及朱苏力先生给予了热情的关心和资料上的帮助。

**　　贺卫方，北京大学法学院教授、司法研究中心主任。

①　在我国的法律文献中，"司法管理"似乎并不是一个经常使用的词汇。根据一位美国学者的界定，司法管理（judicial administration）主要涉及两个领域，一是法院组织和人事的管理，一是诉讼的运行管理。"法院管理包括若干具体的事项，诸如法院的组织和管辖；法官的选任和任期以及法院中所有其他工作人员的聘用、训练和监督；以及例行文秘事务。诉讼的运行管理通常涉及案件处理的进程和花费以及建立法院运作的统一规则以减少案件处理过程中的混乱和不均衡。"见 Henry R. Glick, *Courts, Politics, and Justice*, Mc Graw-Hill Book Company, 1983, pp. 48 - 49。本文大体上是在这个意义上使用"司法管理"一词，只是把讨论的范围基本限定在法院的组织以及运作方式方面。其他一些问题，诸如法官的选任与任期、案件管理、司法财政以及对于司法界的监督等，实际上是同样重要的。笔者在《通过司法实现社会正义——对中国法官现状的一个透视》一文中，对于其中的若干问题进行过较为详细的讨论。该文载夏勇主编《走向权利的时代》，中国政法大学出版社，1995，第 209～284 页。

种模式的解读，20 世纪 40 年代起开始在苏区产生影响的苏联社会主义司法观念，这两种同属西方却差别甚大的法律传统之间的冲突和局部融合，以及（可能这是最重要的）我们自己的政治文化传统和"司法"传统对于今天的制度建设潜在着更为深刻的制约。在一个历史悠久、文明发达的国度里，一种新兴的机构能否获得足够的资源支持，除了与这一机构满足社会现实需求的程度相关联外，也与历史传统中是否存在着有利于该机构确立其正当性的因素息息相关。我国传统社会无所谓立法、行政、司法权力之划分，解决纠纷、惩罚犯罪是政府对于整个社会事务进行统治的一部分内容。① 在各个层次的政府中，这种全能型衙门的传统构成了我们建立一种能够行使独立功能的司法体系的过程中所必须面对的最大障碍。另一方面，在现实生活中，机构之间职能的划分不明确，不同机构行使职权的方式很少差别，依据法律规定应该属于法院管辖的事务，法院却无法受理或拒绝受理，或相反，法院对于自己不该从事的事务却颇有热情。缺乏传统资源支持以及司法机构自身扩张的正当性愿望与行为之间的紧张关系，使得我们的司法管理迟迟找不到一个稳定的路向。于是，制度建设便仿佛演出老戏《三岔口》，跌跌撞撞地摸索。出了问题，便头痛医头，脚痛医脚。对于这种状况的忧虑以及对可能的改革方案的探索构成了本文的主题。

问题之一　法院何以成为法院

虽然由于传统和制度设计上的不同，各国法院的设置模式、管理方式、职权特征以及社会地位等方面都存在着种种差别，然而，从职能分工或权力分立的角度来看，我们国家在立法机构和行政机构之外

---

①　清末筹备立宪时期，对于外国情形有所了解的大臣们对这种三类职能浑然不分的状况多有指责，例如，"御史吴钫奏厘定外省官制请将行政司法严定区别折"，载故宫博物院明清档案部编《清末筹备立宪档案史料》，中华书局，1979，第 821～824 页。

再设置司法机构，毕竟可以视为对于那种全能型衙门式政府结构的明确背离。司法权与立法以及行政权的分立不仅仅体现于结构设置方面，更体现在它的职权内容、行为方式以及管理模式等诸方面的明显差异。①

法院行使职能的最显著的特征是必须有纠纷的存在。也就是说，法院所能处理的只是纠纷。当然，这里的纠纷是在广义上使用的，既包括民事经济纠纷，也包括刑事案件，还包括公民与政府之间的权利争议（其中许多争议在我们这里被归类为行政案件）以及在更高层次上的宪法争议。有纠纷方有司法意味着社会中许多事务不属于法院的管辖范围。例如，采取积极的措施实施立法机构所颁行的法律便是行政机构的事务，对于违法犯罪加以侦查和追诉乃警察与公诉机关的职责，对于社会事务制定普遍的法律规则应属于立法机构以及受其委托制定规则的机构的权力范围。有纠纷方有司法，也意味着对于法院制定规则权力的限制，那就是，法院行使这一权力的过程不能脱离对具体案件的审理，否则，超越案件的审理过程而制定一般的法律规则便不免有侵夺立法权之嫌。②

与上一个特征密切关联的另一个特征，是法院对于纠纷的处理不应该采取主动的方式。立法机构可以积极地推动某些领域立法的发展，行政机构应当主动地作为以完成立法所赋予的使命，但是，法院却只能以消极主义的方式行事。"法院不得对于未向其诉求的事项有所作为。"西方这句古老的法律谚语所揭示的行为特征是与法院作为

---

① 对于近代型法院职权特征的讨论，参看 W. Ivor Jennings, *The Law and the Constitution*, 5th ed., The University of London Press, 1952, pp. 241 – 246。更为晚近的论述，可参看 C. Neal Tate and Torbjorn Vallinder (eds.), *The Global Expansion of Judicial Powers*, New York University Press, 1995。

② 从比较法的角度对于法官立法权及其限制的讨论，见 Mauro Cappelletti, *The Judicial Process in Comparative Perspective*, Clarendon Press, Oxford, 1989。对于我国当前司法解释"不针对具体个案的抽象解释"的分析和批评，参见张志铭《关于中国法律解释体制的思考》，《中国社会科学》1997 年第 2 期。

裁判机构的性质密切关联的。很显然，纠纷是法院存在的前提，而纠纷总是意味着两方或多方当事人之间的利益冲突，在当事人自己难以解决的情况下，寻求一个第三方做出权威的判断，从而使纠纷得以解决。① 这时，这个第三方对于纠纷所作出的裁判能否获得当事人的接受便成为一个关键问题。裁判者自身的素质——年资、声望、经验、知识等——是相当重要的因素，一定的强制力作为威慑也是不可缺少的。但是，要想使司法权得到持久的社会支持，司法机构公正和中立的社会形象却是更为重要的。公正和中立的基本前提之一是裁判者在当事人之间没有利益上的偏向。假如司法者采取主动的行为，试图积极地发现和解决社会中出现的或潜在的纠纷，势必将自己卷入当事人之间利益的冲突之中，难以保持公正的面目。司法权的消极性还体现于司法过程之中。法院只能在当事人诉求的范围内作出裁决；在调查案件事实、对质证人的过程中应当最大限度地发挥当事人及其律师的作用；在民事诉讼过程中，当事人决定中止或撤销案件应当得到法院的许可。②

　　法院行使职能的第三个特征是司法过程的公开性。从人类历史的长河来看，公开性并不总是一个与司法制度相伴随的特色，不过，就西方司法制度自中世纪以来的发展而言，基本的演进过程仍然可以说是一个公开化程度愈来愈高的历史。这个过程与民主政制的发展有一定程度的联系，但是应当指出，司法程序的公开性更多的是司法制度自身的要求。作为纠纷处理者或仲裁者，富于效率地解决纠纷、平息争议是首先追求的目标。那些能够使纠纷得到最有效解决的方案是能够令纠纷当事人心悦诚服的方案，而裁判者自己倒往往并不认为是合

---

① 不消说，这里所谓终局性解决只是在法律程序意义上说的；纠纷在法律上获得解决并不必然意味着在实际上获得解决。参看 M. A. Eisenberg, *The Nature of the Common Law*, Harvard University Press, 1988, ch. 2, note 1（at pp. 163 - 164）；谷口安平《程序的正义与诉讼》，王亚新、刘荣军译，中国政法大学出版社，1996，第48页。

② 在对抗制模式之下，法官行使职权的消极特征及其制度起因，参见贺卫方《对抗制与中国法官》，《法学研究》1995年第4期。

理的。而要获得令当事者心悦诚服的效果，司法者就不应通过黑箱作业来确定司法的结果。争议双方把话说在明处，将证据摆在对方的面前，无所偏私的裁判者根据这些双方亲眼所见、亲耳聆听的证据对案件作出判决，这种完全公开的程序总是有助于获得一个双方更容易接受的结局。说到底，公开性无非是要创造一种客观性的氛围。埃尔曼指出："当法院详查当事人提交的证据时，除非它展示一种客观性的氛围，它的决定将得不到尊重，而这种尊重对于有效地解决冲突来说是不可或缺的。"① 现代司法制度的许多程序设计，例如民事诉讼中的证据开示制度，证据在法庭上展示和对质，双方当事人有得到听询的平等权利，法官不得在一方当事人不在场的情况下与另一方当事人接触等，都是公开性原则的延伸。

如果我们以上述三个特征作为法院职能的基本要求，那么，我国的法院在这些方面尚存在着明显的差异。全能型衙门的传统对于我们建立独立司法制度的妨碍不仅体现在法院不能取得独立的地位，行使不受干预的职权，而且也表现在司法权行使过程中的行政化。早在新中国成立之初的 1950 年，权威观点便力图强调人民的司法工作与一切从前的司法之间"本质上的不同"："人民的司法机关和反人民的司法机关，无论在任务上、组织制度上、工作方法和作风上，都是迥然不同的。"② 次年，《人民日报》又发表社论，对于人民法院的作风与职能进行了如下概括：

> 人民法院的审判制度和工作作风，是便利群众、联系群众、依靠群众的，是为人民服务的。它决不单凭诉状、供词与辩论来进行审判，而着重于实地的调查研究，了解案情的全部真相和充分证据，然后才依法判决。因此，它常常根据各种不同案情的需

---

① 埃尔曼：《比较法律文化》，贺卫方、高鸿钧译，三联书店，1990，第 162 页。
② 《系统地建立人民司法制度》，1950 年 8 月 26 日《人民日报》社论。

要，而采取必要的就地审判、巡回审判、人民陪审等审判方式；坚决废弃反动与落后的主观武断的审判方式。同时，与一切消极地等待诉讼和单纯惩罚等反动与落后的法院制度相反，我们的人民法院一向重视并采用各种方法，进行关于法纪的宣传教育工作。它不仅教育人民减少犯罪，减少纠纷；而且教育人民积极地参加新社会的建设，人民法院向来把关于司法的宣传教育工作，看作审判制度的一个重要的组成部分。进行法纪宣传教育的结果，将大大地提高广大人民群众的觉悟，使人民群众能够预防犯罪和纠纷的发生，因此也就使司法工作从被动引向主动，从消极引向积极。这样的法院制度只有在新民主主义的社会条件下才能够实现。这也是我们的人民法院在本质上的优越性的所在。①

　　主导舆论所倡导的这种法院职能特色以及行使职权方式的官方定位又在 1952 年全国广泛开展的司法改革运动中被大大强化。"本质上的不同"演化为一种流行的思维方式，其必然结果便是，凡是被视为与"旧司法"相关联的制度要素均弃之如敝屣；群众路线、调查研究、积极主动地打击犯罪和处理纠纷以及通过司法权的行使在更广泛的层面上对于人民进行教育和改造等等，都成为法院基本的工作风格和目标。上述原则和实践的正当性至今仍是确定的，很少受到质疑。例如，由最高人民法院主办的《人民法院报》表彰了

---

① 1951 年 6 月 5 日社论：《加强与巩固人民革命的法治》。值得注意的是，这里对于法院不受诉状、供词以及辩论的限制进行判决以及对法院教育功能的强调与苏联等前社会主义国家相关法律的规定如出一辙。《苏俄民事诉讼法》第 14 条规定，法院在判决案件时，"应采取法律所规定的一切措施，以便全面、充分和客观地查明真实案情和当事人的权利和义务，而不受已经提出的材料和陈述的限制"。法院还被授权，"如果对于保护国家机构、企业、集体农庄及其他合作社或社会组织以及公民的权利与合法利益有必要，可以超出原告人所提出的诉讼主张氛围对案件加以审理"。《苏联法院组织法纲要》第 3 条规定："法院的全部活动便是教育苏联公民具有爱国主义精神和共产主义理想、严格遵守苏维埃法律、认真保护社会主义财产、服从工作纪律、履行国家和社会所委托的职责、尊重公民的权利、荣誉与价值以及社会主义的社会规范。"转引自茨威格特和克茨《比较法总论》，潘汉典等译，贵州人民出版社，1992，第 557、562 页。

这样的事例：

> 长春市中院组织的第三届春耕生产法律服务月活动近日在长春市两级法院全面展开，审判干部深入农业生产第一线，走访农民，宣传中央农村工作会议精神和有关法律，开展法律咨询，调查摸底，主动收案，调处纠纷，开展公开审判，严惩破坏农村社会治安秩序的犯罪分子，促进了春耕生产，受到了农民和农村干部的欢迎。①

　　除了这类超越司法权限、不以纠纷的存在为行使司法权的前提，从事各种非司法工作的大量事例之外，法院在诉讼的处理过程中，过于主动和积极地行使其权力，是我们司法制度运作的又一个特色。无论是刑事案件，还是民事案件，法院都可以不受诉讼当事人所提出主张的限制作出裁判；如果法院认为当事人所提出的证据不足以证明案件事实，可以主动地对于相关事实开展调查，制作证据；法官与当事人之间的联系几乎缺乏任何形式的约束；法院判决的执行由法院自己而不是由行政机构来进行。更有甚者，法院不待当事人提起，主动要求当事人提起诉讼的事例在近年来的报章上也屡屡出现，而且还是作为正面范例加以表彰的：

> 华容县法院的干警们一贯恪守"案子有了结，服务无止境"的宗旨，不断改进服务方式，在经济审判中既当"包公"，又当

---

① 《长春市两级法院开展春耕生产服务月活动》，1994 年 5 月 2 日。近年来，以服务于社会主义市场经济建设为名义，各地法院新招迭出，不一而足。下面是我浏览 1993 年《人民法院报》时随机记下的一些表扬报道的标题：《上饶法院为城市建设清障》（3 月 5 日），《跳出坐等办案小天地，军事法院涉足经济大舞台》（4 月 16 日），《齐齐哈尔市两级法院为经济建设服务重视实质性参与》（4 月 23 日），《周口中院提前介入"沈邱假药案"》（5 月 14 日），《朝阳法院协助征收养路费》（5 月 21 日），《法院与税务机关联手清税》（7 月 2 日），《晋中法院与农行联手收贷 2.1 亿元》（8 月 6 日）。

"红娘"……县造纸厂多年来积累的债权涉及 282 家单位，总额达 1500 万元。资金严重短缺，使生产连年滑坡，变成了特困企业。今年初，法院主动上门揽案，抽调精干力量一头扎进该厂。干警们连续奋战 100 多个日日夜夜，找遍了 12 个省市的 200 多个债务人，运用诉讼和非诉讼手段收回债款 462 万元，使这个厂恢复了生机。县委书记听了该厂的汇报后激动地说，"这就是服务，这就是效益。"①

回顾我国法院数十年来走过的历程，可以看到，我们的法院总是扮演着这种为不同时期不同的"中心工作"服务的角色。处在具体的社会环境之中，法院司法活动的导向自然不可能不受到特定时代流行价值和舆论气候的影响。但是，从建设法治国家的角度讲，法院毕竟是解决纠纷的主导机构，它也完全应该通过司法活动而成为多元社会中富于影响力的机构。所谓影响力，无非是一种能够自主地与其他社会力量进行交涉的能力。交涉能力的增强当然未必可以保证法院积极地追求正义的目标，但缺乏这种能力的司法体系却注定无法得到充分的支持资源，无法有效地调整社会关系，也难以通过司法和法律解释而发展法律和法学。

另一方面，由于近代型的司法制度在我国创立未久，司法人员的职业化程度相当低，与职业化相关联的职业意识、行业规范、伦理准则以及行为方式均没有配套成型，在这种情况下，司法界难以用组织化的力量，依据司法职业的行为准则，通过行业本身应有的运作方式，富于成效地开展自己的活动。在这种职业分化不够成熟的情况下，当社会结构发生变动，多种主体在利益驱动下争夺有限资源的时候，混乱便不可避免了。我们看到，至少在最近的十多年

① 《竭诚服务，严肃执法》，《人民法院报》1994 年 4 月 4 日。类似的"先进事迹"在我们的传媒中可以说俯拾即是，而对此倾向提出质疑的言论却难得一见。

间，我国法院积极司法的行为有了一种与以往不同的动因，那就是力求通过扩大管辖事务的范围，以主动积极的活动方式，力争自身地位的提高和利益的最大化。而司法经费由各级地方人民代表大会确定、由同级政府机构的财政部门拨给的做法，更强化了这种利益冲动。"创收"成为各级法院院长最感头痛的难题，就从一个侧面解释了这种冲动的来由。①

从更大的范围观察，近代以来的中国，由于身旁总有"列强"的反衬，富国强兵不可避免地被举国上下作为一个追求目标，于是便愈来愈成为一种中央动员型社会。在一定的社会条件下，靠中央权力动员各种资源实现富强不失为一种捷径，不过，人们在强调中央动员的效率和优势的时候，往往忽视了它对于社会自组织能力的抑制，政治权力与道德权力相结合所可能导致的公民自由空间的压缩，以及社会应有的分工在这种动员的过程中所受到的损害。此外，由于缺乏不同利益之间的程序性交涉，又失去了制度创新中的一个活跃因子。所有这些，对于市场经济体制的建立无疑是不利的。

因此，我们今天所主张的法院履行职能的非行政化，用意便不仅仅在于法院或法官行为方式的改变，而实在是希望在建设社会主义市场经济的过程中，司法体系能够承担起它应有的历史使命。当然，法院的行为方式实际上便是法官的行为方式，我们有必要进入法院内部，探索影响法官行为的管理制度的建构问题。

---

① 法院经费的紧缺已经成为近年来相当突出和普遍的一个问题，贫困地区的情况尤为严重，参见 1993 年 5 月 7 日《人民法院报》报道：《贫困地区基层法院经费短缺严重》。对于这种法院财政体制，一些司法官员提出了批评。一位省法院副院长就曾撰文指出，在这种体制下，法院的运行机制缺乏科学性，不过是"党政部门模式的翻版"；"缺乏依法独立审判的保障机制……党政职能与审判职能相混淆；法官的职业、职务和薪给没有法定保障，财物上没有法定的保证，法院受制于行政机构"，进而又诱发了趋利倾向，"一方面，法院经费困难，常常陷入困境，不搞创收难以为继；另一方面，审判围绕着经济利益运转会影响严肃执法和法院的公正形象"。沈德咏等：《应建立与市场经济相适应的法院体制》，《人民法院报》1994 年 6 月 6 日。

问题之二　法官官僚化还是非官僚化

观察我们法院的内部管理，同样可以发现，相关的制度以及这种制度运作所造成的后果使得法院的管理与行政机构之间不存在实质性的区别。这主要体现在两个方面，一是法官选任和管理上的非精英化，一是整个管理体制上的官僚化。① 前一方面，我们可以举出在相对长的时期里法官选任根本不存在教育背景上的要求，法官待遇上的完全公务员化，法官数量"韩信点兵"般的膨胀，司法行为的大众化，司法机构与其所在社区之间缺乏隔离等情况作为例证。② 而第二个方面，主要有以下三种表现形式。

第一，司法决策过程中的集体决策制。在特定的社会中，法院采取怎样的方式作出它们的决策，实际上与行政机构甚至立法机构一样，都跟社会的政治文化传统密切相关。正是这种传统使得某种决策方式具有了"合法性"③。人们通常并不总是依据一项规则的实体合理性和正当性来评价该规则或决定是否履行该规则所赋予的义务；规则或决策是否依据社会中被主流意见肯定的正当方式而制定才是一个事关其命运的因素。我国法院的司法判决虽然在大多数情况下都在参与审判的法官具名的前提下加盖法院印章，但是，在确

---

① 在韦伯的意义上，官僚制是现代管理的一个重要特征，它可以创造合理化，它本身也是合理化的一个组成部分。根据科瑟的概括，官僚制是依据合理化原则组织的；职务按照高低次序排列；活动不带私人色彩；任职者受有计划分配的权限和有限的义务所制约；任命根据专门的条件。参看刘易斯·科瑟《社会学思想名家》，石人译，中国社会科学出版社，1990，第252~255页。

② 这几方面的情况，贺卫方《对抗制与中国法官》均有所揭示和讨论，《法学研究》1995年第4期（第84页注①揭）。依据1995年生效的《中华人民共和国法官法》第9条，担任法官必须具有高等院校毕业的背景。但是，我在最近两年的调查过程中发现，在一些法院，这一规定难以执行。作为司法机构的法院都不执行法律，违反法律，不免是一个特别令人不安的情况。但是，法官们列举的原因也并非完全没有道理，有的还很具体，例如法院人员的子女安置等。

③ 关于"合法性"与人们的服从之间的关系，见弗里德曼《法律制度》第5章，李琼英、林欣译，中国政法大学出版社，1994。

定判决结果的过程中，更多地倡导集体审议和整个机构负责。从第一审级开始，法庭通常由三位法官（或一名法官，两名人民陪审员）组成合议庭而进行审判活动。① 合议庭组成人员在审理过程中以及在确定判决结果时的协商、协调、妥协是十分必要的事情。这不仅是因为判决结果总是由法院的名义发布，而且也因为合议庭组成人员意见不统一的案件，照例要提交到法院的审判委员会加以审议，作出最终的决定。②

　　审判委员会的设置和运作是集体决策制的一个更为突出的内容。长期以来，这个通常由法院的院长、副院长、某些庭长以及资深法官组成的机构在我国的司法实践中扮演了极为重要的角色。③ 从司法决策的角度看，审判委员会无疑是各法院中的最高权力机构。依据有关法律的规定，法院所处理的重要案件大多要经过该委员会讨论决定，甚至有某些案件，审判委员会的讨论和决定发生在合议庭开庭审判之前。④ 虽然近年来，随着审判方式改革的深化，审判委员会的设置受到愈来愈多的诟病，但是，已经出

---

① 《中华人民共和国人民法院组织法》（1979）第 10 条："人民法院审判案件，实行合议制。"该条第 1 款："人民法院审判第一审案件，由审判员和人民陪审员组成合议庭进行，但是简单的民事案件、轻微的刑事案件和法律另有规定的案件除外。"第 2 款："人民法院审判上诉和抗诉的案件，由审判员组成合议庭进行。"

② 在刑事诉讼方面，依据 1996 年底之前一直有效的《中华人民共和国刑事诉讼法》第 106 条，如果合议庭成员意见分歧，则少数服从多数。"但是少数人的意见应当写入笔录。"然而实际上，合议庭成员有争议的案件总是可以顺理成章地被视为疑难案件，同一法律紧接着的第 107 条为此提供了现成的解决方法："凡是重大的或者疑难的案件，院长认为需要提交审判委员会讨论的，由院长提交审判委员会讨论决定。审判委员会的决定，合议庭应当执行。"

③ 设立审判委员会的做法开始于 20 世纪 50 年代初。当时审判委员会的构成、职权及其与合议庭之间的关系，参见董必武《在军事检察院检察长、军事法院院长会议上的讲话》，《董必武政治法律文集》，法律出版社，1986，第 516～531 页；另参看该书第 374、390 页。

④ 一位学者在评论新订刑事诉讼法时，认为"新法典试图对审判委员会和合议庭这两个审判组织之间的关系作出合理的调整"，新规定"可以防止法院院长在开庭前即决定将案件提交审判委员会讨论决定"。参见陈瑞华《应当如何设计刑事审判程序》，《中外法学》1996 年第 3 期。

现的批评大多是针对审判委员会对案件的决定与实际审理过程的脱节，也就是通常人们所说的"审者不判，判者不审"的弊病。这当然是切中要害的。当事人所能够见到的并且争讼于其面前的法官并不握有决策权，而能够决定案件最终结果的人们却大多不参与审理，隐藏在帷幕的背后，无论如何，这是对于我国法律所规定的公开审判原则的公然违反。不过，这样的体制之所以能在我国形成并长期维持，自有其可以理解的原因。如果整个司法体系所倡导的是集体决策的模式，如果整个社会对于个人化的决策方式满腹狐疑，那么，即使是法律条文倡导合议庭和主审法官独立地作出裁判，实际效果也只能是法律与事实各不相干；任何风险都由"集体"承担当然是一种再明智不过的选择了。①

司法管理官僚化的第二个表现形式是法官之间的等级制度。我们提倡的审判独立，大致上只是指整个法院系统独立于外部权力和力量的干预，而很少论及法官在法院内部的独立。② 我们的实践是将每一个法官都纳入一种等级化的体系之中，普通法官要接

---

① 修订后的刑事诉讼法似乎有鼓励合议庭独立作出判决的立法意图，但是，据笔者于1997年6月在湖北省的调查，不少法官仍反映说，凡是合议庭有不同意见的案件，肯定要提交给审判委员会决定，法官们也乐于这样做。对于审判委员会存在的必要性，还包括认为法官素质不高，应当由审判委员会加以制约，以及审判委员会不容易被贿赂等理由。在笔者的调查中，许多法官认为这一设置不过是为了对现行法官选任制度所存在的明显弊病的补救而已。见一位省高级法院院长的评论，参见贺卫方《对抗制与中国法官》，《法学研究》1995年第4期（第84页注①揭），第240～241页。此外，美国著名的汉德（Learned Hand）法官曾经不断地批评那种"满席听审"（en banc hearing）的实践，他对于用全院6位法官的宝贵时间审议合议庭判决的做法颇不以为然。同时，他也是联邦司法制度官僚化的一个坚定的抵制者。参看新近出版的汉德传记，Gerald Gunther, *Learned Hand: Man and the Judge*, Harvard University Press, 1995, pp. 515–517。

② 1987年8月联合国经济与社会理事会通过的《世界司法独立宣言（草案）》第2条："每个法官均应自由地根据其对事实的评价和对法律的理解，在不受来自任何方面或由于任何原因的直接或间接的限制、影响、诱导、压力、威胁或干涉的情况下，对案件秉公裁决；此乃他们应有之职责。"第3条："在作出裁决的过程中，法官应对其司法界的同行和上级保持独立。司法系统的任何等级组织，以及等级和级别方面的任何差异，都不应影响法官自由地宣布其判决的权力。"1993年9月14日在科伦坡举行的第五届亚太地区首席大法官会议所通过的《审判独立原则声明（草案）》也作出了类似的规定。

受庭长、副庭长的领导，庭长、副庭长要接受院长、副院长的领导。官阶的设计也完全引入了行政体系内部所使用的等级模式。例如，省高级法院的院长属副省级官员，副院长有厅局级和副厅局级的不同定级，各庭庭长属处级，副庭长则为副处级。最高人民法院的法官有局级审判员、处级审判员等分别。[1] 法官的这种级别不仅意味着所谓政治待遇的差别，而且也显示出一种等级服从的位阶和责任的分布，甚至有时被解释为可以表示着法官素质的高低。[2] 行政等级式的内部管理机制使得我们完全想象不到在这个世界上还有另外一种全然不同的法官管理方式。在那里，每个法官都是独立的，他不受任何人的领导，只是对自己对于法律条文的意义和正义准则的理解负责。法官之间不存在上下级的分别，院长也好，庭长也好，他们只行使一种纯粹行政性的职能，他们是所谓"平等者中平等的一员"（one among the equals）。[3] 法官之间的平等不仅表现在特定法院的内部，不同级别法院的法官之间也是平等的。虽然由于审级的原因，上级法院的法官可以改变下级法院的判决（仍须严格地依据法律的规定），但是，这只能理解为

---

[1] 例如，1995 年 6 月 27 日《人民法院报》报道最高人民法院院长任建新接见最高法院援藏干部的通讯，便细致地列出四位法官的行政级别，其中两位副局级审判员，一位正处级助理审判员，一位副处级助理审判员。

[2] 1995 年生效的《中华人民共和国法官法》似乎强化了法官的等级制度。该法将法官分为 4 个等次（首席大法官、大法官、高级法官和法官）12 个级别（第 16 条）。更有甚者，1994 年提交全国人大常委会审议的该法草案还规定了所谓"衔级制度"。后来全国人大法律委员会在对这个草案的审议报告中说，"一些常委委员和地方、部门的同志提出，审判人员不同于军官和人民警察，不宜实行衔级制度。"参见周道鸾主编《学习中华人民共和国法官法资料汇编》，人民法院出版社，1995，第 22 页。

[3] 1996 年 7 月到 8 月，笔者曾有幸和我国的一个司法代表团一起考察美国的司法制度。在与美国同行的交流过程中，我国法官（当然包括院长、副院长们）感到最难以理解的，也许并不是那里法院的权高势重，而是法院院长（首席法官）对于其"下属"的无权无势。他们感到困惑的是，离开了院长或其他上级的领导，法官们岂不是各行其是，整个法院，甚至整个司法体系如何能够避免陷入混乱和普遍的腐败？关于美国联邦法院首席法官的行政职权，参见 Lawrence Baum, *American Courts: Process and Policy*, Houghton Mifflin Company, 1986, 第 37 页及以下。

分工上的一种差异，并不意味着审理上诉的法官地位高于一审法院的法官，也不意味着不同法院法官在选任标准以及相关待遇上的显著差异。①

在法官之间建立等级制度便利了对于法院活动的控制和管理，然而，这种控制和管理却完全是行政化的，是违反司法职业以及司法决策的内在要求的。与行政机关或者军队的情况不同，法官的活动带有浓重的个人化色彩。法官行使职权的场所便是法庭，作出决策——不只是最后的判决，也包括诉讼过程中对于一些需要确定的事项的决策——的场所也是由他与各方当事人共同组成的法庭。在随时需要作出判断的情况下，法官如果不能够独立地决定相关事项，势必降低司法活动的效率，也伤害当事人对于主审法官的信任，增大纠纷解决的难度。不仅如此，司法是一种讲求亲历性的活动，对当事人言词的判断，对证人所作证词可信性的判断，都离不开判断者对于被判断者的近距离观察。② 现代诉讼程序的言词原则和直接原则都是相对于诉讼活动的这种内在要求而确定的。但是，法官等级制度却不利于亲自审理案件的法官作出独立的判断，因为它强化了行政位阶高的法官对其"下属"法官的影响力。与之相适应，低位阶法官对于其"上司"法官的依赖和顺从也是顺理成章的。这样的

---

① 任建新在向全国人大常委会所作的《关于〈中华人民共和国法官法（草案）〉的说明》中指出："法官的职业特点决定其必须具有较高的素质。"又说："……对上级法院法官的素质，应有更高的要求。"参见周道鸾主编《学习中华人民共和国法官法资料记编》，人民法院出版社，1995，第16、17页。其实，准确地说，应当是不同级别法院的法官素质需要有同等高的要求。了解具体司法运作的人都知道，第一审法官高质量的工作对于整个司法制度的品质维系和公民权利的妥善保护有多么重要的意义。一些西方国家很注意使不同级别法院的法官在选任标准上保持大致上的一致，薪俸上只保持较小差距。这种制度安排使得低层法院的法官对于升迁到更高级别法院的动力不那么强烈，因而，减少了法官希望升迁的心理对司法独立所可能带来的损害，同时能够吸引优秀的人才从事低层法院的司法工作。另外一个可能的作用是降低上诉率——假如制度安排上强调上级法院法官的素质总是高于下级法院法官，为了得到更优质的司法"产品"，当事人当然有理由不断地提起上诉、申诉、审判监督程序等等，从而加大司法制度的成本。
② 我们的古人早就认识到了这个道理。《周礼·秋官司寇》："以五声听狱讼、求民情：一曰辞听，二曰色听，三曰气听，四曰耳听，五曰目听。"

管理模式势必加大司法判决的不确定性，并且为不正当权力干预司法活动提供便利。

　　与法官之间等级制度的设置相关联的另一个特征，是上下级法院关系的行政化。这是司法管理官僚化的第三个表现形式。近代型法院之所以有不同审级的设计，即除了初审以外，又设置了上诉审级，是为纠纷的解决提供一个纠误渠道。我们常说的"两审终审制"意味着当事人如果对于初审法官的判决不服，可以在法律规定的期限内，循着上诉路向，诉诸另一个法院，对于初审法院的判决提出质疑，后一个法院对初审判决进行复审。通常，这种复审的重点在于初审法院是否违反了法定程序以及判决中对于法律的解释和适用是否存在错误。如果上诉法院认为原审判决存在问题，有权改变判决，或发回原审法院重审；如经审查，上诉法院认为初审法院判决并无不当，则原审判决就成为具有法律效力的文件，当事人必须加以履行。这里，上诉法院有权改变初审法院判决结果的事实并不表明前者与后者之间存在着行政意义上的上下级关系。也就是说，上下级法院之间不存在着领导和被领导、监督和被监督的关系。否则，它们在意志和行为方面就应当保持一致，上级法院便应当对于下级法院作出的决定负责。这样，下级法院的法官在作出决策之前便应当向上级法院提出请示，并严格地遵循上级法院的指示处理案件。果真如此，上诉制度还有什么意义可言？正是有鉴于此，在某些法治国家中，上诉法院以及最高法院都十分注重严格地维护下级法院的自主权。

　　应当说，我国的司法制度设计在框架上接受了上下级法院之间关系不同于上下级行政机构或检察机关之间关系的观念。例如法律所确定的上下级法院之间的关系便与上下级检察院不同。宪法第132条规定："最高人民检察院领导地方各级人民检察院和专门人民检察院的工作，上级人民检察院领导下级人民检察院的工作。"而宪法第127条涉及法院的规定则是"最高人民法院监督地方各级人民法院和专门人民法院的审判工作，上级人民法院监督下级人民法院的审判工作。"① 不过，框架结构是一回事，实际运作又是另一回事。虽然法律条文存在差异，但是，这里的"监督"究竟含义如何却是一个不容易确定的问题。在某些地方和某些事务方面，监督与领导之间的边界十分模糊。例如，近年来的一个十分突出的问题，即下级法院就某些具体案件的处理向上级法院请示，便是一个典型例子。法院对于应当由自己作出判决的案件，不是独立地裁判，而是向上级法院请示，要求上级法院给出有关判决的指导意见。这种所谓请示制度被主流观点视为"非程序性的审判工作监督"的一个重要内容。请示制度之外，上级法院更可以因为下级法院正在审理的案件具有"重大影响"而主动地对下级法院加以"指导"。一位高级司法官员这样解释监督和指导的合理性：

> ……在多数情况下，下级法院对自己感到难办的案件，请示上级法院予以指导，上级法院发现下级法院在审理中的案件有重大影响而主动加以指导，这是有利于正确贯彻执行法律，把错案的可能性纠正在最初阶段。这样可以减少整体诉讼投入，增加诉讼效益。但上级法院要把下级法院各案审理工作监督搞好，则应十分注意忠实地履行法律职责。上级法院与下级法院从法律关系看，是监督与被监督的关系，对下级法院各案审判活动中可能发生的错误，不及时加强指导，让其错判发生，造成诉讼伤害，这是上级法院失职的表现。②

这里的用心当然是合理和良好的。但是问题在于，其中充斥着的

---

① 《中华人民共和国人民检察院组织法》第 10 条、《中华人民共和国人民法院组织法》第 17、30 条也作了类似的规定。
② 刘家琛：《诉讼及其价值论》，北京师范大学出版社，1993，第 46～47 页。

个别化因素足以使整个制度发生扭曲，使上下级法院各自独立地行使审判权的规定形同具文。什么是下级法院"感到难办的案件"，什么是上级法院认为"有重大影响"的案件，法律条文以及法解释学方面并没有严格而稳定的界定，实践中自然成为一个由随意的判断加以确定的事项。从司法认知的角度说，所有诉诸司法解决的案件都是"难办"的，否则，当事人早就自行解决了。而"重大影响"更是一个含义模糊的概念，判断者的立场、角度、利益关涉程度等因素都会影响到"影响"重大与否的感受。如此这般，"非程序性的审判工作监督"很容易蜕变为"反程序性的审判工作监督"。另外，一个法院对于案件的管辖，或者说法院对于案件的独立判断权限，是以有关法律对于不同级别法院的不同管辖权的规定为标准，而不能以难办与否或有关法院判断下的影响大小作为标准的。依据我国法院组织法的规定，基层和中级两个层次的法院在"认为案情重大应当由上级人民法院审判的时候，可以请求移送上级人民法院审判"。① 下级法院认为案情重大，不是移送上级法院，而是采取请示上级法院给予指导的方法，实际上是与法院组织法的立法精神相悖的。这种做法违反了不同级别法院各自独立审判的原则，同时也是对当事人通过上诉而质疑初审法院判决权利的侵犯。法院在其管理过程中违反法律规定，违反正当程序，即使可以在某些个案中实现实质的公平，但是，整个司法制度却要为此付出极大的代价，从本文所论的角度说，它使得上下级法院之间的关系行政化和官僚化了。

余　论

第一，我国在建立一种合理的司法制度乃至整个法律制度方面面临着十分特殊的困难。这种困难不完全在于从立法上确立一整套所谓"现代型"的体制，还在于附着于大体制之中的具体的甚至相当细琐

---

① 《中华人民共和国人民法院组织法》（1979）第 21、25 条。

的小制度是否也能够得到确立，在于操作这种大体制与小制度的人们的观念是否适应体制与制度的要求。21世纪以来，我们在体制构建方面一直是不落人后的，但是，抽象的大体制禁不住与之相背离的具体小制度的掣肘和抵消，加之一些配套观念未能确立，于是出现了种种实践上的缺陷，造成了设计者的美好构想不能够兑现于制度运作的实际，久而久之，人们便不可避免地对法律制度有效地调整社会生活的可能性发生怀疑，甚至对法治或依法治国本身的信念发生动摇。近年来，我们的司法领域出现的种种问题，例如法院在司法过程中严重的地方保护主义，大面积发生的法院判决执行难的现象，司法机构社会公信度的下降，等等，都与我们在制度建设方面的上述偏差密切相关。

第二，今天，我们自然应当注重如何有效地利用本土资源，注重研究中国的民情，中国人的正义准则，中国人的秩序期待，中国人的生活方式，以便在设计能够公正而有效地调整我们这个社会中各种关系的司法制度时有所依凭。① 不过，笔者宁愿把注重利用本土资源视为一种学术上研究真实问题的立场和追求，而不是对于"外来资源"的排拒。同时，笔者对于轻言国外相关制度与观念不符合中国情况的态度颇不以为然。百年来我们用于认真的制度建设的时间毕竟太短，而文化融合却需要非功利心态的努力，需要对于各种知识与不同社会进行不抱偏见的仔细研究，需要更长的时间。夸大关于法律秩序的、知识的"地方性"特征不免使我们的心态走向封闭，而且不自觉地把某些西方学者关于法律是一种"地方性的知识"的论断普遍化了。最重要的，我们的社会结构毕竟在发生着深刻的变化，我们制度的价值导向已经无可挽回地朝向了法治和民主政治。法治和民主政治本身并不是一些僵硬的目标，而是改变那些明显不合理的现实的努力过程，

---

① 系统的主张以及联系当代中国司法制度某些方面所作的研究，参见苏力《法治及其本土资源》中的一些文章，中国政法大学出版社，1996；以习惯法为"标本"对于中国传统法律的内在逻辑和支配法律秩序的精神所进行的一项研究，参见梁治平《清代习惯法：社会与国家》，中国政法大学出版社，1996。

在这个过程中，参照国外的有关观念和制度是必要的。

第三，中国的制度创新面临着若干两难选择。除了上面述及的外来知识与本土资源之间的冲突之外，我们还面临着这样一些矛盾：司法界的精英化在可能使法官素质提高的同时却使大众愈发疏离法院；司法管理的非集中化，或司法决策的非集体化可能更符合司法独立的理念，然而也难说不会引发司法制度的整体性失控，或者加剧司法界已经相当严重的地方保护主义；法院专注于司法事务，法官只在法院之内活动，固然可以使法官们远离尘嚣，同时也可能令他们更加远离权力的中心……但是，我们也要看到，许多司法人员对于某些不合理的、不利于公正司法的现行司法制度和做法已经感到不满，近年来各地法院近乎自发地推出的一些改革措施，诸如"一步到庭制"、"立审分立制"、"错案追究制"、"双向优化组合"、"试岗制"、"法院院长异地任官制"等等，尽管借用了行政机构或者企业管理的某些措施，与司法管理的要求或许不符，但是，这些改革措施毕竟反映了人们，尤其是法院里的人们对于现行管理制度缺陷的不满和变革的愿望，这无疑为更深层次的改革提供了难得的契机。同时，我们也不妨说，更为法学学者提供了发挥作用的一个适当领域。

（本文原载于《中国社会科学》1997 年第 6 期）

深化改革背景下对司法行政化的遏制[*]

龙宗智　袁　坚^{**}

司法行政化，即以行政性的方式审判案件并管理法院和法官，[①]是我国司法运行与司法建设长期存在而未能解决的问题。以行政方式运作司法，不符合司法活动的内在规律，[②] 但该现象一直以来未能明显缓解，近些年反有加重之势，以致严重影响了司法的正常运行和功能发挥。本文着重分析司法行政化的发展状况及其严重性，进而深度研讨其产生且难以克服的根源，再以现实主义的立场，分析在特定约束条件下解决这一问题的可能限度，并结合十八届三中全会深化改革的决定，探讨在新的形势下较为可行的控制路径和方法。

一 "司法行政化" 的内涵

司法与行政均属国家运行不可或缺的基本职能。司法是司法机

---

* 本文受四川大学中央高校基本科研业务费研究专项（哲学社会科学项目）——学科前沿与交叉创新重点项目资助。

** 龙宗智，四川大学法学院教授，最高人民法院特邀专家咨询员；袁坚，四川省高级人民法院审判监督二庭副庭长、审判员。

① 我国实行"司法二元制"，法院与检察机关均为司法机关。但就检察机关，强调其法律监督性质，而严格意义上的司法机关为法院，本文所论司法行政化专指法院。检察机关也存在这一问题，但性质、程度均有区别，参见龙宗智《检察机关办案方式的适度司法化改革》，《法学研究》2013 年第 1 期。

② 参见张卫平《论我国法院体制的非行政化》，《法商研究》2000 年第 3 期；谢佑平、万毅《司法行政化与司法独立：悖论的司法改革——兼评法官等级制与院长辞职制》，《江苏社会科学》2003 年第 1 期；陈瑞华《司法裁判的行政决策模式——对中国法院"司法行政化"现象的重新考察》，《吉林大学社会科学学报》2008 年第 4 期；王申《司法行政化管理与法官独立审判》，《法学》2010 年第 6 期。

关对形成个案的社会冲突在事实判断的基础上适用法律处置权益的行为，[①]　行政则是政府管理社会的活动。基于不同的任务、对象和职能，二者主要存在以下区别。

一是目的与价值的区别。行政注重管理的效率和有效性，法制只是其行为框架而非行为的主要目的。司法的目的就是适用法律、维护法制，通过解决个案纠纷的法律适用活动，建立和维系公正合理、安定有序的社会关系和法律秩序。

二是权力运行结构的区别。典型的行政行为的结构是管理主体与行政相对人的两面关系结构；在管理构造中，管理主体处于上位而行政相对人处于下位。司法的结构则是纠纷双方与裁判者的"三方组合"，裁判者居于其间，形成"对抗与判定"的"等腰三角"构造，并由此产生司法的对审性与裁判者的中立性。

三是操作方法的区别。行政管理是系统工程，需要综合运用统筹、协调、决策、执行等管理方法，因此行政具有行动性特征，而且不以亲历现场为行政行为的必备条件。司法则因其系个案判断处置，要求司法主体亲自审查证据，直接听取意见并接受双方当事人的监督和程序约束。由于正确的事实判断、法律适用和权益处置有赖于直接审查、兼听不同意见并形成互动关系，因此司法以亲历性、判断性为特征。

四是权力内部构造的区别。行政是体系性和组织性的活动，行政体系内形成上下级关系，其组织原则为"上命下从"，这是实现行政效益和效率的基本保证。司法系个案处置，以亲历、判断为方法，因此必然要求司法主体的独立性，即法官及其组合（合议庭）根据自己对案件的审查判断作出决定，如马克思所说，"法官除了法律就没有别的上司"。[②]

---

① 陈瑞华教授曾对司法的性质、结构与特征作了深入分析，参见陈瑞华《司法权的性质——以刑事司法为范例的分析》，《法学研究》2000 年第 5 期。

② 《马克思恩格斯选集》第 1 卷，人民出版社，1972，第 76 页。

因此，法院内部的审判权力构造应当是平行的、协作式的。

五是行为效果的区别。行政强调效率，对管理活动中面临的矛盾和纠纷，需要有效处置、及时处断，因此"容错率"较高。而司法强调公正，国家以司法为社会正义的"最后防线"，肯定司法活动中权利的可救济性。但"最后防线"亦有底线，因此司法的权威性和确定力（既判力）亦为司法的特性。

所谓"司法行政化"，即以行政的目的、构造、方法、机理及效果取代司法自身的内容，形成以行政方式操作的司法。[①] 这种替代与错位的根本问题是违背司法运行和司法建设的内在规律。

二　司法行政化的表现及其严重性

对司法行政化的弊端，法院自身早有认识并努力改革之，但这一问题始终未获根本解决，近年来反而更加突出。

（一）司法目的和价值的行政化

司法与行政在促进社会发展、维护民众利益的根本价值和目的上是一致的，但由于不同的职能和任务，其直接目的和价值重心应有区别。然而，近年来司法机关进一步强调"为大局服务"的指导思想，并随之采取"能动司法"的主动跟进策略与司法方式；在司法意识和规则适用上，主张办案的法律效果、社会效果、政治效果并重；同时，就司法手段和方法，推行"调解优先"和建立"大调解"机制。这种政策性调整使法院的司法活动进一步融入政府行政，[②] 使法院对自身的目的与价值观坚守不够，使司法功能在一定程度上被抑制。

---

① 张卫平教授对司法行政化的界定直触其实质："司法行政化指违背司法的规律，将法院、法官及司法判断过程纳入行政体制的命令与服从关系之中，使司法被行政'格式化'的变态现象。"参见张卫平《论我国法院体制的非行政化》，《法商研究》2000 年第 3 期。

② 政府的重大行政行为需经当地党委决定，甚至由党委负责人指挥或主导实施，因此党委应属隐性的行政主体。

（二）案件审判活动的行政化

与上述功能同质化相适应，在运作方式上，近年来司法审判与行政活动的同质化也十分明显，审判借用行政式的幕后运筹与场外指挥方法，审、判分离问题仍然存在。

其一，审委会改革缺乏实质推进。审委会判案是审、判分离的典型例证。审委会通常由院长、副院长及各业务庭主要负责人组成，[①]他们基本不可能查阅全部案卷材料，更不可能全程旁听审判。因此，审委会判案不仅容易偏听承办者汇报而作错误决断，而且剥夺了当事人的诸多诉讼权利；不仅容易忽略案件事实，而且在案件出错后难以追责。因此，适当限制审委会的审判权限，合理控制进入审委会的案件范围，改革审委会的裁判方式，应属合理之举。但随着近年来法院对审判管理的加强，社会矛盾的突出，"敏感案"、"关系案"的增加，[②] 法官心态的转变，[③] 相关规定又较为模糊，[④] 进入审委会的案件

---

① 最高人民法院《关于改革和完善人民法院审判委员会制度的实施意见》第6条规定："各级人民法院审判委员会除由院长、副院长、庭长担任审判委员会委员外，还应当配备若干名不担任领导职务，政治素质好、审判经验丰富、法学理论水平较高、具有法律专业高等学历的资深法官委员"，"各级人民法院应当配备若干名审判委员会专职委员"。但截至目前，极少有法院将没有任何行政职务的法官吸纳进审委会，更多的是在讨论个别疑难案件时邀请一些业务能力强的法官列席审委会，他们可以就案件发表意见，但没有表决权。

② 所谓"敏感案"是指社会各界均比较关注的案件，尤其是被媒体关注的案件；合议庭感到办案压力巨大，为适当分摊压力，将案件提请审委会讨论。所谓"关系案"是指当事一方或双方四处活动、找人说情，承办法官被一方或多方"打招呼"之后感到左右为难，无奈之下将案件上交审委会讨论。

③ 法官心态的转变有多种因素，如法院审判管理的加强导致权责的不适当分配。法院加强审判管理后，从表面上看承办法官和合议庭的职权并没有被削弱，但实际上法院领导能更加有力地控制案件进程，由此导致法官决定不了案件却仍需担责的可能性加大。又如近年来法院系统掀起的案件评查机制、错案追究机制，这些机制的强化导致法官们干的多错的多、干的少错的少。在上述情况下，加之薪资待遇也不因绩效表现不同而不同，法官们当然都愿意将案件提交审委会解决，尤其是棘手的案件。

④ 如最高人民法院《关于改革和完善人民法院审判委员会制度的实施意见》第5条规定，地方各级人民法院审委会负责"讨论疑难、复杂、重大案件"。但对什么案件属于"疑难、复杂、重大"至今没有明文规定，也难以明确界定，这让审委会实际上可以审议一切案件。

数量未能得到控制，审、判分离问题不仅未获缓解，在有的法院甚至进一步加重。①

不仅如此，审委会运作方式的行政化特征也较为突出。由于法院组织的行政性结构以及"一把手"可以决定审委会成员的工作评价乃至升迁、待遇，"一把手"的意见在讨论案件时往往具有决定作用。按照《关于改革和完善人民法院审判委员会制度的实施意见》第16条第1款的规定，院长参加审委会，将在最后发言。然而，讨论案件时，通过院长向案件汇报人经意或不经意地提问，通过院长介绍案件背景等，委员们大都能够领会院长的倾向性意见。即使形成的多数意见与院长的意见不符，但在院长发表意见后，也往往会有委员附和甚至申明更正，其他委员则见机行事，支持院长并形成多数意见。因此，表面看来，审委会讨论是以民主集中、少数服从多数的方式发挥群体决策优势，但实际过程却可能是个人意见代替群体意见。

其二，院长、庭长裁决案件的现象十分普遍。相较于更加正式、成本更高的审委会讨论案件程序，院长、庭长凭借日常的审判管理权裁决案件，是更普遍、更严重的审、判分离现象：院长、庭长实际裁决案件或影响案件裁判的范围比审委会大得多，而且形式灵活多样。当前院长、庭长基本不参加案件开庭，但其裁决案件却是法院内部的工作常态，其裁决依据主要是承办人的汇报，并通过直接指示、参加案件合议或讨论以及审查、批注、修改裁判文书等方式完成其对案件的裁决。当合议庭的意见与其不符时，院长、庭长则可能拖延甚至拒绝签发裁判文书，直至案件提交审委会或者合议庭屈服，从而在事实上形成了院长、庭长的幕后裁决。

---

① 虽然从调研看这一情况较为普遍，但因无法获得充分数据，所以对"加重"不宜一概而论。而对比最高人民法院1996年和2012年两个适用刑事诉讼法的司法解释的规定，审委会讨论刑事案件的职责增强而非削弱了。比如1996年司法解释第115条与2012年司法解释第178条。

其三，行政程序代替诉讼程序的现象仍然突出。法院审理案件有外部程序和内部程序之分。外部程序主要指可公开的诉讼程序，包括庭审程序、庭前会议以及调查取证程序等。内部程序主要是不能公开的程序，如合议程序。[①] 但在我国，内部程序的作用更突出，其中既有合议程序又有包括报告程序、审批程序、协调程序等在内的行政程序。法院内部行政程序重于诉讼程序的情况长期存在，且因绩效考核等原因，近年有加重的趋势。

一是协调程序代替庭审程序。在一些重大、敏感或者社会关注度高的案件中，庭审程序基本上被形式化了，为行政程序所替代，如协调程序，即法院在审理某些重大刑事案件时与相关部门进行协调。比如协调庭审，法、检双方预先"排练"庭审程序，并就"排练"中发现的问题，通过协商预先解决。庭审以"协调"方式进行，使其成了"表面文章"，而其背后必然是有权机关以内部协调和行政审批方式完成实质审判。

二是审批程序代替合议程序。合议是听审法官平等参与、发表意见、讨论案件并进行表决的活动，其价值在于在尊重案件审理过程的前提下，集思广益、防止独断。但目前对于重大、复杂、疑难案件和领导关注的案件，合议程序基本上被审批程序所代替；合议庭合议的结果均需报庭、院领导把关，只有领导签署同意后合议意见才能发挥效力，反之合议意见会"被再合议"。[②] 这使得合议程序沦为审批程序的附庸。

---

① 指合议庭合议，也指审委会合议。但因审委会不参加审理，而且如前所述具有行政性特征，因此不是规范意义上的审判合议程序。

② 合议程序被行政审批程序所替代与合议的形式化是两个完全不同的问题。合议程序被行政审批程序所替代的情况往往发生在合议实质地进行了的案件，即合议庭共同认真地讨论了案件。而合议的形式化通常发生在不想要合议的案件中，如案情简单明了的案件，承办人往往认为不需要评议就能结案，但案件的处理程序又要求案件必须合议，因此事后编造合议笔录，或者合议庭成员象征性地坐在一起，案件承办人简单说下案情，其他合议庭成员回应一声"同意"了事。

（三）上下级法院关系的行政化

按照制度安排，上下级法院之间的关系是审级监督关系，上级法院通过审理上诉案件实现对下级法院的监督、指导。但实际情况并非如此：一方面，上级法院对下级法院的全面控制，使审级关系变为事实上的领导与被领导的行政关系；另一方面，下级法院就案件审理向上级法院请示汇报、上级法院给予指示，使审级制度形同虚设、二审救济流于形式。

上级法院与下级法院形成事实上的行政关系，主要通过三种渠道。一是考核评价。尤其是设定考核指标并进行位次排序，使下级法院的工作围绕上级法院的"指挥棒"转。二是业务管理。上级法院对下级法院的审判业务庭实行对口业务指导，上级法院审判庭通过召开片区会议、发布指导性案例以及审理二审案件等方式掌控下级法院审判庭的审判工作。三是人事任命。下级法院的主要领导很大程度上由上级法院领导决定，这种事实上的任命关系以及与之配套的业绩考评机制，不可避免地加强了上下级法院之间的行政关系。

（四）司法人事制度和法院结构的行政化

目前的法官人事制度对法官采取"类公务员"的管理方式，法官的待遇取决于行政职级，因此具有高度的行政化特征。法官具有较强的业务能力并不能使他们的待遇提升，只有通过行政上的升迁才能实现待遇和地位的提高。这一行政导向使得法院的业务精英聚集在管理岗位而不是审判一线，致使审判一线缺失优质资源，办案法官的人员素质、结构距离审判的要求仍有相当差距。

司法行政化还造成行政人员和部门的膨胀，挤占了司法资源，扭曲了法院结构。法院的运转需要办公文秘、人事管理、后勤保障、信息化建设等司法行政工作为审判活动提供支持和保障。但司法行政工作应当服务于、服从于审判活动，以审判为中心，这是发挥司法功能、保障司法质量的要求，也是司法的内在规律。但在我国目前的法院建设中，管理人员和部门膨胀，经常挤占司法活动的人力、财力资源。① 并且在强势的审判管理、司法行政管理之下，管理人员和部门与法官之间形成"管与被管"的上下位关系。即使在审判庭内部，行政人员也有膨胀的趋势。如法院通常在审判庭内设一正二副三个庭长，但有的法院为了解决职级待遇，增设副职，造成审判庭内充斥了过多的行政领导。

（五）审判管理的行政化

近年来的法院工作，加强审判管理是一项重要内容，包括建立、强化审判管理机构，细化案件流程管理，强化案件质量评估和绩效考核以及对审判的层级管理等。这些措施一方面体现了管理技术在法院管理中的运用，但另一方面，管理活动中行政元素的强化及其对审判的渗透也是一个重要特点。这突出表现为以下两点。一是实施层级管理，其具体要求是进一步完善院长、庭长依法监督指导办案制度，进一步加强上级法院的宏观指导和业务指导，统一法律适用和裁判尺度等。这使得院长、庭长介入案件裁判变得名正言顺。二是强化审判绩效考核，设计一套反映审判运行状况的指标体系，该体系由若干一级指标和更多的二级指标构成。最高人民法院下达指标体系，原本是为掌握审判态势，便于政策指导，但在实践中，各地法院普遍将其用作下级法院以及本院法官工作业绩考核和排名的指标，用作法院和法官工作奖励、晋升的依据。因为指标是由上级设置、掌握和实施考核的，所以，审判围绕指标转的实质是"下级围绕上级转"，进一步强化了司法的行政化。

三　司法行政化的效应

司法行政化问题的研究者大都以司法规律立论，对司法行政化及其实践效应作负面评价。然而，持论者难以充分解释，为何在长期的批判

---

① 某高级法院有 35 个内设处级机构，其中 21 个综合管理部门，14 个审判、执行部门，办案人员占法院人员不到三分之一。即使如此，业务庭的法官有时还会到综合部门"帮助工作"，同时还可能承担本庭的行政事务。

声中，司法行政化不仅未见式微，近年反有壮大之势。而且他们也难以解释，为何某些具体的行政化司法制度，如审委会判案以及法院对重要案件的内部报审，虽有悖司法规律，却难以废除，并受到多数法院人士的支持。笔者认为，司法行政化是中国法院在法治进程的一定阶段，尤其是初期阶段，不可避免的制度选择和行为选择。以行政方式运作司法，虽然弊端严重，但在给定的司法约束条件下，特定方式、一定限度的行政化，也可能产生某种积极效果，主要包括以下两方面。

一是以行政弥补司法。即在司法要素不足或司法人员素质不高的情况下，以行政手段适当弥补，以维系基本的司法公正。在现行体制下，审判一线有相当部分操作者经验不足、能力不强、德操不彰，而这种状况在一定时期内难以根本改变，院长、庭长的审判管理，如对"重点案件"和"重点审判人员"的特别关注，即加强行政指导，则可减少出错机率，至少可以避免较为明显的错误。而审委会判案、重要案件的内部报审，如果运作适度、适当，亦有正面功效：上级法院可在更高的层面把握司法政策和法律适用，平衡案件处理，协调横向关系。这尤其适用于那些虽在下级法院审理，但其影响超越下级法院管辖范围的重大案件。①

二是以行政抗制行政。即在外部行政性干预较大的情况下，以法院自身的行政化力量和手段抗制外部干预，维系基本的审判运行条件。在当今中国社会，行政力量无处不在，同时司法不独立、法官缺少权威，难以抗制强大的外部行政力量的干预。此时，借助院长、庭长的行政地位以及审委会的代表性力量，则可能抵御某些外部影响并协调某些外部关系。② 在法院人、财、物受制于当地党政的情况下，有时还需借助上级法院的力量，抵抗地方影响。这也是目前法院上下

---

① 如中级人民法院审理的省部级以上领导干部犯罪案件，需层报至最高人民法院"内审"。
② 有基层法官著文介绍以行政方式协调案件和抗干扰的情况。参见王彪《基层法院院庭长讨论案件机制研究》，《中国刑事法杂志》2011 年第 10 期。

级关系密切、案件"内审"难以废除的重要原因。

然而，行政化的司法毕竟有悖司法规律，行政力量又天然具有扩张性，如果不予遏制，它将日益侵蚀司法的领地，压缩司法活动的空间，损害司法的权威并抑制司法的功能。近年来司法行政化有愈演愈烈的趋势，中国司法已经到了不能不正视司法行政化问题，不能不努力遏制其发展的时候。如任其继续发展，不仅司法功能难以有效发挥，法院自身的建设也将面临严重危机，难以持续发展。司法行政化过度发展的危害主要表现在以下几个方面。

第一，不能坚守司法的目的和价值，有损"依法治国"方略的实施。"依法治国"作为治国方略，需体现在日常的国家管理和社会生活之中。如果没有一个坚守法律和公正价值并在权力关系中保持独立的司法机构，"依法治国"就会成为一句空话。近年来，司法行政化所导致的司法自身目的的丧失以及司法独立的缺位，使得法律规则在社会生活中的意义受到损害，使得司法行为的可预期性降低，使得滥用、误用行政权力的问题难以解决，这已经对我国经济、社会的可持续发展造成了一定的障碍。

第二，以管理权干预审判，案件质量缺乏保证。虽然以行政弥补司法尚有一定合理性，但大范围、高强度、频繁的行政干预，给案件质量、审判公正带来的负面效应也不可低估。一是审、判分离的直接危害。尤其是事实与法律关系复杂且纠葛的案件，不听审的审判主体对案情的把握常常取决于承办法官所"给定"的案情，"误导"或"误解"都比较容易发生。① 这种违背司法规律的现象若过度发展，必

---

① 以审委会审决案件为例。目前，各地法院审委会审议案件的程序包括三个步骤：案件承办人宣读审理报告，审委会成员提问，审委会表决。普通案件通常不超过半小时审议时间，特殊案件才延长时间。问题是委员们能否在极短的时间内把握案件实质。假定他们都是资深法律专家，理解能力强，但他们对案件的把握也限于案件承办人的汇报内容；如果承办人有意或无意地汇报案件有误，而包括本庭庭长在内的其他参会人员又不纠正，审委会决议就只能建立在错误的基础上，审委会表决中的行政化倾向则进一步降低了群体决策的质量。

将付出高昂代价。二是审判行政化所形成的"恶性循环"。审判行政化是以强化二线防御来弥补一线司法能力的不足。但行政元素的强化与活跃，必然以直接或间接的方式限制合议庭与法官的审判权，一线法官的荣誉感和责任心将进一步丧失。这就可能形成某种偏向行政化的"路径依赖"甚至"恶性循环"，即一线不强引致加强管理，加强管理反过来进一步弱化一线。①

第三，行政程序叠床架屋，部分案件诉讼效率低下。中国目前拥有世界上最庞大的法官群体，但许多法院仍然面临"案多人少"的矛盾。其实，并非法院人少而是办案法官少。行政职能膨胀导致行政机构、人员膨胀并挤占司法资源，而且行政工作与行政程序阻碍了司法效率的提高。一是审判工作为行政工作让路。一旦审判工作与行政工作发生冲突，通常是前者让位于后者，因此，法院时常出现因某项行政工作而在法定工作时间不收案、不办案的情况。二是在工作程序上，行政审批程序延滞审判活动，带来司法的低效。裁判文书要层层审批、案件汇报要层层上报，其中不少疑难案件的请示，要等到上级法院或有关部门有"适当时间"，这些都妨碍了司法效率，以至于法院给自己定了一条上不了台面的"违法规矩"——向上级请示汇报的时间不算入案件审限。②

第四，司法权威难以建立，司法公信力有下降的趋势。司法权威是司法的外在强制力与人们的内在服从的统一。目前法院的司法权威与公信力严重缺失，可以说是不争的事实。这种状况的形成，司法行政化难辞其咎。首先，司法的权威与公信力来源于司法维护法治的力量。"法律必须被信仰，否则它将形同虚设。"③ 法院不能

---

① 参见龙宗智《审判管理：功效、局限及界限把握》，《法学研究》2011 年第 4 期。

② 这一规定的出处是《最高人民法院案件审限管理规定》第 16 条第 3 款，"需要向有关部门征求意见的案件，征求意见的期间不计入审理期限"。这一规定本是最高人民法院针对本院审限管理的规定，对其他级别的法院并不适用，但部分地方法院将其演化并自作主张地推广适用。

③ 〔美〕伯尔曼：《法律与宗教》，梁治平译，三联书店，1991，第 28 页。

坚持法治原则，不能坚守自身的独立，民众便不会信仰法律，也就不会尊重司法。其次，行政化的司法使法院成为党政的附庸，为权力背书，这将严重损害司法公正，使司法能力遭受严重质疑。而且，法院用行政程序替代司法程序，并将信访制度植入司法制度，将不可避免地出现司法"裁而不断，断而不决，决而不终，终而不执，执而无果"的现象。司法作为争端解决的最后手段变成了过渡性手段，一旦当事人对法院的判决结果不满意，不仅可以找法院申诉，更可以找当地党委、政府反映问题，而后者的效果往往更为明显。将信访植入司法，法官对可能发生信访、"缠访"的案件，很难选择依法裁断，而是耐心说服、教育当事人，甚至"拖"、"哄"、"求"以平息事态。司法已由原来的解决纠纷并建立规则向息诉罢访转化，但是，司法又缺乏终结信访的能力与资源，使得本已不足的司法权威及公信力进一步萎缩。

第五，一线法官素质不高，法院工作可持续发展堪忧。首先，司法行政化掩抑正义价值，败坏司法风习，不能培养好法官。司法最重要的品质是公正，理想的法官应当只受正义的召唤、良心的驱使、法律的约束、荣誉感的激励，但在目前的中国司法体制中，具备这些品质可谓奢侈而离现实太远。因为行政化的司法，最重要的规则是"上命下从"，最重要的价值是功利。当前的行政化评价体系，包括前述的绩效评估，其主要目的是创造符合指标体系以及管理主体意旨的业绩，并以此为法官在行政位阶上提升的依据，而在行政化司法体制中缺乏独立性的法官也必然缺乏荣誉感和责任心。其次，司法体制中的行政导向，使高素质法律人才很难留在法院，很难留在审判一线。一线法官比较缺乏经验、能力和德操的情况，可以说已成为普遍的现实。法官的状况关乎中国法治的前景，依靠这些法官推动法治、坚守正义，不能不令人担忧。

四　司法行政化的根源及遏制的必要性和可能性

司法机关作为有组织的国家机关不能没有行政管理，大量案件的审判组织以及程序推进也不能没有审判管理。司法行政化的问题是管理手段的错位，即以行政手段运作司法、实施审判。这种错位的弊端已成定论，但根除其弊端却并非易事。这是因为司法行政化的形成有深刻的制度根源与社会条件，如果相关问题不解决，根除弊端的任务必然落空。因此，提出对策前，首先需要分析支持司法行政化倾向的制度根源及相关条件，在此基础上探讨改革的空间并提出较为可行的应对办法。

司法行政化最根本的原因，在于我国的国家权力结构及其运行机制。这个结构和机制的性质和特征是执政党统揽全局、协调各方，执政党的领导是国家权力运作的最根本原则。这种集中与统揽，形成整体协调、上下联动的"全面体制"，在根本上区别于司法权、行政权、立法权分立且制衡的体制。集中性、统揽型体制之下，以"上命下从"为特征的行政逻辑是不同国家权力运作的共同行为逻辑。在此之下，司法作为社会整体管治体制的一部分，其内部独立自治的程度有限，其中立性也受到一定的限制。一方面在外部，为配合党政主持的"中心工作"，司法需要采取某种主动姿态向行政靠拢；另一方面在内部，"上命下从"的行政原则会不可避免地渗入司法，这种渗入在一定程度上是必然且无法抗拒的。

与上述结构、体制因素紧密相关的，是司法功能设定的非司法化和资源配置的有限性。在统合体制中，任何一个体制分支均需服从统一的目的并满足保障该目的实现的各项基本要求。此种情况下，如果没有对司法功能设置特别的保护措施，司法也将执行"类行政"的功能并以"类行政"的方式运行。近年对司法"服务中心"、"服从大局"的强调，正是其体现。另一方面，司法资源配置的有限性，常常使司法必须以行政方式聚合整体力量，以抗衡行政干预、社会不服等外部挑战。苏力教授曾举例，人民法庭庭长利用社会力量，召集有关部门，来处理当地的一个民间借贷案件。[①] 而类似的以法院的行政力量与行政手段抗制妨碍正常司法功能的外部因素，已成法院运作的常态。

也与基本结构、体制因素相关的，是统一的人事（干部）管理制度以及缺乏独立性的财政供应制度。以人事管理制度为例。该制度将全部公务人员镶嵌于金字塔式的管理体制之中，自下而上的行政阶梯构成其激励机制和凝聚机制。在这一体制中，由行政职级确定人员的地位、权力、待遇和相互关系，行政职级就是这一体制的基本构成要素。而这种统一的人事管理体制又是配套于、配合于"全面体制"的政制构造。法官也无例外地被镶嵌在此种管理体制中，遵循同样的管理和被管理原则。

司法行政化还有一些与政制相关的技术性原因。如国家机能分化不足。从中国历史看，国家构造"大一统"，政府职能和权力的划分不明确，司法与行政合一，中央政府和地方官历来兼有行政、司法等多种功能。在司法活动中，审案官员作为法官兼行侦查搜证、弹劾检举的行政性职能。在我国当今的司法制度中，这一问题仍然存在。如刑事诉讼，虽然公、检、法三机关分掌职责，但互相制约时又讲"互相配合"，又有党委、纪委、政法委领导与协调，角色交叉与角色混同很难避免，司法与行政势必相互渗透，彼此间关系也纠缠不清。

上述影响法院运作方式的因素正是司法行政化的基本原因，也是我们与之做斗争而总是成效不彰甚至失败的基本原因。不考量中国司法制度运行的基本约束条件，空谈司法行政化的革除是没有意义的。但另一方面，对目前司法行政化的发展及其对司法功能的妨碍，我们又不能熟视无睹、无所作为。遏制司法行政化，减弱其负面影响，不

---

① 参见苏力《送法下乡——中国基层司法制度研究》，北京大学出版社，2011，第 22 页以下。

仅具有必要性，也有一定的可能性。

首先，遏制司法行政化的最基本理由是"依法治国"。为实现经济的可持续发展和社会的长治久安，必须依法治国，建立法治国家和法治政府。为实现这些要求和价值，法院的司法活动需发挥关键作用。法院是专门维护法治的国家机构，必须以法律的适用及有效实施为目的，必须保持自身的独立性和权威，同时应当采取有别于行政而反映自身规律的工作方式和运行机制。否则，法院就不能保证与行政的区别并在此基础上有效执行自身的功能，包括通过司法审查制约行政权力，促成法治政府的构建。

其次，遏制司法行政化的重要性还在于，司法行政化的过度发展严重地妨碍了司法功能。如前所述，以行政逻辑代替一切运行机制，会使权力中的非行政分支难以有效运作。因为这些分支，如立法与司法，各有其自身的运行规律，都不宜以首长负责、"上命下从"的行政方式运作。但司法行政化的过度发展，极大地损害了司法的判断性、独立性、中立性以及法律至上原则，已经严重地妨碍了司法功能，妨碍了司法建设的可持续发展。而且，由于与司法行政化的斗争总是缺乏进展甚至总是失败，相当一部分人已对司法行政化习以为常，甚至将司法行政化界定为中国特色法院体制和司法运作的应有形态。这种认识若被传导印证和强化，最终将使中国的司法体制重走"老路"。

再次，遏制司法行政化的现实可能性在于，统合之下的分权运行具有必要性和可能性。统合型体制的根本逻辑为行政逻辑，但统合之下，在技术层面，并不意味着没有职能分化和相对独立运行的空间。① 现代社会管理技术在强化统合能力的同时，也开辟了功能分

---

① 如有学者曾主张中国的司法独立是技术独立而非政治独立，是整体独立而非个体独立，是相对独立而非充分独立；这就是体制上的可能空间。参见龙宗智、李常青《论司法独立与司法受制》，《法学》1998 年第 12 期。

化的路径和方法。在技术层面，日常工作的空间内，国家权力的运行可以遵循自身的逻辑。例如，立法主要采取集体决定的方式运行；行政以首长负责、决策执行为特征；司法则进行个案听审与判断，并以合议制或独任制决定法律的适用与案件的处理。当然，行政逻辑在统合体制的不同权力分支均会发生作用。但是，为了保持各分支功能的有效性以及行为的基本合理性，行政逻辑必须被限制于一定的方式和范围。否则，"有统无分"，权力运行方式与权力性质错位，其功能就不能有效实现，最终将损害整个体制的功能。因此，在一定时期内，我们虽不能根除司法行政化，但可以遏制其发展，尽力减弱其负面影响。

尤其应注意的是，十八大提出"加快建设社会主义法治国家"、"深化司法体制改革"，十八届三中全会《中共中央关于全面深化改革若干重大问题的决定》又进一步提出"健全司法权力运行机制"、"让审理者裁判、由裁判者负责"以及改革司法体制和司法权运行机制的一系列措施。这些都显示出决策层明确的遏制司法行政化的改革意志。另一方面，司法行政化弊端尽显，司法界内外已强烈要求遏制其进一步发展。因此，审时度势，推动改革，遏制司法行政化，是当下的明智之举。

最后，遏制司法行政化的可能性及意义还在于，从司法行政化的角度提出问题并采取改革举措，既能改善司法状况，又不至于造成政治上的波动，易为各方接受。因为，无论外部问题还是内部问题，司法行政化总体上是管理技术问题而不直接涉及政治。遏制司法行政化，可以主要从国家管理的有效性以及司法功能的有效性提出问题、分析问题与解决问题。这是在基本体制不变的情况下，为改善该体制的"技术合理性"而做的努力，同时，也为深层的体制改革创造一定的条件。应当说，这是符合多数人意愿的现实主义路径。

五　遏制司法行政化的路径与方法

中国的司法行政化是法院组织与活动全面受到行政逻辑支配的整体性趋势和现象，因此，不能仅考虑审判活动和审判机制的改革，而需通盘考虑、系统决策、配套实施，以保证在给定的约束条件下，能够较为有效地遏制司法行政化，促使法院活动回归司法规律。

（一）重新塑造法院的功能

一是确认法院的"双重功能"。即除了具有从属性功能，同时具有相对独立的功能。在一个具有高度动员能力及资源集中能力的体制中，法院的功能设置不可避免地具有服务性和服从性，其关注重心、资源配置、审判政策应注意配合执政党和政府所推进的中心工作及政策要求，从司法的角度保障其有效推进。但与此同时，也应注意确认和保障法院相对独立的司法职能。因为从宏观上看，社会的发展固然需要行政的强力推进，但也需要社会政策与社会利益的调节与平衡以及社会关系的稳定，这就是法院的功能。从中观与微观的角度看，中心工作与大局要求在特定地域内主要由地方党政的行为予以体现，其中的短期功利性、局限性很难避免；① 但法治、正义具有超越一时功利的稳定性和价值，而法院就是维护法治、实现正义的基本制度安排。如果法院没有起码的独立功能，不能发挥调节与平衡的作用，对执政党、国家和人民的全局利益和长远利益是有害无益的。这种功能集中体现在对法治精神、法律基本原则和基本规范的坚守，以及坚持司法公正和社会正义。这种坚守和坚持，不应为一时的功利性要求所撼动。

二是适当强化司法审查功能。坚守法院的基本功能，保持法院区别于党政的功能特性，就应当要求法院强化其根据法治原则、法律规

---

① 如最高人民法院副院长江必新提出，为大局服务是人民法院的工作主题，但同时必须防止把"大局"地方化、把"服务"庸俗化，或者以"大局"、"稳定"为借口排斥司法监督的倾向。参见罗书臻、林晔晗《以推进三项重点工作为契机，努力破解行政案件申诉上访难题》，《人民法院报》2010 年 5 月 23 日。

范评价权力行为或社会事务合法性、正当性的司法审查功能。司法审查最重要的意义是权力制约与权利救济，其方式是个案裁判。

强化司法审查的主要举措之一是在强化法院权威和独立性的同时，实际扩大行政诉讼案件的受诉范围。目前，有关行政诉讼受案范围的规定较宽泛，但实际受理较为狭窄，受理的案件也普遍停留于行政非诉，且强调调解结案，这导致行政诉讼在一定程度上丧失了司法审查功能。鉴于这种情况，行政诉讼受案范围不仅不能压缩，还要进一步扩大。一些非国家机构包括公益性机构的行为，乃至涉及政党的行为等，均可以考虑纳入行政诉讼的受案范围，从而实现社会各个领域、各项事务均可进入法律评价、司法审查和救济的范围，也由此实现党在宪法和法律范围内活动这一法治的基本原则，确保各种权力、各种主体、各项制度的运作均受到法律的规制，从而切实贯彻"依法治国"方略。[①]

主要举措之二是赋予刑事诉讼中的刑事侦查行为以可诉性。刑事侦查行为是国家行政权的典型体现，其对人、对物的强制侦查严重妨碍了公民的权益。对这类行为进行司法审查和司法救济，是任何法治国家刑事诉讼的基本制度安排。但我国受"专政意识"、"打击意识"以及侦查机关地位特殊论的影响，坚持"侦查行为不可诉"，导致这方面的制度安排与实际操作严重滞后，使侦查活动中公民和组织的合法权益不能得到有效保障。为弥补这一缺陷，新刑事诉讼法第115条确立了检察救济原则，[②] 但检察机关作为侦

---

① 笔者并非主张法院对各种纠纷大包大揽，而是认为当前行政诉讼的受案范围过窄，无法发挥司法审查的功能。

② 根据新刑事诉讼法第115条的规定，当事人和辩护人、诉讼代理人、利害关系人对于司法机关及其工作人员采取强制措施已丧失法律依据，以及错误采取查封、扣押、冻结财产措施等违法行为，有权向该机关申诉或者控告，受理申诉或者控告的机关应当及时处理；对处理不服的，可以向同级人民检察院申诉；人民检察院直接受理的案件，可以向上一级人民检察院申诉；人民检察院对申诉应当及时进行审查，情况属实的，通知有关机关予以纠正。

查、控诉机关，既缺乏中立性，也缺乏必要的救济程序支持以及强制性救济能力。因此，即使目前对强制侦查进行事前司法审查仍缺乏现实可能性，但予以事后审查和救济则既有必要性，也有可能性。

三是适当强化审判功能。审判的目的是解决纠纷、维护法律和秩序。调解也可以解决纠纷，但它缺乏维护法治的功能。在中国走向法治的过程中，矛盾纠纷突出，社会需要和谐，调解固然具有重要意义；但社会同样需要规则，需要建立有效的法律秩序，需要使行为具有可预期性，而实现这些价值的主要方法是案件的审理和裁判。并且，即使对于解决纠纷，通过依法裁判确立规则、建立法治，也是具有更长远和根本功效的方法。近年来，法院偏重于以"调解优先"的指导思想和"大调解"的机制来解决纠纷，使调解这种软性司法手段的应用达到了前所未有的程度，已经逾越了必要与合理的限度，产生了负面效应。如统计数字上弄虚作假，败坏司法风习；违背自愿性原则强行调解，甚至使大量调解结案的案件并非出于当事人自愿而只能强制执行；[1] 违背合法性原则和正义性要求，对当事人权益及交易规则的建立造成了不利影响；[2]（大调解）打破司法机构与当事人（行政机构）的界限，损害司法中立性、独立性与权威性等。[3] 有鉴于此，应当重申法院裁判的功能和意义，调整调解和判决作为不同司法手段的关系，回归"当调则调，当判则判"的司法原则。

---

① 参见李浩《当下法院调解中一个值得警惕的现象——调解案件大量进入强制执行研究》，《法学》2012 年第 1 期。

② 从司法实践来看，调解在很大程度上意味着一方当事人应得利益的让渡与放弃。让当事人作出这种选择的主要原因常常不是当事人想通过此种途径解决矛盾，而是法官的各种努力。法官如果过度使用调解方法，免不了在某些问题上作不符合法律规范的引导。加之当前调解书基本不会表述争议的事实与焦点，甚至不写当事人的诉请，以至于无法对调解的合法性进行评价和审查。近年来调解案件的强制执行数以及申诉案件的增加，已经反映出过分强调调解的弊端。

③ 调研说明，许多地方政府与法院共同调处纠纷的机制往往只是法院"一头热"，"大调解"机制在经验总结并宣传后实际上难以为继的情况比较普遍。

　　四是适当强化终局性纠纷解决功能。① 前些年以强调司法规律为特征的法院改革，提出并推进"司法最终解决"原则，取得了一定成效。但在国家权力体系中，法院的权威性及资源配置能力不足，加上转型时期纠纷解决的复杂性以及历史因素对纠纷解决的影响，法院作为终局性纠纷解决机关时常有心无力，因此，法院内部滋生了"让渡意识"——不认为自己能够承担此一终局解决功能，甘愿将其让渡给党政，将自身定位为解决纠纷的辅助性职能部门。与此同时，在外部，党政渠道解决纠纷的机制得到了强化，其重要表现是信访功能的加强。各种纠纷包括法院所裁决的纠纷，常常不以司法裁决为终局，而以信访为终局。党政主导的信访机制，成为司法救济机制之上的特殊救济机制。然而，以信访机制取代司法救济机制，不仅存在正当性、合法性、合理性、有效性等方面的质疑，而且将转型时期大量社会矛盾、纠纷及其解决的压力直接交由党政承受，地方党政普遍不堪重负，这一做法实已难以为继。

　　在中国社会转型时期，法院作为终局性纠纷解决机构既有其长处，也有其短处。法院作为中立机构的地位、作为法治维护机构的功能，以及作为纠纷解决机构的技术能力和程序设置，最适合对纠纷作出公正评价和适当处置。但是，司法的特点是对存量资源的配置进行调整，它难以创造增量资源。而转型时期的一些纠纷，尤其是具有历史因素、社会因素、改革因素的纠纷，往往需要资源增量才能彻底解决。这是司法解决不如党政解决之处，因为后者才能配置增量资源。权衡利弊，两种机制仍需互补：一般的个案纠纷，需要贯彻司法最终解决的原则，其救济只能通过申诉和再审等渠道处理；但某些出于特殊缘由的纠纷以及群体性纠纷，还需依靠党政的主导性力量；党政与

①　《中共中央关于全面深化改革若干重大问题的决定》要求，"把涉法涉诉信访纳入法治轨道解决，建立涉法涉诉信访依法终结制度"。涉法涉诉信访的改革方向已经明确，但具体实施及其配套改革问题尚需研究。

司法发挥各自的优势，使纠纷获得较适当的处置。为了强化法院的终局性纠纷解决功能，需要为法院适当增配资源，其中最重要的是强化法院的权威。[①]

（二）尽力阻隔行政性要素进入审判，建立审判独立的"二元模式"

外部行政力量主导审判使法院作为一种制度安排丧失了功能和意义；在法院内部，行政力量主导审判使审判的制度安排包括程序设置丧失了功能和意义。因此，遏制司法行政化，必须从阻隔外部行政力量进入法院审判活动，以及在法院内部阻隔自身的行政力量进入合议庭这两个方面入手。而这两个方面，正是《中共中央关于全面深化改革若干重大问题的决定》中关于司法改革的主要内容。

阻隔外部行政力量进入法院审判活动，必须改革司法管理体制。中央决定的意见是"推动省以下地方法院、检察院人财物统一管理，探索建立与行政区划适当分离的司法管辖制度"。这是司法改革向体制动刀的标志，也是学界普遍支持和长期呼吁的举措。不过，在此项措施的执行中需要注意以下两点。其一，应当注意各种制约因素的影响。司法与税务、质检等技术性部门不同，司法工作直接影响经济、社会发展和稳定的"大局"，地方党政不愿轻易放弃；另一方面，司法机关在许多方面还需要依靠地方，如干部提拔交流、协助裁判执行、协调涉众案件的纠纷解决以及法院、检察院的建设等。因此，就人财物统一管理和司法的"去地方化"，不免存在不同力量的博弈。推进这些改革不可操之过急，不妨先试行、后实施，先局部、后整体，最好能先易后难，逐步推进。如，司法领导干部由过去的地方管理为主、上级司法机关协管，改为上级为主、地方协管。[②] 但财政供应的纵向

---

① 增配资源是一个大题目，其中包括保障审判的独立性、强化法院的司法审查能力、增强判决的既判力和执行力，还包括法官地位、待遇和保障条件的提高、改善等。

② 保持地方协管虽然可能产生改革不够彻底的问题，但一是可以减少阻力，而且有助于解决完全统管所带来的一系列问题；二是有利于保障改革的合宪与合法，因为根据宪法和相关法律，地方司法官员由同级人大产生。

集中，难度较大，需要谨慎推进。目前，普遍担心改革后经济发达地区司法机关的资源会减量，而一旦减量，在目前司法资源已经不足的情况下，将对司法质效产生明显的不良影响。其二，人财物统一管理可能导致上级法院对下级法院的行政性约束力明显增强，上下级法院关系行政化的问题不仅不能解决，反而可能有所强化。因此，对新的体制条件下上下级法院之间的关系，应当研究应对措施，并由最高人民法院出台规范，在人财物的统一管理与审判权的独立运行之间建立"隔离带"。

阻隔行政力量进入合议庭，中央决定的要求是健全司法权力运行机制，"完善主审法官、合议庭办案责任制，让审判者裁判、由裁判者负责"。中央决定首次提出"让审判者裁判、由裁判者负责"的司法权运行原则，体现了对司法规律的尊重以及打破我国司法积弊的决心。贯彻这一原则，首先需要限制院长、庭长决定个案的权力，防止其运用层级管理权代行审判权，让主审法官与合议庭来裁判并对案件负责。但是，在目前的背景和条件下，院长、庭长监督案件质量的责任还不能免除。这种监督责任可以通过参与合议庭讨论案件、组织案件咨询会以及核发法律文书等程序化、规范化、透明化的方式行使。其次要改革审委会制度。审委会审案从根本上违反了"让审判者裁判、由裁判者负责"的原则。对此，可以考虑经过一定时间（如一至两个五年），在法官制度和相关审判制度较为成熟的情况下，最终取消审委会的审判职能。目前则应限制审委会行使审判权，改革其工作方式。如明令禁止审委会研究、确定案件事实；具体界定和严格限制重大、疑难、复杂案件的范围，减少审委会讨论的案件数量；实行专业化审委会，使审委会由同行业务专家组成等。再次是清理审判程序中的行政性程序。如前所述，从案件的立案到最后宣判，法院适用审判程序时总是"夹带"法外的行政性程序。此外，在正式的诉讼程序中人为地"镶嵌"行政化模块，以实现对审判过程的全面监督和管理，这也使得诉讼程序走样。如在"调解优先"和"大调解"的机制下，是否调解结案涉及法官业绩、业务庭业绩、法院业绩，法官很难遵循诉讼程序进行判决，而只能想方设法对案件进行调解。因此，要保证法院严格遵循诉讼程序审理案件，必须做到两点。一是对一般案件，应去除诉讼程序之外的其他程序；对重大、疑难、复杂案件，尽量减少这类程序并使程序运行相对规范。二是重新梳理审判管理制度在诉讼程序中的植入方法与作用方式，保障诉讼程序发挥应有效能。

为了从制度上支持对行政因素的阻隔，需要在确认法院独立行使审判权的同时，确认法官独立行使审判权的原则，从而形成二元模式的审判独立。

法院独立行使审判权的实质是法官独立，而法官独立是国际公认的司法准则。[①] 只有让法官通过案件听证和审证，听取当事人的陈述和辩论，接受审判程序的约束，才能使其成为审判权行使的合格主体，并且法院内的任何行政力量都无权干预法官的审判。因此，确认法院独立行使审判权，就必然符合逻辑地确认法官独立行使审判权，而不是法院的行政力量决定审判的结果。因此，应当修改法院组织法、法官法，甚至宪法，确立法官依法独立审判、只服从法律的原则。

不过，在中国目前的条件下，法院作为整体独立行使审判权的原则仍然不能否定。一是因为这一原则是相对于外部力量而言，是法官独立审判的对外表达。一些国家的宪法和法律也是以法院独立行使审

---

① 在 20 世纪后期，相关国际组织陆续通过了一系列有关司法独立和法官独立的文件，包括国际律师协会通过的《关于司法独立最低标准的规则》、世界司法独立会议通过的《世界司法独立宣言》、联合国人权委员会通过的《关于审判人员、陪审员和陪审技术顾问的独立性及律师的独立性的宣言（草案）》等。这些文件的核心，在于保障法官独立行使职权。如规定："法官个人应当自由地履行其职责，根据他们对事实的分析和法律的理解，公正地裁决其所受理的案件，而不应有任何的约束，也不应为任何直接或间接不当影响、怂恿、压力、威胁或干涉所左右，不论其来自何方和出自何种理由"，"在作出判决的过程中，法官应与其司法界的同事和上级保持独立"，等等。

判权的法律表述，作为法官独立的法律依据。二是对于法院行政力量对审判的影响，目前只能遏制其过度发展而无法根除。审委会决定案件的合法性尚存，院长、庭长对案件实体和程序的监督在一定条件下仍然不可避免。三是只要外部行政力量干预司法的问题不能彻底解决，以法院整体的力量，包括行政元素，抗制外部干预，就仍然具有必要性与相对的合理性。

二元模式的审判独立，比较符合中国目前既不能否定行政因素的影响，也需要审判权相对独立行使的现实情况，是一种"相对合理"的制度安排。不过，确认法官独立的原则，一定要有相应的制度与实际措施予以保障，否则就会丧失其实际意义，包括建立审判权保障制度和法官职业保障制度。

（三）法院管理"去行政化"的努力

首先是审判管理应当注意遵循审判规律。

近年加强审判管理，既有国家加强集中管理的背景因素，也有前一时期司法改革遇挫后"改弦易辙"的原因，更有抑制司法不公与腐败的因素在内。但是，如果加强审判管理的方式不当且行政要素过于强势，则必然违背审判规律，扭曲司法行为，妨碍司法公正。因此，合理设置审判管理制度的界限十分必要，即，审判管理制度不能对法官遵循诉讼程序办案产生任何不当影响，只有在法官违反诉讼程序办案或明显违背职责造成疏漏时，审判管理制度才应发挥作用。为此，应当着重在两个方面改革审判管理制度。一是限制和规范院长、庭长利用层级管理的审判管理权干预合议庭审判。二是改变简单化的数目字式审判管理方式。掌握审判活动中的各种数据，对于把握审判状况、发现趋势性问题、调整司法政策、加强审判管理具有重要意义，但是，如将其作为下级单位及审判人员审判绩效考评的基本标准，则不符合司法规律。因为这种数目字式管理，虽因可比性、操作性、激励性强而有某种实用功效，但其不符合诉讼案件复杂多样、司法行为高度智能化且因案而异的特征。因此，应当弱化数字化指标体系的作用，对单位和个人，都应当采用综合性评价方法。同时，应当调整数字化指标体系的内容和使用方式。现行审判管理指标体系中的快速结案率、二审改发率、上诉率、服判息诉率、调撤率等一系列办案指标缺乏诉讼法上的依据，如果将其作为考核标准，势必违背司法规律，损害当事人的诉讼权利。因此，这些指标只应用作掌握审判态势的依据，而不得作为审判绩效的考核依据。审判管理制度的重点应当放在对诉讼程序是否违法以及明显而重大的实体处置错误的监督上。

其次是改革法院内部的司法行政管理方式，使其更符合有效发挥审判职能的要求。

此项改革的基本目标是形成以法官为中心的法院，如此方能有效发挥审判功能、保障审判质量。法院内部管理"以法官为中心"的改革，其主要措施有四。一是调整资源配比。法院的职级调整、福利待遇等应向审案法官倾斜，使法官相对于法院的政务、行政官员更受重视与尊崇，形成法院优秀人才向审判一线的"回流"。二是撤、并部分综合部门。目前法院的综合性、服务性机构经常出现职能交叉，甚至相互掣肘的现象，而且形成了管理（服务）机构主导法院的状况。为此，需要撤销、合并部分管理（服务）机构，将其中具有法官资格的人员用于加强审判一线。同时限制管理机构干预正常的审判安排，并采取措施强化各管理（服务）机构服务审判的意识。三是裁撤部门副职。提高主审法官的职级待遇，削减部门副职，尽量避免法官的上级过多，以减弱司法行政化的主体因素。四是弱化业务庭的功能。在当前的法院体制下，法院内部办案流程遵循承办法官—合议庭—业务庭（庭长）—分管院长—审委会（上级法院及其他党政部门）的作业程式。在这一作业线上，承办法官与合议庭是按照诉讼程序审理案件，而案件超出诉讼程序向外延伸的基点正是业务庭。业务庭（庭长）在个案审理上拥有很大的审批权，必要时业务庭（庭长）甚至可以对全庭法官承办的全部案件进行审签。① 业务庭由此成为凌驾于承办法官及合议庭之上的管理机构，这无疑削弱了承办法官及合议庭按照诉讼程序审理案件的能力。对此，在较小的法院，应当撤销业务庭建制，建立以承办法官及合议庭为基本单位的法院审判组织体系；② 或者，保持业务庭建制，但通过制度规范其职能，使其向行政管理职能回归，限制直至消除其干预审判的能力。③

再次是改革上级法院对下级法院的业务管理关系，遏制上下级法院关系的行政化。

这主要是规范下级法院就个案向上级法院请示报告。如前所述，"内审"制度对于某些特殊案件有一定的积极作用。但是，扩大其适用范围并且不规范地使用，则弊大于利。因此，需要进一步规范法院的"内审"制度，包括："内审"案件必须以法院名义正式报送，禁止任何不规范的报送方式；严格限制并具体规定"内审"案件的范围；"内审"只针对法律适用、自由裁量权的行使等问题，而不针对证据事实；限制"内审"时间，遵循法定时限，克服"内审"造成的诉讼拖延等。

（四）推进法官职业化和主审法官制改革

一是推进法官的职业化进程。

法官的经验、能力和德操是司法质量的重要保障。在法官队伍建设问题没有解决时进行审判制度改革，其效果可能适得其反。也就是

---

① 法院内设的各业务庭是法院组织法提出的，但在正式的诉讼程序中，并没有明确规定业务庭对案件的审签权和审批权。如新刑诉法规定，合议庭对于疑难、复杂、重大的案件难以作出决定的，由合议庭直接提请院长决定提交审委会讨论决定，而无须经过业务庭的中转。

② 对于较大型的法院，众多审判单元由法院直接管理可能有操作上的困难。

③ 深圳市福田区法院试行"审判长负责制"，庭长仅保留行政待遇而取消其干预审判的权力；打破庭的建制，取而代之的是 35 个独立、固定的合议庭；对审判长实行公选，将法官精英任用为真正意义上的法官。参见林劲标等《深圳福田审判长负责制上路》，《人民法院报》2013 年 2 月 25 日。

说，审判改革必须以法官制度改革为基础。人民法院"一五"、"二五"改革纲要推进符合司法规律的改革，但因欠缺法官制度改革，不仅难以改善司法质量，还在一段时间内增加了司法腐败和司法不公。这也是法院后来重走行政化路径、加强审判管理的重要原因。在新一轮的司法改革中，需吸取这一教训，切实推进法官职业化，以遏制司法行政化。实现法官职业化，有三项措施必须采取。

其一，建立有别于普通公务员的法官职级待遇制度。我国法官被纳入公务员管理制度，与普通公务员基本没有区别，这严重背离了法官设置的普遍要求和一般规律。法官解决纠纷、评判价值、制约权力，既需德高望重，又需位高权重。让"人微言轻"的案件承办法官在前台操作，而让法院和其他机构的各级领导在后台指挥并充当事实上的法官，严重背离了审判规律。因此，深入推进中国司法改革并取得成效的关键措施，是将法官从普通公务员体系中分离出来，使之成为高于普通公务员的特殊类型公务人员。相应的，有独立办案权的法官，在职级待遇上也应大幅度提高。

其二，建立法官职业保障制度。这包括三方面内容：首先是法官不经法定事由不得调移，除非出于本人意愿，任何个人和组织在没有出现法定事由时，均不得调整法官的岗位、工作；其次是保障法官的薪俸，根据法官级别确定基本薪俸，只要法官认真履行职责并且没有违法犯罪等情形，就应当获得全额薪俸，而不能用奖金等方式控制法官的行为；最后是保障法官的任期，法官非因生老病死或违法犯罪等法定事由，有权要求续任至退休。

其三，严格法官及法院院长的选任条件。法官必须精英化，因此，应当提高素质要求，减少员额，增配辅助人员。法官提高待遇的前提是减少员额，否则国家财政和干部制度难以承受。为了提高中国法官的整体素质，必须严格法官的准入条件，包括提高初任法官的任职年龄、延长法官的退休期限。目前法官"低龄化"的情况十分突出，这是违背司法规律的。"法律的生命不在于逻辑而在于经验"，证据、事实判断的最基本法则是经验法则，"低龄化"的法官经验不足，难孚众望，因此，应当提高初任法官的任职年龄。其次，应当要求担任法官必须具有一定年限的法律职业经验。如最高人民法院的法官，必须具有十年以上的法律职业经验，高级人民法院法官为五年以上。再次，进一步严格学历要求，必须具有全日制本科以上学历。最后，法官的任命应当规范化并降低行政领导的作用。如改变现行任命助理审判员的规定，设置主要由法官组成的法官委员会，对审判人员的任命进行提名或表决；规定法官任命应当进行公推，符合任职条件的人员进入候选名单，根据差额选举的办法提出拟任法官人选并由院长提请同级人大任命。[①]

法院院长、副院长的任职条件也应当更为严格。院长是法院的首席法官，须对案件质量承担总体责任。而在现行体制下，副院长更是"业务领导"，必须具有相应的资格和能力。法官法第 12 条规定，初任法官必须通过国家统一司法考试，各级人民法院院长、副院长则"应当从法官或者其他具备法官条件的人员中择优提出人选"。其中，对"其他具备法官条件的人员"缺乏具体限制，又无解释性规范，为实践中将不懂法的干部调到法院担任领导提供了方便。对此，应当修改法官法，明确规定法院院长、副院长必须具有的学历要求、最低的法律职业年限要求等，严格其选任条件。

二是推进主审法官制改革。

主审法官制的主要目的是解决审、判分离问题并推进法官的精英化。其主要做法是从审判庭业务骨干中选拔主审法官，赋予其安排庭审、审签文书等一系列审判权力；同时待遇从优，单独考核，以此提

[①] 目前中国大多数法官都属于本院院长任命的助理审判员。助理审判员的任命不仅具有随意性，而且人为操作空间很大，难以对其进行规制；其任命基本无须经过其他组织审核。而能称之为"审判员"的都是行政级别达到部门副职以上的人员，即只有行政级别提升之后，助理审判员才有可能被院长提请同级人大任命为审判员。

高审判质量和效率。

实践证明，主审法官制在缺乏配套制度跟进的情况下，难以取得预期的改革效果，甚至产生了一些负面效应。但是，这一改革表达的审判亲历与法官独立的意旨，却体现了审判规律，应当作为法院改革的方向。十八届三中全会的改革决定也要求"完善主审法官、合议庭办案责任制"。因此，在配套制度跟进的情况下，应当继续推进主审法官制。

其一，主审法官的选任、卸任必须具有正当性。主审法官制试行之初，其选拔受制于行政领导的问题较为突出，这就可能使主审法官成为个别领导的办事工具。为避免此种弊端，应当完善主审法官的选拔和卸任程序。如规定主审法官的基本任职条件；主审法官既可由院长提名，也可自荐；主审法官候选名单一律提交本院由法官组成的组织公开评议，并以投票表决的方式通过；不设主审法官任期，只要无法定事由出现，可无期限地担任；一旦出现法定事由，则由法官纪律委员会提出卸任动议，再由法官组成的组织投票表决。

其二，主审法官的职权要明确并且可执行。实行主审法官制，必须保证主审法官的职权是独立、完整的，即从案件受理到宣判所涉及的一系列审判权均应明确赋予主审法官。按照案件的流程环节，这些职权包括案件是否受理的职权、何时送达以及向谁送达文书的职权、回避、管辖等异议裁决权、主持庭审权、调查取证权、召集相关人员征求意见权、审签文书权、宣判权等。

其三，卸除主审法官除审判以外的其他行政事务。法官既办案，又从事诸多非审判事务，会导致法官难以在审判中保持独立性。因此，应当尽量卸除主审法官审判以外的事务，使其专心于审判。

其四，对主审法官建立必要的监督机制。主审法官在享有裁判权的同时，也应当受制度的监督。但这一监督不能妨碍审判权的正常行使，因此，不应为其设置不符合审判规律的量化考核指标，可重点采取审判信息对内和对外公开的方式进行监督。对内公开是指法院内部监督管理部门掌握案件进程与相关情况，关注程序违法和当事人投诉等情况；对外公开是指对社会公开，公众可随时查看案件的进展情况以及其他适宜对社会公开的信息。

实施主审法官制，并不意味着否定合议制，而只是需要对现行合议制进行适当改革。当前合议制存在形式化、行政化以及责任规避等诸多问题，相当一部分案件"合而不议"，案件处理基本上取决于承办人。加之院长、庭长经常参与合议，院长、庭长主导合议的情况也比较突出。因此，在案件积压、案多人少的现状下，为遏制行政化的倾向，合议制的改革应当从以下两方面入手：案情较为简单的案件，可以采取简单合议方式，主要由承办法官负责，其他法官甚至审判长只对程序和实体的明显错误承担共同责任；重大、复杂、疑难案件，则必须适用严格的合议制及严格的共同负责制，避免"合而不议"。

（本文原载于《法学研究》2014 年第 1 期）

法官责任制度的三种模式[*]

陈瑞华[**]

引　言

作为我国近期司法改革的重要举措，司法责任制的构建引起了司法界和法学界的高度关注。一般说来，司法责任制包括两个构成要素：一是"让审理者裁判"；二是"由裁判者负责"。前者是指保证主审法官、合议庭享有独立审判权，解决审理权与裁判权分离的问题，取消庭长、院长的审批权，实行法院内部司法裁判的去行政化。而后者要求主审法官、合议庭成员对所审理的案件承担法律责任，假如案件在审判质量方面存在瑕疵，或者出现了裁判错误，其将成为责任追究的对象。在法律责任追究的范围上，诸多司法改革文件都强调实行办案质量终身负责制和错案责任倒查问责制。[①]

早在 20 世纪 90 年代，全国各级法院就曾试行错案责任追究制。对于法官故意作出错误裁判或者因过失造成错案的，法院会启动对法官的责任追究程序。由于"错案"的标准并不明确，加上这一制度在法理上和实践中面临较大争议，最高人民法院最终确立了违法审判责

＊　本文系国家"2011 计划"司法文明协同创新中心资助研究成果。

＊＊　陈瑞华，北京大学法学院教授。

①　参见蒋惠岭《未来司法体制改革面临的具体问题》，《财经》2013 年第 34 期。

任追究制度，并将错案责任追究的内容纳入了这一制度。① 后来，随着案件质量评查制度的推行，法官是否存在违法审判或者办案差错的情况，还被列为对法官进行日常考核的重要指标，也成为对法官进行奖惩的主要依据。

进入 21 世纪以后，随着一些冤假错案相继被披露，防范和纠正冤假错案成为全社会关注的焦点，追究相关司法人员法律责任的问题也引起了社会各界的重视。② 2008 年，云南省高级人民法院曾尝试建立对违法审判的法官实行终身问责的制度，③ 其中就包含对错案责任人的终身追责。2012 年，河南省高级人民法院正式推行错案责任终身问责制，引起了当地司法界的震动，法学界也出现了一些反对的声音。④ 但是，出于防范冤假错案的需要，也为了使法官受到更为有效的约束，中央的司法改革文件将错案责任终身问责制正式吸收进来，使其成为与省级以下法院人财物交由省级统管、法官员额制并驾齐驱的核心改革措施，⑤ 甚至被形象地比喻为司法改革的"牛鼻子"。⑥

本文认为，在法官责任的追究上，我国存在三种制度模式：一是结果责任模式；二是程序责任模式；三是职业伦理责任模式。所谓结果责任模式，是一种在案件出现裁判错误的情况下，对存在过错的法

---

① 1998 年，最高人民法院发布了《人民法院审判人员违法审判责任追究办法（试行）》和《人民法院审判纪律处分办法（试行）》，这标志着违法审判责任制度正式确立。2009 年，最高人民法院发布了《人民法院工作人员处分条例》，实施了新的纪律处分制度，同时宣告废止上述《人民法院审判纪律处分办法（试行）》。

② 参见张玉洁《错案追究终身制的发展难题——制度缺陷、逆向刺激与实用主义重构》，《北方法学》2014 年第 5 期。

③ 参见《云南出台强制规定，对违法审判责任人终身责任追究》，http://news.xinhuanet.com/legal/2008-09/11/content_9915831.htm，2015 年 5 月 27 日访问。

④ 参见李丽静《河南，法官错案责任追究力度大》，《半月谈》2012 年第 10 期。

⑤ 参见《改革要聚焦聚神聚力抓好落实，着力提高改革针对性和实效性》，《人民日报》2014 年 6 月 7 日。

⑥ 参见《以提高司法公信力为根本尺度，坚定不移深化司法体制改革》，《人民日报》2015 年 3 月 26 日。

官予以追责的制度模式。所谓程序责任模式，是指在法官在审判过程中存在程序违法行为并造成严重后果的情况下，对其予以追责的制度模式。无论结果责任还是程序责任，都属于广义上的"办案责任"，也就是法官在办理案件的过程中，或者因为造成结果错误，或者因为存在严重的程序违法行为，而承担的法律责任。因此，上述两种模式还可以被并称为办案责任模式。所谓职业伦理责任则属于法官因违反职业伦理规范而要承担的法律责任。这种责任可以发生在法官办案过程之中，也可以发生在这一过程之外，但与办案本身的结果和过程没有直接关系，因而带有"职业责任"的性质。

上述三种责任的一些内容已经被确立在我国的法律和规范性文件之中。在讨论司法责任的架构时，无论司法界还是法学界，所提出的制度方案要么偏重于结果责任、程序责任，要么更强调职业伦理责任，都没有超出上述三种责任的范畴。本着"法学家画地图，政治家选择道路"的原则，本文拟对这三种法官责任模式的成因、特征及其争议，进行简要但尽量系统的分析，然后，在对上述三种模式进行综合评价的基础上，对未来法官责任模式的选择发表看法。

一　结果责任模式

在我国的法律语境中，法官因作出错误的司法裁判而承担的法律责任，通常被称为"错案责任"。但错案责任是不规范的用语，它经常泛指法官对其办案中存在的实体差错、程序差错或裁判文书差错所承担的责任。本文所说的结果责任主要指其中的实体差错责任。应当说，因法官作出错误的裁判结果而追究其法律责任，曾经是我国古代司法制度的一大特色。在以下的讨论中，笔者将从历史和比较的视角，分析这一模式的基本特征及其成因，并通过对其实施效果的考察，反思这一制度模式。

（一）结果责任模式的基本特征

对在审判中存在违法或不当行为的法官予以法律责任追究，是我国古代司法制度的一项重要内容。① 对那些造成了错误裁判结果的法官，古代法律更是确立了较为严厉的责任。② 早在西周时期，就有"五过之疵，其罪惟均"的法律规定。秦律对于造成错案的法官区分了故意和过失等情形，汉代则确立了"出罪为故纵"、"入罪为故不直"的责任制度。③ 唐朝"出入人罪"的法官责任制度则根据法官行为的后果来确立刑事处罚的标准。④ 所谓"出入人罪"，可以分为"出罪"和"入罪"两种错案责任，前者是指法官对有罪的人作无罪判决或者对罪重的人作轻罪判决，后者是指法官对无罪的人作有罪判决或者对罪轻的人作重罪判决。⑤ 对"出入人罪"的法官，唐以后各代法律的处罚原则是：故意"出入人罪"，"全出全入"的，以全罪论；故意"从轻入重"，或者"从重入轻"的，以所剩论；过失"出入人罪"的，减等处罚；对"入罪"的处罚要重于对"出罪"的处罚。⑥ 我国古代之所以实行如此严苛的法官责任制度，主要是出于"慎重刑狱"的考虑。⑦ 这种动辄对"出入人罪"的法官施以刑事处罚的做法，具有极大的威慑力。⑧ 当然，对于造成错案结果的法官，古代法律对"出罪"和"入罪"设定了不同的刑罚标准，体现了一种朴素的公平观念。但是，对"全出全入"的法官实行连坐的追责方式，使得这种法官责任制度带有一定的同态复仇意味。

　　与古代相比，当代的法官责任制度尽管在制度理念、追责方式、追责机构的设置上出现了重大变化，但两种制度所确立的结果责任模

① 参见陈光中《中国古代的法庭审判》，载《陈光中法学文集》，中国法制出版社，2000，第 172 页。
② 参见巩富文《中国古代法官责任制度的基本内容与现实借鉴》，《中国法学》2002 年第 4 期。
③ 参见陈顾远《中国法制史概要》，商务印书馆，2011，第 159 页。
④ 参见巩富文《中国古代法官出入人罪的责任制度》，《政法论坛》1990 年第 1 期。
⑤ 参见巩富文《唐代法官出入人罪的责任制度探析》，《政治与法律》1993 年第 1 期。
⑥ 参见张晋藩《中国法制史》，商务印书馆，2010，第 235 页；瞿同祖：《瞿同祖法学论著集》，中国政法大学出版社，1998，第 462 页以下。
⑦ 参见陈顾远《中国法制史概要》，商务印书馆，2011，第 59 页。
⑧ 瞿同祖：《瞿同祖法学论著集》，中国政法大学出版社，1998，第 462 页以下。

式，却几乎是一脉相承的。

1. 作为追责前提的结果错误

在最高人民法院的一些规范性文件中，法官在以下三种情况下应被追究结果责任：一是"故意违背事实和法律，作出错误裁判的"；二是"因过失导致裁判错误，造成严重后果的"；三是"内外勾结制造假案的"。① 那么，究竟什么是"错案"或者"裁判结果错误"？迄今为止，最高人民法院并没有对此进行明确的解释，法学界和实务界也没有形成令人信服的观点。不过，一些地方法院对"错案"的线索来源作了一些界定，将其分为两种类型：一是程序内的来源；二是程序外的来源。前者是指上级法院通过二审或再审程序推翻了原审法院的裁判结论，尤其是二审法院或再审法院因事实不清、证据不足而作出改判或者发回重审的裁定。后者则是指法院在外部因素的干预或者影响下认定法官办错案件的情况。例如，海南省高级人民法院就将"检察机关提起抗诉的案件"、"上级领导机关批示的案件"、"列入人大常委会监督的案件"以及"来信来访中反映存在问题的有关案件"列为发现错案的重要线索。② 在司法实践中，这种根据程序外的标准所发现的"错案"可能还包括新闻媒体予以报道的案件、社会高度关注的案件等。

2. 结果责任的承担方式

我国古代法律对造成错案的法官直接追究刑事责任；在当代的法官责任制度中，追究法官结果责任的主要方式则是纪律处分，包括警告、记过、记大过、降级、撤职和开除等六种。只有在法官的行为触犯了某一特定罪名的情况下，才会发生启动刑事追诉程序的

---

① 2010 年最高人民法院发布《人民法院工作人员处分条例》，将七类法官违反法律、法规的行为列为纪律处分的适用对象。其中，明确追究法官结果责任的有三个条款：一是故意违背事实和法律枉法裁判的；二是内外勾结制造假案的；三是因过失导致错误裁判的。

② 参见 2000 年 5 月发布的《海南省高级人民法院贯彻执行〈人民法院审判人员违法审判责任追究办法（试行）〉和〈人民法院审判纪律处分办法（试行）〉若干规定》。

情况。我国刑法规定的徇私枉法罪，民事，行政枉法裁判罪，玩忽职守罪，滥用职权罪等，就属于法官因违法情节严重而可能构成的犯罪。

与古代法官错案责任制度相似的是，当代在确定法官的结果责任时也对故意和过失有所区分。原则上，法官故意造成错误裁判，或者内外勾结制造假案的，要承担更大的责任，受到更为严厉的处罚。例如，在最高人民法院的处分条例中，对于故意违背事实和法律枉法裁判的，要给予降级或者撤职的处分；对情节严重者，还可以给予开除的处分。而对于因过失导致错误裁判，造成不良后果的，则给予警告、记过或者记大过的处分，只有在造成严重后果的情况下才予以更为严厉的处罚。[①]

3. 追究责任的范围

与我国古代追究错案责任的情况相似，当代的结果责任制也遵循"谁用权，谁担责"的原则，除了对造成错案的法官追究责任以外，还对进行审查、签署裁判文书的法官追究责任。具体来说，除了独任法官单独承担结果责任以外，在合议庭评议案件时，则导致造成裁判错误的合议庭成员承担责任；在审判委员会讨论决定案件时，则导致作出错误决定的审判委员会委员也要承担责任；在院长、庭长负责审批或者签署案件的情况下，不通过法定程序纠正错案的院长、庭长也要承担结果责任。

4. 追责机构

追究法官结果责任的程序是按照典型的行政方式进行的。其启动有两种方式：一是上级法院责令下级法院启动对某一法官的追责程序；二是法院内部自行启动追责程序。无论采取何种启动方式，对法官的追责主要是在法院内部进行的。一般来说，法院内部的纪检监察部门负有发现线索、进行调查和作出纪律处分的职责；法院审判管理

---

① 参见《人民法院工作人员处分条例》第 43 条、第 50 条和第 83 条的规定。

部门则负有组织评查、听取申辩的职责；而案件是否构成错案，最终要由法院的审判委员会予以确认。当然，院长作为法院的党政最高负责人，对追究法官的责任始终拥有最终的决定权。

（二）结果责任模式的制度空间

我国当代的结果责任追究制实际上是一种对法官的行政控制，是司法行政化的必然产物，[1] 也是在法官素质不高、腐败频发的情况下保证案件质量的应对措施。这种结果责任的盛行，也与法院所面临的社会舆论压力和政治压力有直接关系。

1. 司法行政化的必然产物

当代的法官责任制度建立在司法裁判与司法行政管理高度集中的体制基础上，这种行政层级制的构造直接促成了结果责任模式的产生。首先，无论在上下级法院之间，还是在同一法院内部，都按照上令下从的一体化原则产生司法决策，上下级之间是单向服从的关系。其次，上级法院所作的裁判结论具有权威性和终局性，是评判下级法院法官裁判质量的真正标准。再次，法官的裁判结论一旦被上级法院或者法院的行政领导所推翻，就要对其进行惩罚，这种惩罚往往被用来培养行政服从意识。在司法实践中，一些地方法院之所以将上级法院的改判和发回重审作为认定法官作出错误裁判的标准，原因就在这里。司法行政化的逻辑决定了上级法院和法院内的行政领导才是"真理的掌握者"，拥有对普通法官进行责任追究的权威。

2. 法官素质不高、腐败频发的应对措施

法官的职业素质参差不齐，且存在一定程度的腐败现象，这为法院追究法官的结果责任提供了更为重要的理由。[2] 在很大程度上，法

---

① 参见巩富文《中国古代法官出入人罪的责任制度》，《政法论坛》1990 年第 1 期。
② 参见邓红阳、赵红旗《独立行使审判权挑战法官自身素质》，《法制日报》2013 年 11 月 25 日。

官素质不高、职业化水平较低，曾经是法院内部实行审判委员会讨论、决定案件制度的主要理由。① 毕竟，一个素质不高的法官确实难以担当独立审判的大任，甚至会犯一些"低级"错误，如裁判文书写作上的错误、法律理解上的错误、援引法律条文的错误等。近年来，随着法官在职接受专业教育的比例大幅提高，越来越多的法科毕业生进入法官队伍，法官的素质得到了显著的提高。但是，大量高素质法官仍然主要聚集在最高人民法院和高级人民法院，中级人民法院和基层人民法院的法官职业化还存在一些缺憾和不足。另一方面，众多高素质法律人才聚集在一线城市和经济相对发达的地区，而在一些中西部地区，尤其是当地的基层人民法院，法官的整体素质仍有待提高。可以想象，在法官的职业素质尚待提高的情况下，唯有实行结果责任，使法官对自己造成的错误从裁判结果上承担责任，才能从根本上督促他们谨言慎行，将更多的时间投入提高职业技能和审判水平上，从而避免再次发生错误。同时，对那些确实不适合从事法律职业的法官，结果责任模式也是一种有效的淘汰机制。

不仅如此，现行诉讼法对法官的自由裁量权没有施加较强的制约，造成了一定的权力寻租空间，甚至产生了不容忽视的腐败问题，而司法腐败的发生必然影响裁判结果的公正性。为最大限度地遏制司法腐败，法院需要构建一种将法官的升迁荣辱与裁判结果紧密结合起来的奖惩机制，绩效考核制度和结果责任追究制度就是这一机制的有机组成部分。只不过，前者针对的是法官日常审判工作中的业绩和表现，后者针对的则是法官的裁判结果错误。在一些地方法院制定的错案责任追究办法中，诸如内外勾结制造假案、故意向审判委员会作虚假汇报、应当调查的证据不予调查等行为，一旦造成错误裁判，就会成为错案责任追究的对象。这些规定足以说明，存在上述问题的法官

---

① 参见苏力《基层法院审判委员会制度的考察及思考》，《北大法律评论》1998年第2辑，法律出版社，1999。

的职业素质和廉洁性受到了严重质疑。

3. 社会舆论和政治压力下的应激反应

每当冤假错案被披露之后，社会舆论会出现一边倒的要求追究法官责任的呼声，而政治家会作出严肃追究错案责任的指示，[1] 这使得法院承受了极大的舆论压力和政治压力。为回应社会各界的批评，并对政治家有所交代，法院不得不作出"绝不姑息负有责任的法官"的承诺。可以说，在很大程度上，结果责任模式不过是法院在压力之下的应激反应。而作出这一反应的主要原因在于法院在整个社会治理结构中不具有基本的独立性，无法抵御外部的压力和干预。作为被定位为"为改革开放保驾护航"的司法机关，法院的主要使命是解决纠纷、化解矛盾，实现社会的和谐稳定。如果在冤假错案发生之后，法院自身受到众口一词的指责和批评，各种追究法官责任的呼声不绝于耳，法院就可能成为社会不稳定因素的一个源头，而这显然与法院的职能定位不相符。在此情况下，作为"政治家"的法院院长，其本能反应就是尽快平息事态，消除可能激化矛盾的社会热点事件。要做到这一点，法院就不得不迅速地将"负有责任"的法官抛出来，使其受到严厉的纪律处分，甚至被追究刑事责任。可以说，一种实用主义和功利主义的思维构成了结果责任模式的观念基础。

（三）对结果责任模式的反思

过去，无论司法界还是法学界，对于这种根据案件裁判结果来追究法官责任的制度，大多是持批评态度的。[2] 有些批评者明确指出，法院将上级法院作出改判和发回重审的案件都列入"错案"的范围，[3]

---

① 参见双瑞、黎华玲、李亚楠《强化法官责任追究，严防冤假错案》，《新华每日电讯》2013 年 7 月 10 日。

② 代表性观点参见熊秋红《司法公正与法官责任追究》，http：//www.iolaw.org.cn/showNews.aspx？id＝3750，2015 年 5 月 27 日访问；李建明《错案追究中的形而上学错误》，《法学研究》2000 年第 3 期。

③ 参见沈杨、殷勤《实施错案"终身追责"应注意区隔"责任豁免"》，《人民法院报》2015 年 4 月 1 日。

根据裁判的社会效果来确定错案责任，这种做法违背了司法规律，导致追究范围过宽，而真正的错案却得不到有效追究；^① 并且，这种严苛的责任追究也让法官饱受其苦。^② 有些批评者认为，将错案结果作为追究法官责任的根据，造成了法院内部人人自危、转移办案责任风险的后果。^③ 面对这种风险，法官往往不敢下判，或强制调解，或依赖院长、庭长以转移责任，而所在法院会扩大向上级法院请示的事项范围。^④ 还有些批评者认为，一个案件往往不是由法官独立作出裁判的，而要经过合议庭审理，庭长、院长批示，审判委员会讨论决定的流程，结果责任模式会造成无人真正对案件质量负责的后果。^⑤ 这些对结果责任模式的批评无疑很有道理。本文则拟结合当下司法改革的举措及其未来走向，从认识论、审判独立以及司法救济的角度，对这一模式提出一些新的反思。

1. 认识论上的误区

无论古代的错案责任追究制，还是当下的结果责任制，都存在一个根本的认识论误区，我们可将其称为"先验的可知论误区"。具体来说，法官责任制度的设计者相信，案件的事实真相都是客观存在的，法官应当有能力了解这些事实真相；如果法官没有发现这些事实真相，或者"违背事实作出错误裁判"，我们就可以断定该法官作出了"错误裁判"。^⑥ 但是，这种对法官发现事实真相能力的断言根本不能成立。其一，法官事先并不了解案件事实真相。一般来说，法官不是

① 参见广东省高级人民法院研究室理论研究小组《法官办案责任制的健全和落实》，《人民司法（应用）》2014 年第 7 期。
② 参见广东省高级人民法院研究室理论研究小组《法官办案责任制的健全和落实》，《人民司法（应用）》2014 年第 7 期。
③ 参见魏胜强《错案追究何去何从？——关于我国法官责任追究制度的思考》，《法学》2012 年第 9 期。
④ 参见广东省高级人民法院研究室理论研究小组《法官办案责任制的健全和落实》，《人民司法（应用）》2014 年第 7 期。
⑤ 参见胡夏冰《法官办案责任制的理论逻辑》，《人民法院报》2014 年 5 月 22 日。
⑥ 参见潘建兴《莫让"司法责任制"被误读》，《人民法院报》2014 年 8 月 5 日。

案件的亲历者，也不了解案件事实，而只能通过开庭审判来认定案件事实。其二，法官的使命是裁断而不是发现。法官无法像当事人、律师或者侦查人员那样，自行收集证据、调查事实，而只能在法庭审理过程中通过对控辩双方证据的审查和判断来形成对案件事实的主观认识。面对控辩双方提供的不一致甚至完全矛盾的证据和事实，法官只能当庭作出何者成立的裁断。其三，在司法审判中，法官经常遇到事实存疑的情况，也就是有一定的证据证明某一特定案件事实成立，又有相反的证据证明该事实不成立，面对这种事实存疑的案件，法官无法形成确定的内心确信，却必须作出权威的裁判。换言之，即便无法对案件事实形成确信，法官也不得不作出事实认定。

既然案件事实不是法官事先掌握的，既然法官只能依据证据、通过法庭审理来认定案件事实，既然法官在事实存疑时也不得不作出事实裁判，那么，所谓的"违背事实作出错误裁判"就是很难成立的命题。毕竟，我们很难对法官有无"违背事实"作出准确的判断。但是，假如法官在审判过程中存在违法行为，如违反了证据规则，违反了诉讼法的规定，或者违反了实体法确立的准则，我们就非常容易得出法官"违法审判"的结论。从操作层面看，断定法官违背事实作出错误裁判是较为困难的，但认定法官违反法律作出裁判却是相对容易的。

2. 结果责任与审判独立

根据案件的裁判结果来追究法官法律责任的制度，从根本上破坏了法官的良心独立，消解了改革者为解决司法行政化问题所做的一切改革努力。

首先，在结果责任模式的影响下，法官被迫与案件的裁判结果发生了直接的利益牵连，从而完全丧失了裁判者应有的中立性和超然性。为避免案件被认定为错案，法官不惜将案件诉诸院长、庭长审批，主动申请提交审判委员会讨论，甚至主动报请上级法院事先给予裁判指示。这些转移司法责任风险的举动，足以显示法官在结果责任模式下已经变成特殊的"当事人"，处于受审查和被裁判的境地。

其次，结果责任模式的实质，在于法官将因为自己对案件的认识和判断而遭受利益损失。但是，假如法官没有实施不法行为，而仅仅因为其裁判结论最终被推翻，就遭受警告、记过甚至开除等纪律处分，这几乎等于对法官的认识和判断施加惩罚。这种不是针对法官的外部审判行为，而是针对法官的内心确信所实施的惩罚，是对其裁判独立和良心独立的严重损害。另一方面，这种结果责任模式还会造就普遍的司法恐慌：凡是独立行使审判权的法官，都可能因此而受到惩罚。这显然会催生一种服从主义的司法文化，造就一种人人回避风险、无人敢于维护正义的司法环境。

最后，这种结果责任模式的实施还会造成各项去行政化改革措施之间发生矛盾，并最终抵销改革者为推进审判独立所做的积极努力。由于错误裁判没有客观的标准，各级地方法院约定俗成地将上级法院改判或发回重审视为发现案件错误裁判的线索，这势必造成下级法院根据上级法院的裁判来追究法官的责任。这种做法将对上下级法院之间的审级独立造成严重的冲击，造成上下级法院之间形成事实上的垂直领导关系。可以说，本来是为了去行政化而推行的司法责任制，却由于继续采取结果责任的追责模式，反而带来了法院上下级之间更为严重的司法行政化，进而给司法人员分类管理、法官员额制等诸项改革带来消极影响。

3. 结果责任与诉讼程序内的救济机制

为防止司法机关滥用裁判权，避免无辜者受到不公正的处罚，现代司法制度设置了上诉程序和再审程序，使上级法院乃至本法院有机会对案件进行重新审判，以审查下级法院乃至本法院审判活动和裁判结果的合法性，纠正不公正的裁判结果。与此同时，为了对受到司法误判直接影响的受害者进行民事救济，法律还确立了国家赔偿制度。其中，作为国家赔偿的有机组成部分，刑事赔偿并不以司法人员存在违法行为或者过错为前提，只要法院通过一审、二审、死刑复核或者再审程序改判被告人无罪的，国家就要无条件地赔偿其损失。

既然任何国家的司法制度都无法杜绝冤假错案的发生，既然法律已经通过司法救济程序对裁判错误做了最大限度的防范，也通过国家赔偿制度对错误裁判的受害者作出了补偿，我们再去追究法官的个人责任，究竟还有多大的必要性？在法官不存在违法审判行为的情况下，为什么还要对作出"错误裁判"的法官进行责任追究？这种结果责任的追究不仅无法对司法误判的受害者提供任何意义的救济，还对那些没有任何违法行为的法官进行了惩罚，其正当性大可质疑。

二　程序责任模式

程序责任模式是随着违法审判责任制度的推行而得到确立的。但违法审判责任是一个似是而非的概念，它既包括法官因违背事实或者违反实体法而承担的结果责任，也包括法官因违反诉讼程序而承担的法律责任。在错案责任制曾一度衰落的情况下，违法审判责任制度的兴起为程序责任模式的产生创造了制度空间。

（一）程序责任模式的兴起

追究违反法律程序的法官责任是一项源远流长的法律传统。在我国古代的法官责任制度中，法官在办案中违反法律程序的，会受到纪律处分或者被追究刑事责任。这种因办案而承担法律责任的情形，与法官"出入人罪"所应承担的责任非常相似。根据有关研究，我国古代法官承担这种程序责任的情形主要有：违法受理、违法逮捕、违法羁押、违反证据定罪规则、违法检验、违法管辖、违反回避制度、违反躬亲鞫狱规则、违法刑讯、状外求罪、断罪未具引律令、违法宣判、淹禁不决、违法行刑等。① 但是，相对于"出入人罪"的情况，法官违反法律程序所受的刑事处罚一般会轻缓一些。例如，唐律规定，

---

① 参见巩富文《中国古代法官责任制度的基本内容与现实借鉴》，《中国法学》2002 年第 4 期。

"诸断罪皆须具引律令格式正文，违者笞三十"。又如，自宋朝以来，各朝法律对法官听讼决狱都设置了期限，并确立了"淹禁不决"的责任。明清律对此设有专条，对逾期不决的法官可处以笞刑。① 当然，法官在审判中严重违反法律程序，或者造成严重后果的，也可能遭受较为严厉的处罚，甚至被以"出入人罪"论处。例如，唐律规定，法官"于本状之外，别求他罪者，以故出入人罪论"。又如，根据清律，所有判决必须遵从现行的律令，皇帝就某一特定案件所发诏谕裁决未颁布为法律者，不得援引为判决依据，违反这一规定的法官要承担与对罪犯加重或减轻处罚的刑责相同的处罚。②

古代的程序责任作为一种法官责任制度模式也为当代所继受。根据最高人民法院的相关规范性文件，法官程序责任的追责事由几乎涵盖了审判活动的各个方面。大体而言，具有以下三个方面的内容：一是违反了与审判有关的诉讼程序；二是存在主观上的故意或者过失；三是一般要求造成严重后果。下面依次对这三个方面进行分析。

与结果责任不同，程序责任建立在法官存在程序性违法行为的基础上。这里所说的程序性违法行为，大体可分为三类：一是法官违反诉讼法规定的行为，如对应当受理的案件不予受理，应当回避却不回避，应当采取强制措施却不采取，违法采取强制措施，违法采取或者解除财产保全措施，对当事人请求法院调查收集的证据不予调查收集，应当依法进行鉴定、勘验、查询、核对或者证据保全却不进行，等等；二是法官违反法院组织法所确立的司法决策方式的行为，如向合议庭、审判委员会隐瞒主要证据或者提供虚假情况，泄露合议庭、审判委员会评议、讨论案件的情况，拖延或者拒不执行合议庭决议、审判委员会决定或者上级法院的裁决、命令，篡改、伪造、毁损庭审笔录、合议庭评议笔录或者审判委员会讨论记录，等等；三是法官存

---

① 参见陈顾远《中国法制史概要》，商务印书馆，2011，第59、161页。
② 瞿同祖：《瞿同祖法学论著集》，中国政法大学出版社，1998，第459页。

在其他违反法律法规的司法行为，如对外地法院委托的事项拒不办理或者拖延办理，将案卷材料借给他人，私自办理案件，违反规定拖延办案，因徇私而迫使当事人撤诉、接受调解达成执行和解协议并损害其利益，违反规定插手、干预、过问案件，或者为案件当事人通风报信、说情、打招呼；等等。

与结果责任相似的是，程序责任的追究要以法官存在主观过错为前提。按照最高人民法院对违法审判责任的界定，只有在法官故意或者过失违反法律法规的情况下，才可以启动对法官的责任追究程序。同时，相对于故意违反法定程序的行为，因过失导致程序违法的法官会受到较为轻缓的纪律处罚。例如，法官故意违法对应受理的案件不予受理，或者对不应受理的案件违法予以受理，情节严重的，可给予降级、撤职甚至开除的处分。相反，因过失导致应受理的案件未被受理，或者不应受理的案件被违法受理的，对法官处以警告、记过或者记大过的处分。

与结果责任不同的是，法官的程序责任一般建立在法官的违法行为造成了严重后果的基础上。根据最高人民法院的处分条例，法官故意违反法律程序的，一般要在"造成不良后果"的情况下才可以追究责任；法官因过失导致违反法律程序的，则一律要在"造成不良后果"或者"造成严重后果"的情况下，才能启动追责程序。通常情况下，"不良后果"或"严重后果"主要是指法官因办案违反法律程序而导致了以下情况：一是造成案件当事人、案外人或者第三人财产损失的，如违法采取财产保全措施而导致这种结果的；二是造成有关当事人人身伤亡的，如因违法采取强制措施而造成被羁押人脱逃、自伤、自杀或者行凶杀人的；三是导致职责范围内发生刑事案件、重大治安案件、重大社会群体性事件或者重大人身伤亡事故，使公共财产、国家利益和公众利益遭受重大损失的；四是导致裁判结果出现错误的；等等。

（二）程序责任模式的积极效果

随着违法审判责任制度的兴起，程序责任模式一度受到司法界和法学界的肯定，这是因为研究者认为错案责任本身具有无法克服的缺陷。但是，被取代的制度具有缺陷并不足以证明新制度具有天然的正当性，因此还需要清晰地揭示这一模式的独特优势。

1. 有效规范法官的审判行为

结果责任模式的根本缺陷在于法院根据裁判结果的"错误"来追究法官的责任，而这种错误本身又是模糊不清和极具争议的。相反，程序责任模式注重对法官司法行为的规范和约束，所针对的是法官的违法审判行为。[①] 通过惩罚存在程序违法行为的法官，程序责任制可以达到以下积极效果：一是对违反法律程序的法官作违法之宣告，并对其行为进行严厉谴责，这本身就构成了一种有效的报应；二是对潜在的程序违法者进行警告和威慑，遏制程序违法行为的再次发生，维护程序法的有效实施；三是为被侵权的当事人提供有效的权利救济，确保他们获得有效行使诉讼权利的机会，维护审判的公正性；四是促使法官成为维护法律实施的楷模，维护司法机关的声誉，重建社会公众对司法机关和司法制度的信任。

2. 便于认定法官的主观过错

与结果责任中的主观过错一样，法官在实施程序违法行为时，究竟是否存在故意或者过失，也是经常说不清楚的。不过，作为熟悉法律规则、从事法律职业的司法人员，法官违反程序法、破坏司法规范的行为本身，就足以证明其具有主观上的故意或者过失。最高人民法院实施的"两个办法"和处分条例，对于法官违反法律法规的行为，通常直接认定为法官故意违法。也就是说，在违法行为与违法故意之间建立了一种事实推定关系，使有关的追责部门无须承担不必要的举证责任。这显然说明，法官只要违反了法律法规，就足以被认定为存

---

① 2005年，北京市第一中级人民法院曾推行法官不规范行为认定制度，以取代在司法实践中无法实施的错案责任追究制。根据这一改革措施，法官即便没有作出错误的裁判结果，但只要在审判过程中存在程序违法行为，法院也会对其加以惩戒。参见王琳《取消"错案追究制"，还原司法理性》，《东方早报》2005年12月1日。

在主观过错；至少，在主观过错形态存在争议的情况下，认定法官存在过失显然是没有争议的，也是公平的。其实，这和医疗事故的责任认定一样，医生在治疗过程中造成了患者的伤亡，要证明其是否存在主观过错，主要看其是否存在违反法律、法规或规章的行为。①

3. 有效防范冤假错案

经验表明，冤假错案的发生往往伴随着程序性违法行为。从近年得到披露的冤假错案来看，法官在审判中存在的一些程序违法行为，可能是造成司法误判的重要诱因。② 程序责任制度可以使法官的程序违法行为成为追责的直接依据，这有助于从制度上防范冤假错案的发生。对于法官个人而言，法院仅仅根据"错误"的裁判结果对其启动追责程序，他会本能地认为这是"选择性执法"，他只是"牺牲品"，而不会有真诚的悔意。不仅如此，仅仅针对错误的裁判结果来处罚法官，却不惩罚造成这种错误结果的程序违法行为，也是治标不治本的做法，根本起不到防范冤假错案的作用。相反，对于有可能造成司法误判的程序违法行为，采取直接追责的措施，至少会令法官就程序违法行为承受代价，对其以后的审判行为发生矫治效果，并减少法官在心理上对追责的抵触。长此以往，越来越多的法官会在审判过程中谨言慎行，严格遵守程序法的规定，冤假错案的发生几率也会随之降低。

（三）程序责任模式的局限性

程序责任模式的确立属于我国法院对法官责任制度的有效探索和经验总结，但这一责任模式的推行也带来了一些值得重视的问题。

1. 程序责任对审判独立的负面影响

与结果责任一样，程序责任的推行也会使法官因担心受到责任追究而畏首畏尾，难以做到独立审判。如此判断主要出于三方面的理由。首先，对于经过严格选任而产生的法官，不应将其视为普遍违法的群

---

① 参见戴佛明《法官错判与医生误诊》，《人民法院报》2010 年 7 月 23 日。
② 参见沈德咏《我们应当如何防范冤假错案》，《人民法院报》2013 年 5 月 6 日。

体，而应给予信任和尊重。在我国已经初步建立司法考试和法官遴选制度的情况下，法官的职业素养已经得到显著提升。我们应该假定法官都是善意执法，都会遵守法律程序，这是我们构建法官责任制度的基本逻辑前提。其次，法官在审判过程中究竟作何种程序选择，经常存在一定程度的自由裁量。在很多情况下，法官对某一诉讼程序问题的处置是否构成程序违法，其实是界限不清的。例如，在是否通知证人、鉴定人、侦查人员、专家辅助人出庭作证的问题上，法官享有一定的裁量权，可以根据案件情况作出是否通知上述人员出庭的决定。假如对于法官拒绝通知这些人员出庭作证的决定，一律视为程序违法，就会剥夺法官的自由裁量权。最后，法官一旦担心会因违反法律程序而受到惩罚，就可能采取机械司法的态度，努力保持形式上的合法性，却在实质上侵害了当事人的合法权益。例如，法官在决定是否通知证人出庭、是否调查核实证据、是否重新鉴定等问题上，无条件地满足当事人的愿望，形式上似乎维护了当事人的诉讼权利，却可能造成案件久拖不决，而这本身就可以被看作一种程序违法。于是，为了避免某种程序违法，在审判程序上走极端，却造成了另一种程序违法。这显然是不足取的。

2. 治理效果的有限性

法官的程序违法行为要造成"严重后果"才可能被纳入追责的范围，这使得程序责任的追责程序很难启动，真正因程序违法而被追责的法官微乎其微。从近期各地法院追究法官责任的案例来看，法官的审判造成了特定的严重后果，且恰巧存在程序违法行为的，法院才有可能启动追责程序。这些严重后果主要是指当事人或者案外人自杀身亡、当事人纠集多人进行申诉信访、案件引起当地群体性事件或者暴力事件、案件经媒体报道引发强烈社会关注、案件最终被证明属于冤假错案等。① 另外，尽管各级法院普遍在质量评查中将法官遵守法律

---

① 参见宗边《青岛：建立违法审判责任追究体系》，《人民法院报》2010 年 11 月 16 日。

程序的情况列为考核指标，但是，法官因质量评查不合格而被追究责任的，也非常罕见。这样，程序责任模式在督促法官遵守法律程序、规范法官司法行为方面，其实只能发挥十分有限的作用。

3. 程序责任与程序性制裁机制

如前所述，程序责任其实属于一种"办案责任"，也就是法官因办理案件而承担的法律责任。但是，我国已经确立了程序性制裁制度，这使得审判阶段的程序违法行为可以被宣告无效。具体而言，对于一审法院违反法定的诉讼程序，可能影响公正审判的，二审法院可以作出撤销原判、发回重审的裁定。这就意味着一审法官的程序违法行为可以被二审法院宣告为程序违法，其所作的判决结果被作无效之宣告，并且案件要退回一审程序。

既然三大诉讼法都已经确立了程序性制裁制度，法官存在程序违法行为的，可能被作出无效之宣告，那么，各级法院再追究违反法律程序的法官的纪律责任，就显得既不必要也不合理了。本来，对于法官在办案过程中存在的程序违法行为，通过诉讼程序内的途径进行处理，就足以发挥遏制程序违法的效果，并且可以避免一些负面作用。但是，当代的法官责任制度却强调追究法官的程序责任，这使得法官因不遵守法律程序而承担程度不同的纪律责任，受到从警告、记过一直到撤职、开除的严厉处罚。与结果责任一样，这种程序责任的追究违背了处罚的必要性原则，属于对法官责任的过度追究和对处罚权的滥用。

三　职业伦理责任模式

基于对错案责任和违法审判责任的反思，我国法学界和司法界已经出现了重构法官责任制的改革动议。① 而一些地方基层法院对法官责任制的改革探索，甚至直接将法官违背职业伦理的行为作为主要的

---

① 参见冯文生《法官职业伦理问责思考》，《人民法院报》2013 年 12 月 6 日。

惩戒对象，并进行了初步的法官弹劾制的改革试验。① 尤其是在当下的司法改革中，要求建立符合司法规律的法官惩戒制度的观点已经成为司法界的共识。在这一观念的直接影响下，改革者已经着手在国家和省一级分别设立由法官代表和社会有关人员参与的法官惩戒委员会，制定公开、公正的法官惩戒程序。② 尽管迄今为止还没有任何一家法院废止原有的办案责任制度，但是，职业伦理责任作为一种理想的法官责任模式，完全可能成为未来法官责任制度的改革选项。对于这一责任模式是否符合司法规律，能否避免现有的结果责任和程序责任的缺陷，确实值得深入讨论。有鉴于此，本文对这一责任模式的构成要素、存在理由以及可能遇到的制度阻力进行初步的分析。

（一）职业伦理责任模式的基本特征

作为一种法官责任模式，职业伦理责任模式意味着主要将法官违反职业伦理规范的行为作为对其追责的依据。换言之，在这一模式下，对法官的责任追究将从以裁判结果为中心走向以法官职业伦理行为为中心，法官在案件审理和裁判过程中所实施的不当司法行为也不再成为追责的对象，真正成为追责事由的是法官有违职业伦理规范的不当行为。

1. 责任追究事由的专门化

在我国，法官的职业伦理规范主要被确立在法官法以及最高人民法院的一些规范性文件之中。这些职业伦理规范主要包括忠诚司法事业、保证司法公正、确保司法廉洁、坚持司法为民、维护司法形象等五个方面。③

法官职业伦理责任具有一些显著的特点。首先，这种责任对法

---

① 参见树国、艳东《首例"弹劾"法官事件始末》，《公安月刊》2003 年第 18 期。

② 参见叶竹盛《怎样惩戒法官》，《南风窗》2015 年第 8 期。

③ 参见最高人民法院 2010 年修订后重新发布的《中华人民共和国法官职业道德基本准则》。

官的行为要求要远远高于对普通人的道德要求。例如，法官在行使公民政治权利方面要受到较为严格的限制。法官不得参加旨在反对国家的集会、游行、示威等活动，不得有违背国家民族宗教政策的言行，不得非法出境等。又如，法官要注重保持良好的社会形象，没有任何有损法官职业形象或者与法官身份不符的行为。比如，2013 年 8 月 7 日，最高人民法院通报了上海市高级人民法院数位法官违纪违法案件的情况。① 上海市高院针对"法官夜总会事件"的教训，出台了针对法官"业外活动"的行为规范，将法官涉足色情娱乐场所等不检点行为作为考核和惩戒的依据。② 最高人民法院发布的一些法官职业伦理准则也明确提出了一些异于甚至高于常人的道德要求，例如，不得弄虚作假、不得酗酒、不得重婚、不得参与赌博等。

其次，法官的职业伦理责任强调对法官不当行为的追究，而这些行为与其办案活动没有直接关系。例如，法官不得利用职务之便收受他人财物或财产性利益，不得接受当事人或有关案外人的财物、宴请或者其他利益，不得从事或者参与营利性活动，不得利用职务之便为特定关系人谋取不当利益，等等。这些行为无论发生在办案过程中，还是办案过程外，都与办案的结果和程序没有直接关系。即便法官没有作出错误的裁判结果，也没有违反法律程序，但只要违背了职业行为规范，就应受到责任追究。

再次，法官的职业伦理责任要独立于刑事责任。在一定程度上，职业伦理责任主要是一种职业纪律责任。在很多涉及法官违反职业伦理规范的案件中，涉案法官大都被追究了刑事责任。特别是法官涉嫌贪污受贿、枉法裁判、徇私舞弊的案件，涉案法官最终都被定

---

① 参见张先明《最高法院通报赵明华陈雪明等法官违纪违法案件》，《人民法院报》2013年 8 月 8 日。

② 参见程贤淑《上海规范法官业外言行生活，法官禁参与奢靡、不健康娱乐活动》，《新闻晚报》2013 年 12 月 13 日。

罪判刑。① 但是，法官违反职业伦理规范的行为并不必然构成犯罪，法官的职业伦理责任与刑事责任是有严格界限的。② 对于法官违反职业伦理的行为，只有在穷尽了所有纪律责任的追究途径之后，仍然无法给出恰如其分的处罚结果的，才能诉诸刑事追诉程序。

2. 惩戒机构的独立性

在职业伦理责任模式下，负责对法官追责和惩戒的机构不再是法院内部的行政部门，作为法院司法行政负责人的院长对惩戒事项也不具有绝对的控制力。根据近期的司法改革方案，相关的惩戒机构将是专门的法官惩戒委员会。该委员会在国家和省级层面分别设置，并不完全隶属于最高人民法院和各高级人民法院。③ 根据近期上海市司法改革的试点经验，在市级层面设置了法官、检察官遴选（惩戒）委员会，委员会共 15 人，分别来自法院、检察院、党政部门、法律学者和律师。④ 迄今为止，该委员会尚未启动任何一项针对法官违纪违法的惩戒程序。对于该委员会在法官惩戒制度中究竟能发挥多大作用，目前尚无明确答案。⑤

当然，这种省级法官惩戒委员会的建立，为我们走出原有的办案责任模式提供了一种制度保证。作出如此判断是基于以下三个方面的原因：一是法官惩戒委员会具有相当程度的独立性，有可能弱化法院内部行政管理和人际关系等因素对处理法官惩戒问题的干扰，使得法

① 例如，2009 年 5 月 7 日，最高人民法院曾公开通报六起法官违纪违法案件，无一例外都属于法官违反职业伦理；部分法官在受到纪律处分的同时，还被移送检察机关提起公诉。参见袁祥《最高法院通报六起法官违纪违法案例》，《光明日报》2009 年 5 月 7 日。

② 2014 年，最高人民法院曾通报七起法官行为不检案件，这些受到纪律处分的法官都违反了最高人民法院有关职业伦理准则所确立的禁止性规范。参见罗书臻《最高人民法院通报七起违反八项规定案件》，《人民法院报》2014 年 12 月 30 日。

③ 参见贺小荣、何帆《贯彻实施〈关于全面深化人民法院改革的意见〉应当把握的几个主要关系和问题》，《人民法院报》2015 年 3 月 18 日。

④ 参见黄安琪《上海司改试点新步骤：成立法官、检察官遴选（惩戒）委员会》，http://news.xinhuanet.com/2014-12/13/c_1113631523.htm，2015 年 5 月 27 日访问。

⑤ 参见叶竹盛《怎样惩戒法官》，《南风窗》2015 年第 8 期。

院院长不再对惩戒法官具有绝对的控制力，也使得上级法院对惩戒下级法院法官不再拥有较大的权威；二是法官惩戒委员会具有一定的社会代表性，有望体现社会各个方面的价值观，避免法院内部惩戒的垄断性和偏狭性；三是法官惩戒委员会在追究法官的职业伦理责任方面具有显著优势，也容易查明事实、适用职业伦理规范，这可以有力地推动法官责任制度的转型，摆脱那种与法院内部的质量评查、差错认定和绩效考核密切相关的办案责任模式。

（二）确立职业伦理责任模式的主要理由

1. 办案责任豁免有助于强化审判独立

在职业伦理责任模式下，以职业伦理责任取代法官的结果责任和程序责任，其实质就是确立法官的办案责任豁免权。为什么要确立办案责任豁免权？首先，这种豁免权可以最大限度地免除法官的后顾之忧，确保法官从容不迫地从事审判活动，而不必担心因作出某种裁判结果或某种诉讼决定而遭受利益损失。相比之下，原有的办案责任模式使法官承受了太大的职业风险，使法官在是否独立审判方面面临两难境地，而这违背了基本的人性准则。其次，这种豁免权可以鼓励法官仅仅关注事实和法律问题，根据经验、理性、良心作出独立裁断，而不必顾及案件的政治背景、社会影响乃至其他案外因素，从而心无旁骛地作出判断。相比之下，原有的办案责任模式迫使法官处于随时接受审查的状态，无法坚持法律人的思维方式，不得不揣摩领导的意图、社会舆论的走向，法官轻则选择折中的裁判方案，以致违背了基本的正义原则，重则违背职业良心，作出与法律规定背道而驰的裁决结论。最后，这种豁免权可以赋予法官敢于担当的职业勇气，而不必担心出现职业风险，更不必将这种风险转移给合议庭、庭长、院长、审判委员会或者上级法院。法官可以从容地"一人做事一人当"，通过裁判说理来阐明作出某一裁判结论的根据和理由，通过当庭行使释明权来说明为何要作出某一程序选择。通过这种"敢于接受历史检验"的决心和勇气，法官可以对各种复杂、疑难、重大案件，作出既符合法理又具有现实基础的裁判结论。

2. 职业伦理责任可防止法官滥用审判独立特权

在任何法治社会中，法官享有办案责任豁免的职业特权都是有前提条件的，那就是法官必须遵守基本的职业行为准则，不败坏法官的职业声誉，不破坏社会公众对法官的信任和尊重，更不会在职业操守方面犯低级错误。法官假如违背了法律确立的职业伦理规范，就构成了严重的"违约"和"失信"，国家有权收回赋予其的职业特权，不再给予特殊的权利保护，从而启动针对法官的特殊惩戒程序。几乎在所有法治国家和地区，对于法官严重违背职业行为规范的行为，如接受贿赂、与律师串通获取利益、接受宴请或礼物、违规与当事人单方面接触等，都可能构成对法官进行职业惩戒的直接依据。[1] 当然，假如法官违背职业伦理规范达到了如此严重的程度，以至于触犯了刑法的规定，构成了特定的犯罪，那么这种职业伦理责任最终会转化为刑事责任。

正是考虑到法官违背职业伦理成为其丧失职业特权的主要原因，我们才需要建立专门的职业伦理责任制度。一方面，可以对违背职业伦理的行为进行恰如其分的处罚；另一方面，可以组建由司法人员与社会各界人士组成的法官惩戒委员会，对法官的违纪违法行为进行调查和听证，既体现对追责的慎重，也给予申辩的机会，使那些为维护正义而工作的法官受到公正的对待。

3. 对法官违背职业伦理行为的独特治理

为维护法官在司法裁判中的独立性，应当尽可能保障其享有办案责任豁免权。对于法官在个案裁判结果和诉讼程序方面的违法行为，应尽可能将其纳入诉讼程序轨道，使其通过审级制度、国家赔偿制度、程序性制裁制度等得到防范和治理。但是，对于法官违反职业行为规

---

[1] 参见梁慧星《错案追究叫停，法官弹劾上马》，《民主与法制时报》2015年4月2日。

范的行为，却没有任何诉讼程序内的治理途径，而唯有构建专门的职业惩戒制度，才能有效遏制法官的司法不当行为。可以说，法官违背职业伦理规范的行为与法官的办案行为相分离，是有效治理法官违背职业伦理行为的独特方式，有些法官将其概括为"人案分离"的改革思路。① 根据这一思路，法官在办案中出现的违法审判问题应被置于诉讼程序内进行治理，违反职业伦理规范的行为则应被纳入职业惩戒的范围。这一方面可以将过去不当设立的结果责任和程序责任予以废止，避免对法官不当追责和过度惩戒；另一方面则可以加强对法官违反职业伦理行为的追责力度，促使法官谨言慎行，不实施与法官身份不符的不当行为，遏制司法腐败。

（三）推行职业伦理责任模式的主要困难

近期的司法改革尽管将去行政化作为主要战略目标之一，但由于诸多改革措施具有明显的不彻底性，加上缺乏必要的制度配套措施，因此，司法行政化将以另一种面目出现在司法制度之中。而职业伦理责任模式的推行在很大程度上受制于司法改革的有效性，也取决于改革决策者全面推进去行政化的决心和毅力。但是，从目前改革试点的情况看，推行这一新模式会遇到诸多方面的困难。

1. 上下级法院的监督关系

新一轮司法改革为了解决司法地方化的问题，推行了包括省级以下法院人财物等事项收归省级统管在内的一些改革措施。但是，由于法官遴选（惩戒）委员会办公室设置在高级人民法院，该院对全省三级法院法官的责任追究将拥有较大的影响力，至少享有启动法官惩戒程序的权力。而在法官惩戒委员会开会之前，拟定惩戒名单、审查惩戒事由、确定惩戒方式的权力，无疑也将由高级人民法院行使。与此同时，面对全省范围内三级法院的财政预算申请，省级财政部门很可能要求高级人民法院统一编制全省法院的财政预算申请，这将使得高

① 参见冯文生《法官职业伦理问责思考》，《人民法院报》2013 年 12 月 6 日。

级人民法院对下面两级法院的财政预算拨款具有相当大的控制力。如果说基层人民法院和中级人民法院的人财物原来被控制在同级地方政府手中，那么，未来该两级法院的人财物将在很大程度上被控制在高级人民法院手中。

毫无疑问，新一轮司法改革有意无意地强化了各高级人民法院的权威，使其对下面两级法院拥有更大的行政控制力。在此情况下，高级人民法院通过二审或再审程序所作的改判或发回重审裁决，很可能继续成为下级法院评查案件质量的标准，继续成为认定下级法院是否存在办案差错的依据。而这种案件质量评查和办案差错认定，又经常被视为发现"错案"或"违法审判"的重要线索。不仅如此，新一轮司法改革并没有解决高级人民法院的司法地方化问题，该法院的人财物照样受省级政府、人大的控制。在某一"误判案件"受到舆论关注并导致外部政治压力加大的情况下，高级人民法院会利用其对下面两级法院的强大控制力，直接启动或者推动下级法院启动错案责任追究程序。即便基层人民法院和中级人民法院在人财物上摆脱了同级政府、人大的控制，但来自省级政府以及高级人民法院的压力，也会导致两级法院在追究法官责任的问题上难以走出办案责任模式的怪圈。

2. 法官的去公务员化

新一轮司法改革确立了在法院内部去行政化的诸多改革举措，但仍然没有解决法官的公务员化问题。有三个方面的因素在阻碍法官的去公务员化。一是法院内部照样设置院长、副院长、庭长、副庭长等行政职务，主审法官仍然属于上述行政职务之下的公务员，并受原有业务部门（审判庭）的领导和管理。这与原来实行的审判长制度如出一辙。二是所有主审法官仍然是有行政级别的，其升迁要遵从科级、处级、局级和部级的行政序列。法官法确立的十二级法官制度，无论在工资待遇还是在职务序列上并没有被激活。三是目前推行的司法责任制度使主审法官在获得一定独立审判权的同时，明显承受了更大的办案责任追究压力。① 因为改革者的逻辑是：原来在层层审批制的作用下，法官并没有真正拥有独立审判权，其不承担错案责任情有可原；现在主审法官拥有如此大的审判权，根据"谁用权，谁负责"的原则，其就要对可能发生的错案承担更大甚至全部责任。

结果，主审法官除了人数略有减少、工资福利待遇略有提升以外，在法院内部照样处于被管理、受调查、被惩戒的地位。一旦发生"案件差错"或者"违法审判"的情形，法院内部的纪检监察部门照样可以启动对其办案责任的调查程序，案件管理部门照样可以对其办案责任进行审核，审判委员会照样可以对其是否构成错案责任或违法审判责任进行认定。在这种严密的行政控制之下，负责办案的主审法官无时无刻不面临着受到办案责任追究的风险。相对于改革之前的法官、审判长，他们的处境并未发生实质改变。

3. 省级法官惩戒委员会与法院内部追责部门的博弈

按照司法改革的宏观设想，司法改革的试点省份已经设置了省级法官惩戒委员会，吸收司法人员和社会各界人士参加，按照正当程序对法官启动惩戒程序。但是，目前同时存在着法官惩戒委员会与纪检监察部门这两套性质不同的法官惩戒机构，其隐含着职业伦理责任模式与办案责任模式的博弈。

迄今为止，在试点省份中，法院内部都没有削弱纪检监察部门追责权和惩戒权的迹象。这体现了新一轮司法改革的一个显著特点：改革者试图构建一套崭新的司法管理机制，却没有对原有的管理机制进行实质性调整或废止，结果造成两套机制并存甚至发生冲突的局面。在各级法院的司法管理体制中，纪检监察部门与案件管理部门是法院控制法官办案质量、防止法官出现差错的中枢系统。在诉讼权利无法

---

① 参见邢东伟《压力责任更大生怕办错案受惩戒》，http://legal.people.com.cn/n/2015/0525/c188502-27048676.html，2015 年 5 月 27 日访问。

制约裁判权、两审终审制流于形式的背景下，这两个中枢系统是法院院长在维持案件质量方面所仰仗的主要力量。假如废止这两个中枢系统，暂且不说会遭遇政治上的风险，法院就连能否确保案件不出实体上和程序上的差错，都没有多大把握。至于负责对全省范围内的法官进行追责的法官惩戒委员会，其究竟能否准确、及时地对违法违纪法官启动追责程序，也是不无疑问。毕竟，面对全省范围内动辄数以千计或者数以万计的法官，假如没有纪检监察部门和案件管理部门的调查和审核，省级法官惩戒委员会要迅速启动惩戒程序，并作出恰如其分的责任认定，几乎是不可想象的。不仅如此，假如某一法官的追责问题已经得到法院纪检监察部门和案件管理部门的调查核实，然后经逐级申请，最终被提交给省级法官惩戒委员会，该委员会还能发挥多大的审查作用？我们真的能够指望这个委员会只满足于对法官的职业伦理责任进行追究，而对本省各级法院提交的办案责任追究申请，完全置之不理、不闻不问？

四　法官责任制度的模式选择

根据我国法官责任制度的发展经验，本文归纳了法官责任制度的三种模式。无论结果责任模式、程序责任模式，还是职业伦理责任模式，都是司法体制改革的产物，都有各自得以存在的制度空间，也都有相应的局限性和实施障碍。相比之下，在当前重视防范、纠正冤假错案的背景下，结果责任模式和程序责任模式更容易得到政治家和社会舆论的支持，而站在尊重司法规律、维护司法制度长远发展的立场上，法学界和司法界则更青睐职业伦理责任模式。结果责任模式和程序责任模式作为传统的办案责任模式的有机组成部分，其实施效果的局限性是非常明显的。尤其是在推进法官独立审判、追求司法去行政化的情况下，办案责任模式并不符合司法制度的基本规律。然而，当下司法改革的保守性和不科学性，也没有为职业伦理责任模式预留更大的制度空间，诸多方面的改革措施都困扰着甚至阻碍着这一模式的推行。

那么，应当如何对未来的法官责任制度模式进行选择？基于我国司法制度的传统以及所面对的特殊问题，对上述三种模式采取非此即彼的选择，可能既不明智也不可行。或许，吸收这三种模式的合理因素，从裁判结果、诉讼程序以及职业伦理三个方面对法官责任制度进行重新整合，可能是唯一较为现实的改革之路。正是基于这一思路，本文对未来法官责任制度的发展方向进行初步的预测和评论。

第一，对法官的责任追究应走出"裁判结果中心主义"的怪圈。根据"有行为才能承担责任"的基本原则，假如法官没有实施任何不当的司法行为，就不应对任何裁判结果承担法律责任。我国的错案责任追究制度，曾仅仅根据所谓的"错误裁判结果"来追究法官的责任，造成了法学界和司法界对这一制度的普遍抵制。这种教训是极为深刻的，未来的改革者不应重蹈覆辙。

按照基本的法律思维，唯有人的行为才可以成为处罚的对象，这是建立任何法律责任制度的逻辑前提。唯有如此，法律制度才能对行为人的行为产生有效的引导作用，行为人也才能对自己的行为进行最起码的规划。未来的法官责任制度应当彻底抛弃那种将法官的判断或认识作为处罚对象的做法，将追责的对象转向法官的不当司法行为。这符合责任自负的基本原则，也有利于维护法官审判的独立性。

第二，办案责任是我国法官责任制度的一项基本内容，也是短时间内无法消除的责任形式。但是，对于追究办案责任应当设置一项前提条件，那就是法官既存在违法审判行为，又造成了法定的严重后果。仅仅存在单纯的"错误裁判结果"或者仅仅实施了违法审判行为，都不足以启动追责程序。不仅如此，在法官的程序违法行为与严重结果之间，还必须存在直接的因果关系。这种严重后果可以是造成严重违法的裁判结果，也可以是造成当事人或案外人人身伤亡，还可以是给当事人或案外人造成重大财产损失。但无论如何，法官的程序违法行为必须被证明与这些严重后果存在因果关系。在这一点上，我们应当摒弃那种"客观归责"的非理性做法。在法官不存在违法行为的情况下，不能仅仅因为发生了诸如当事人上访、群体性事件、当事人自杀身亡等情况，就将法官当作追责对象或者"替罪羊"。

　　第三，错误的裁判结果不应等同于上级法院撤销判决。对冤假错案的持续关注是构建我国法官责任制度的主要制约因素。但是，仅仅根据上级法院通过二审或者再审所作的撤销原判裁决，是不可以得出裁判结果存在错误这一结论的。否则，一审法官的审判独立将永远无法得到保障，上下级法院的监督关系也根本无法建立。即便未来将违法审判行为与造成严重后果结合起来，法院仍然可能将"错误的裁判结果"视为造成严重后果的主要标志。现实的态度不是取消错误裁判结果这一追责条件，而是重新界定其判定标准。

　　但是，迄今为止，无论是法学界还是司法界，都没有对错误裁判结果进行科学的界定。其实，我们可能永远无法根据法院后来改判的结论，来认定原审法官所作的裁判是错误的裁判。我们可以转换一下思维方式，将"错误裁判结果"改为"违法裁判结果"，也就是原审法官的裁判被证明违反了实体法的要求。例如，法官违反了刑法的规定，将本来不构成犯罪的行为认定为犯罪，将本应构成某一犯罪的行为认定为另一犯罪，或者对不应适用缓刑、自首、立功、监外执行的案件作出了错误的适用。当然，即便存在这种违法裁判结果，也不应直接启动追责程序。法官只有在同时存在程序违法行为与实体违法行为的情况下，才能被追究责任。

　　第四，对法官责任的追究应当从以存在主观过错为前提走向以违反法律规定为依据。追究法官责任必须以法官存在主观过错为前提，这既是我国古代法官责任制度的精华所在，也是当代法官责任制度发展的基本经验。但是，无论故意还是过失，其实都很难得到证明。因此，有必要将法官存在违法行为本身，视为法官存在故意或者过失的充分理由。换言之，法官实施了任何违法审判行为，都足以认定法官对"造成严重后果"具有故意或者过失。至于究竟认定为故意还是过失，可以视违法行为的具体情形来认定。

第五，根据法官职业规律重构职业伦理规范，加强对违反职业伦理行为的惩戒。根据当下法官司法公信力不高、权力寻租现象时有发生、司法腐败屡禁不止的基本现实，有必要加强对法官职业伦理责任的追究。为此，应当根据司法活动的规律，重新构建法官的职业行为规范，以划定法官从事政治活动、社会活动、人际交往、经营活动等方面的行为边界，避免法官存在明显的利益冲突或者严重影响其司法形象的行为。与此同时，根据"法网严密但不严厉"的原则，应当对法官违反职业行为规范的行为追求必然惩罚的结果，使任何违反职业行为规范的行为都能受到准确、及时的惩处。

对于法官违反职业伦理规范的行为，可以直接启动追责程序，而不必考虑这些行为是否造成了严重后果。根据这一"行为中心主义"的追责原则，法官只要存在违反职业伦理规范的行为，无论这种行为是否造成了不良后果或者严重后果，都应受到职业惩戒。对于法官违反职业行为规范的行为，唯有不设立任何准入门槛，才能从根本上遏制法官的不当司法行为。当然，法官因违反职业伦理规范造成严重后果，同时触犯刑法的，还可以启动刑事追诉程序，使其受到刑事处罚。

（本文原载于《法学研究》2014年第4期）

司法民主的界限与禁忌

蒋惠岭　杨　奕[*]

大凡对司法民主存有戒备之心的人，无非是因为他们过于关注司法的另外两大根本属性：审判独立与职业化。其实，并没有人直接反对司法民主，也不可能有人否定司法民主，因为司法本身的地位与属性让司法从进入民主社会之始就流淌着民主的血液。

负责法律解释与适用的司法机关，只要正确地适用了民主程序下制定的法律，则可以说已经实现了司法民主。但问题在于，司法民主的本质，是通过法官的解释和适用法律的心智过程得以体现的，而实际上人们更多地在乎民主的外在表现形式。因此，当没有陪审、没有议会对法官的任免和监督、没有法院与社会的密切联系时，有些人甚至会误以为失去了司法民主。

的确，为了让司法看起来更民主，各国创造了各种具有补强作用的方法、形式、机制，并通过这些司法民主机制，使法院能够更准确地解释和适用法律，从而提升司法民主程度。但是，这些外在的机制在建立和运行过程中，不可避免地会与司法所固有的属性发生交集、碰撞甚至矛盾，其中涉及最多的就是审判独立和职业化问题。

面对被视为司法"底线"的独立、公正、职业化等价值，司法民主须把握一定的界限，遵守相应的规则。

---

*　蒋惠岭，最高人民法院高级法官；杨奕，最高人民法院中国应用法学研究所助理研究员。

一　五大界限

（一）界限之一：司法民主应当止步于削弱司法职业化

民粹主义（populism）是在俄国和欧洲兴起的一种左派政治思潮，极端强调平民群众的价值和理想，把平民化和大众化作为所有政治运动和政治制度正当性的最终来源。它主张依靠平民大众对社会进行激进改革，并把普通群众作为政治改革的唯一决定性力量。民粹主义思潮看似高度民主，但它不分青红皂白地抹杀了各种治理机制的特殊性，其中也包括司法制度的"职业化"。司法职业化早已为各国实践所证明。虽然有的国家司法制度的过度职业化造成了诉讼费用昂贵、程序烦琐等问题，但仍不应当过分强调"大众化"而动摇司法职业化之基。各种司法民主补强机制的作用，就是为了弥补司法职业化的缺陷，但不能以削弱司法职业化为目的。

（二）界限之二：司法民主应当止步于忽视程序正义

司法民主的本质，在于法律目的的实现和法律原意的还原。各种司法民主补强机制的共同目标，就是帮助实现上述目的。但是，实现司法民主过程中所表达出的不同类型的民意，有可能被误认为是法律目的本身，而不再是还原法律目的的辅助机制。在"重实体、轻程序"的理念之下，法官甚至直接用"民意"替代了经过法律程序还原的"法意"，成为法治的阻力。如果司法民主侵越了程序正义，法治将失去程序正义的内核，最终必将导致难以还原法律原意。

（三）界限之三：司法民主应当止步于影响个人正当权利

在与时代发展相适应的程序立法中，当事人的权利义务通常已经得到了周到的考虑。但是，与诉讼程序极少交叉的司法民主补强机制，经常会与当事人的诉讼权利以及实体权利发生碰撞，例如，民主代议机关对具体案件的介入（包括评价），会影响当事人的诉讼权利，媒

体对案件的过分披露会影响当事人的隐私权或个人信息权利。在这种
情况下，司法民主的一些补强机制则需要有所节制或避让。

（四）界限之四：司法民主应当止步于减损审判独立

如果说司法公正是一种心态（attitude），那么审判独立则是司法
公正的"硬件"保障。司法民主的界限如果不能正确把握则会影响司
法公正，但这种对公正心态的扭曲，通常合格的职业法官是可以抵制
的。而当司法民主的越界，对司法的独立性发生影响时，法官的抵抗
力则变得十分有限，特别是对独立审判发生体制性和机制性干扰时，
公正几乎难以存身。因此，如果司法民主的推进与审判独立发生冲突，
如：媒体的过度渲染致使法官的身份独立受到威胁，或者议会对案件
的介入直接影响到法官的去留，则需要对司法民主机制的影响范围、
运行方式进行调整。

实际上，司法民主是对传统独立审判理念的完善和丰富，但关键
是要在司法民主与审判独立之间寻找一个平衡点。在某种程度上讲，
司法民主也是对司法的一种问责方式（accountability），是对独立审判
一定意义上的制约。但是，任何形式的司法民主，都不能代替和限制
法官的独立判断，不能压制法官独立作出判断的精神。

（五）界限之五：司法民主应当止步于司法职业道德底线

法官应当遵守宪法和法律，但就法官职业化的特点来看，以法律
标准约束法官的行为，对于法官来说无疑过低了。因此，各国无一例
外地为法官制定了特征明显、价值突出、标准严苛的职业道德准则。
这些准则一般都比较微妙、敏感，与司法民主机制会有或多或少的冲
突，例如，法官在践行司法民主过程中要保持自己的中立地位，不应
涉及具体的案件。法官在参与社会活动中，应当避免谈论自己有可能
审判的案件或者可能成讼的纠纷。人大监督法院工作亦应尊重法官对
个案的独立裁判权。因此，司法民主对于法官的影响，不应突破法官
的职业道德底线。

二 二十项禁忌

在把握上述五大界限的基础上，我们对一些重要的司法民主机制进行了研究，归纳了以下二十项禁忌，内容涉及人大监督、民意沟通、公民申诉、人民陪审、司法公开和媒体报道六个方面。

（一）关于人大监督

人民法院接受人民代表大会及其常务委员会的监督是宪法制度。在长期的实践过程中，人大监督也形成了一些普通认可的规则。

第一，杜绝"个案监督"。自1982年宪法颁布以来，各界曾围绕"个案监督"展开过激烈辩论，"个案监督"的事例在中央和地方层面上也曾出现，有的地方甚至制定了相关的地方性法规。但是，司法客观规律最终还是占了上风。人大监督应把重点放在工作监督和对法官任免的监督上，而具体的司法案件则由各级法院依照法律独立审判，以维护法律和司法的权威。

第二，不宜评价法院对具体案件的裁判。从政治角度来说，人大代表可以对人民关注的一切事物发表意见，提出政治主张，但基于政治功能理论产生的"让渡尊重"（deference）原则，将来自权力机关的"民意"阻隔于具体案件的诉讼程序之外，甚至包括可能有干预之嫌的事后评论、外围游说等。

（二）关于民意沟通

民意沟通，是法院直接从人民中间听取对司法的意见，了解人民群众对司法工作的诉求，从而对司法决策产生间接的影响。在这一过程中，应当遵守以下规则。

第一，不得涉及尚在诉讼程序中的案件。法院可以体察民情、了解民意，但不得在程序之外讨论正在诉讼程序中的具体案件。这既保护了双方当事人平等的诉讼地位和诉讼权利，同时也可以避免通过民意沟通渠道给法院（法官）施加压力，并防止法院为迎合"民意"而曲解法律。因此，民意沟通过程中，应当回避讨论具体案件在法律和事实方面的是非曲直问题，否则会造成诉讼程序形同虚设。

第二，法官不宜直接提供法律咨询。在民意沟通过程中，难免会发生民众对一些具体法律问题求教于法官的情况。这为法官提出了职业道德方面的难题。如果法官回答了这些咨询，其答案虽然不必然约束其以后针对类似法律问题的裁判结果，但有可能对法官的中立性、一致性、公正性产生怀疑。但是，对于涉及法律程序、工作机制方面的问题，法官和法院其他工作人员可以作出解释。虽然我国有专门的"普法"部门，也有律师的法律援助，但仍有不少法官不经意地将自己暴露在这样的职业道德困境之中，值得关注。

第三，不宜对法院以前裁判的案件发表评论。通常来说，除非在法院进行法律裁判时涉及先前的裁判先例，或者在法律推理（裁判文书说理）过程中需要使用先例，法官不应当在与民众的交流、沟通中对过去裁判的案件发表评论。这不仅涉及司法的尊严和权威，也涉及法官的中立性和职业道德问题。否则会与解答法律咨询的情形一样，民众会从这种沟通过程中，预判法官对某一法律问题的立场，从而质疑法官的中立性。

（三）关于公民申诉

根据宪法规定，我国公民对于任何国家机关和国家工作人员，有提出批评和建议、申诉、控告或者检举的权利。对于司法而言，即使是行使宪法权利也会受到一些制约。

第一，不得以信访申诉方式取代诉讼渠道。由于没有严格遵守这一规则，我国的所谓"涉诉信访"大行其道。信访申诉是公民正当的宪法权利，但不能与正式的诉讼渠道混合使用，否则会造成"法不成其为法，诉不成其为诉"的局面。除非制度的目的就是要获得这种结果，否则只会造成两种事物的"双失"。

第二，投诉法官行为不得涉及司法裁判之对错。对于司法裁判的救济，国家已经设置了公正的诉讼程序。如果将本应通过诉讼程序解决的问题，纳入法官行为投诉机制中，则无法对此作出令人信服的、具有程序正义保障的判断。因此，各国都把投诉法官与案件诉求严格区分开来。有的国家受理投诉法官的机构一年也会收到上千件投诉，但其中绝大多数是对案件裁判的不服而提起的申诉，而只有那些真正对法官行为不端的投诉才会得到处理。我国的法官投诉机制也区分了对裁判的不服和对法官行为的投诉，建立了过滤机制，但社会上的观念仍有混乱之处。

第三，不宜按照行政程序处理对法官的投诉。由于法官与普通公务员不同的职业特点，目前世界上多数国家建立了处理法官惩戒案件的准司法程序，甚至是完整的司法程序，如德国、日本、英国、美国等。这一方面体现了法官惩戒制度的严肃性，同时也给法官一个公平的受审机会。目前，我国法官惩戒程序的司法化程度还不够高，尚有很大改进余地。

（四）关于人民陪审

第一，陪审员的确定不宜排除当事人的参与。陪审员身份的确定（任命），通常是经过民主程序完成的，但在特定案件中确定陪审员时，当事人是否可以参与，各国均倾向于吸收当事人的意愿。我国的司法解释规定，组成合议庭时，由法院从人民陪审员名单中随机抽取确定人民陪审员。在今后的改革中，似乎可以考虑吸收当事人参与陪审员的确定。

第二，陪审员的使用不得固定化。不得将陪审员当作固定的法院工作人员使用，否则便失去了这一机制的民主作用。我国虽然规定了个案中陪审员的随机确定，但因执行不力造成了陪审员之间工作任务不均衡，有的法院甚至搞"驻院陪审员"，使陪审制变了味道，导致这一司法民主机制的广泛性在个案中全然丧失。

第三，杜绝"陪而不审"现象，防止陪审员的意见被职业法官所左右。目前尚存在部分人民陪审员独立性不强、在庭审中处于被动状态、庭后合议中附和法官评议现象。应当制定关于陪审员在审判过程中的人数多寡、发言顺序、判断重点等方面的规则，为陪审员独立发挥作用提供充分的制度保障。

（五）关于司法公开

司法公开，是司法民主补强机制中的最强音，也是我国司法改革的重要领域。在推进司法公开的同时，也应当避免一些权利被过强的阳光"灼伤"。

第一，不得泄露国家机密和商业秘密。对此，我国已有相应的刑法和行政法制度进行约束。

第二，不得对个人权利造成不成比例的影响。司法公开必然会涉及个人的信息甚至隐私，但应当限制在适当的范围之内。在我国台湾地区，当裁判文书在网络上公开时，使用当事人的真实姓名，但我国大陆地区则会对一些案件当事人的姓名进行技术处理，以体现对个人信息权利的尊重。但对于失信被执行人，则应坚决公布其真实姓名等信息。

第三，不得限制公众旁听庭审。除法律规定不公开审理的案件外，公众均可以自由旁听。

第四，不应将司法管理工作排除在公开范围之外。我国法制媒体对司法管理工作有不少报道，但与庭审的公开程度相比，还有一定差距。

（六）关于媒体报道

媒体是公众意见的平台，与司法价值的碰撞机会更多。因此，在处理媒体与司法关系方面，应当遵守以下规则。

第一，不得泄露国家机密、商业秘密及个人隐私。我国已有相应的刑法和行政法制度对此进行约束。

第二，不得干扰独立审判。作为"第四种权力"的媒体，有时对于裁判者会产生巨大影响，形成有形或无形的压力，甚至使法官失去独立判断力。所谓"媒体审判"就是典型表现。

第三，不得对社会秩序造成损害。媒体是公开的平台，直接关系社会秩序的稳定。虽然说对社会产生影响，是媒体报道追求的效果，但如果破坏了民众安宁的生活和媒体自身正常发挥作用所依托的秩序，则超越了合理的界限，应当避免。

第四，不得对未成年人以及其他社会特别群体有不利影响。任何社会都有一些需要特别保护的群体。媒体对此应当保持高度的敏感性，把保护弱势群体的利益放在重要位置。

第五，不得对媒体旁听庭审和报道司法活动进行不适当的限制。目前还有个别法院对于一些敏感案件的庭审，采取限制媒体报道的措施，这无疑是对司法民主的不当限制，应当摒除。

上述五大界限，是各种司法民主机制应当共同遵守的不可逾越的界限，而二十项禁忌，是对不同司法民主机制的特定要求。当然，由于司法理论自身的复杂性和当前司法改革的积极推进，一些界限和禁忌也会有新的发展。为此，我们应当与时俱进，明辨是非，遵循一般司法规律，深刻理解司法民主的内涵，最大限度地发挥各种司法民主机制的作用。

（本文原载于《人民法院报》2014 年 9 月 19 日）

丛书后记

受社会科学文献出版社谢寿光社长、恽薇分社长、芮素平主任的信任和邀请，我担任了本丛书的执行主编，统筹了本丛书的出版工作。

本丛书各卷的主编都是我非常尊重的前辈。事实上，就我这一辈法科学生来说，完全是在阅读他们和他们那一辈学者主编的教材中接受法学基础教育的。之后，又因阅读他们的著作而得以窥法学殿堂之妙。不知不觉，时光已将我推到不惑之年。我以为，孔子所讲的"而立""不惑""知天命""耳顺""从心所欲不逾矩"，都是针对求学而言。而立，是确立了自己的方向；不惑，是无悔当下的选择；知天命，是意识到自己只能完成这些使命；耳顺，是指以春风般的笑容迎接批评；从心所欲不逾矩，指的是学术生命的通达状态。像王弼这样的天才，二十来岁就写下了不可磨灭的杰作，但是，大多数人还是循着孔子所说的这个步骤来的。有意思的是，在像我这样的"70后"步入"不惑"的同时，中国的法律发展，也开始步入它的"不惑"之年。法治仍在路上，"不惑"非常重要。另一方面，法律发展却与人生截然不同。人生是向死而生，法律发展却会越来越好。尤其是法治度过瓶颈期后，更会越走越顺。尽管改革不易，但中国法治必胜。

当代中国的法治建设是一颗浓缩丸，我们确实是用几十年走过了别的国家一百年的路。但是，不管是法学研究还是法律实践，盲目自信，以为目前已步入经济发展的"天朝大国"，进而也步入法学和法律实践的"天朝大国"，这都是非常不可取的态度。如果说，改革开放以来的法律发展步入了"不惑"，这个"不惑"，除了坚信法治信念之外，另一个含义就应该是有继续做学生的谦逊态度。"认识你自己"和"认识他者"同等重要，由于学养仍然不足，当代人可能尚未参透中国的史与今，更没有充分认识世界的法学和法律实践。中国的法律人、法学家、法律实践的操盘手，面对世界法学，必须有足够的做学生的谦逊之心。

　　除了郑重感谢各位主编，丛书的两位特约编辑张文静女士和徐志敏女士，老朋友、丛书责编之一李晨女士也是我必须郑重致谢的。

董彦斌

2016 年早春

图书在版编目（CIP）数据

司法改革/胡云腾主编 . —北京：社会科学文献
出版社，2016.3
　（依法治国研究系列）
　ISBN 978 - 7 - 5097 - 8945 - 2

　Ⅰ.①司…　Ⅱ.①胡…　Ⅲ.①司法制度 - 体制改革 -
研究 - 中国　Ⅳ.①D926

　中国版本图书馆 CIP 数据核字（2016）第 059795 号

· 依法治国研究系列 ·

司法改革

主　　编／胡云腾
副 主 编／蒋惠岭

出 版 人／谢寿光
项目统筹／芮素平
特约编辑／张文静　徐志敏
责任编辑／芮素平　郝莉君

出　　版／社会科学文献出版社 · 社会政法分社（010）59367156
　　　　　地址：北京市北三环中路甲 29 号院华龙大厦　邮编：100029
　　　　　网址：www.ssap.com.cn
发　　行／市场营销中心（010）59367081　59367018
印　　装／北京季蜂印刷有限公司

规　　格／开　本：787mm × 1092mm　1/16
　　　　　印　张：21.25　字　数：279 千字
版　　次／2016 年 3 月第 1 版　2016 年 3 月第 1 次印刷
书　　号／ISBN 978 - 7 - 5097 - 8945 - 2
定　　价／88.00 元